Trah
Versicherung und finanzwirtschaftliche Entscheidungen im Unternehmen

GABLER EDITION WISSENSCHAFT

Christoph Trah

Versicherung und finanzwirtschaftliche Entscheidungen im Unternehmen

Eine kapitalmarkttheoretische und informationstheoretische Analyse

Mit einem Geleitwort
von Prof. Dr. Dr. h.c. Herbert Hax

Springer Fachmedien Wiesbaden GmbH

Lektorat: Ute Wrasmann / Michael Gließner

ISBN 978-3-8244-6735-8   ISBN 978-3-663-09105-9 (eBook)
DOI 10.1007/978-3-663-09105-9

Geleitwort

Eine wesentliche Funktion von Kapitalmärkten liegt in der Risikoallokation. Die aus unternehmerischen Investitionen resultierenden Risiken werden mit Hilfe heterogener Finanzierungstitel transformiert und auf Kapitalmärkten gehandelt. Kapitalanleger können sich gemäß ihren Präferenzen an den Risiken beteiligen, das heißt, Risiken gegen Entgelt in Form von Risikoprämien übernehmen. Die Übernahme von Risiken gegen Entgelt macht auch den Kern des Geschäfts von Versicherungen aus. Dies legt den Gedanken nahe, auch Versicherungsverträge als Instrumente der Risikoallokation im Rahmen der Investitions- und Finanzierungspolitik von Unternehmen systematisch einzusetzen. Wie dies geschehen kann und welche Konsequenzen es für die Risikover- teilung und für die Entstehung von Anreizen hat, ist Gegenstand der vorliegenden Arbeit. Dabei geht es nicht in erster Linie um die Gestaltung des Versicherungsvertrages selbst; im Vordergrund steht vielmehr die Frage, wie sich die Möglichkeit des Abschlusses von Versicherungsverträgen auf die Investitions- und Finanzierungspolitik des Unternehmens auswirkt.

Wie nicht anders zu erwarten, erweist sich die Möglichkeit, Versicherungsverträge abzuschließen, bei Annahme eines vollkommenen und vollständigen Marktes als irrele- vant. In diesem Fall kommt eine effiziente Risikoallokation allein durch Markttrans- aktionen der Kapitalanleger zustande, unabhängig davon, welche Finanzierungstitel ein Unternehmen ausgibt und welche Versicherungsverträge es abschließt. Von der Pro- blemstellung der Arbeit her sind die Fälle von Interesse, in denen die Voraussetzungen des Referenzfalls nicht gegeben sind. Solche Fälle sind vor allem bei Informations- asymmetrie zwischen Kapitalanlegern und Unternehmen von Bedeutung. Es erweist sich, daß die aus der Finanzierungstheorie bekannten Anreizeffekte bestimmter Fi- nanzierungsformen mit Hilfe von Versicherungsverträgen nicht unerheblich modifiziert werden können. Die Arbeit greift eine theoretische Problemstellung auf, die auch aus praktischer Sicht von erheblicher Bedeutung ist. Sie macht deutlich, daß Versicherungs- verträgen unter dem Gesichtspunkt der Risikoallokation und der Gestaltung von Anrei- zen im finanzwirtschaftlichen Instrumentarium der Unternehmung erhebliche Bedeutung zukommen kann.

Prof. Dr. Dr. h.c. Herbert Hax

VII

Vorwort

Die vorliegende Arbeit wurde im Februar 1998 von der Wirtschafts- und Sozialwissenschaftlichen Fakultät der Universität zu Köln als Dissertation angenommen. Sie entstand während meiner Zeit als wissenschaftlicher Mitarbeiter am Seminar für Allgemeine Betriebswirtschaftslehre und Finanzierungslehre.

An erster Stelle möchte ich mich bei meinem verehrten akademischen Lehrer und Doktorvater, Herrn Prof. Dr. Dr. h.c. Herbert Hax, für die Betreuung der Arbeit, die Erstellung des Erstgutachtens und die lehrreiche Zeit an seinem Seminar bedanken. Herrn Prof. Dr. Franz Eisenführ danke ich für die Übernahme des Korreferates.

Für wertvolle Anregungen und eine hohe Diskussionsbereitschaft darf ich Herrn Prof. Dr. Peter Nippel, Herrn Dr. Peter von Hinten, Herrn Dr. Oliver Hampe, Herrn Dipl.-Kfm. Knuth Martens und Frau Dipl.-Kauffr. Gabriele Hühn herzlich danken. Sie haben in konstruktiver und vor allem auch unterhaltsamer Weise zu einem zügigen Gelingen des Dissertationsvorhabens beigetragen.

Während meines Forschungsaufenthaltes an der University of Texas at Austin durfte ich die Unterstützung des "Departement of Risk-Management and Insurance" in Anspruch nehmen. Stellvertretend sei Herrn Prof. Dr. Richard MacMinn für seine Gesprächsbereitschaft gedankt.

Für das zweifelhafte Vergnügen des Korrekturlesens möchte ich mich bei meiner Schwester Katharina, bei meinem Freund, Herrn Dr. Axel Steiger, und bei Margarete Jankowski herzlich bedanken. Ein besonderer Dank gebührt meiner Freundin Charlotte, die mir durch ein ausgewogenes Maß von Ablenkung und Unterstützung zu einem meist unbeschwerten Doktorandendasein verholfen hat.

Während meiner Studien- und Doktorandenzeit konnte ich stets auf einen unermüdlichen Rückhalt meiner (Groß-) Familie zurückgreifen. Vor allem meinen Eltern bin ich für die mir gewährte Freiheit und Großzügigkeit zu großem Dank verpflichtet. Ihnen sei von Herzen diese Arbeit gewidmet.

Christoph Trah

Inhaltsverzeichnis

**Kapitel 6:   Versicherung, Beteiligungsfinanzierung und
                Investitionsvolumen bei symmetrischer
                und asymmetrischer Information**

Verzeichnis wichtiger Symbole

α	=	Maß für die absolute Risikoaversion
β	=	Selbstbeteiligungsumfang
Θ	=	Schadeneintrittswahrscheinlichkeit
θ	=	Störterm
λ	=	Prämienaufschlag
μ	=	Erwartungswert der spekulativen Einzahlungsüberschüsse
Π	=	Endvermögen unter Berücksichtigung versicherbarer Schäden
ρ	=	Diskontierungsfaktor
σ_s^2	=	Varianz versicherbarer Schäden
σ_θ^2	=	Varianz der spekulativen Einzahlungsüberschüsse
ϕ	=	Nutzen
$\psi(\omega)$	=	Dichte im Zustand ω
Ω	=	Zustandsmenge
ω	=	Zustand
$A(\omega)$	=	zustandsbedingter Ausübungspreis einer Option
A_0	=	Anfangsausstattung
A_B	=	Anfangsausstattung des Beteiligungsgebers
AC	=	Agency-Kosten
B	=	Bondrückzahlung
b	=	Marktwert eines Bonds
C	=	Integrationskonstante
c	=	Insolvenzkosten
$cov(\cdot)$	=	Kovarianz
D	=	Marktwert des Fremdkapitals
$E(\cdot)$	=	Erwartungswert
EW	=	Ertragswert
F	=	Finanzierungsbedingung
f	=	Fixum

G	=	Gewinn ohne Berücksichtigung versicherbarer Schäden
I	=	Investition
i	=	Index, der den Abschluß einer Versicherung kennzeichnet
$L(\cdot)$	=	Schätzfunktion für die Varianz versicherbarer Schäden
$M(\cdot)$	=	Schätzfunktion für den Erwartungswert der Einzahlungsüberschüsse
m	=	Reservationsnutzen
$p(\omega)$	=	zustandsbedingter Preis
$q(\omega)$	=	zustandsbedingte Versicherungsprämie
RP	=	Risikoprämie
S	=	Schaden
SH	=	Marktwert des Eigenkapitals
V	=	Marktwert der Unternehmung
VP	=	Versicherungsprämie
VU	=	Versicherungsunternehmen
$var(\cdot)$	=	Varianz
X	=	Anzahl der Aktien
x	=	Anteil am Residuum
Y	=	Anzahl der Versicherungsverträge
y	=	Investitionseinzahlungen
Z	=	Arbeitseinsatz
$z(\omega)$	=	Diskontierungsfaktor
*	=	Wert im Optimum

...das Jahrhundert der Sicherheit wurde das goldene
Zeitalter des Versicherungswesens. Man assekurierte sein
Haus gegen Feuer und Einbruch, sein Feld gegen Hagel
und Wetterschaden, seinen Körper gegen Unfall und
Krankheit, man kaufte sich Leibrenten für das Alter und
legte den Mädchen eine Police in die Wiege für die künf-
tige Mitgift... Nur wer sorglos in die Zukunft blicken
konnte, genoß mit gutem Gefühl die Gegenwart.

Stefan Zweig: Die Welt von Gestern

Kapitel 1:   Einleitung

1   Einführung in die Problemstellung

Bei vielen Unternehmen läßt sich eine beachtliche Nachfrage nach Versicherungsverträgen beobachten.[1] Dieses Phänomen avanciert aufgrund seines regelmäßigen Vor-
kommens zu einer Selbstverständlichkeit, die innerhalb der betriebswirtschaftlichen
Forschung erst in jüngerer Zeit eingehender hinterfragt worden ist. Anstoß hierfür gibt
eine vornehmlich finanzierungs- und kapitalmarkttheoretische Fundierung des unternehmerischen Versicherungsabschlusses, zu der diese Untersuchung einen Beitrag leisten
möchte.[2]

In Anlehnung an ARROW läßt sich Versicherung allgemein definieren als ein Tausch
von gegenwärtigem Geld gegen die Anwartschaft auf eine zukünftige zustandsbedingte
Zahlung.[3] Etwas konkreter handelt es sich bei dem unternehmerischen Versicherungsabschluß um eine Finanzierungsmaßnahme, mit der bei Eintritt eines im vorhinein
spezifizierten Zustandes ein verbriefter monetärer Anspruch auf Schadenausgleich
sichergestellt wird. Mit dieser Anwartschaft auf eine zukünftige Zahlung weist der
Versicherungsvertrag das entscheidende Merkmal eines Finanzierungstitels auf, der sich

---

[1]   In den USA sind bei einigen Unternehmen die jährlichen Ausgaben für Versicherungsprämien
höher als die Dividendenausschüttungen, vgl. Davidson/Cross/Thornton (1992), S. 61. Zur Voll-
und Überversicherungsmentalität deutscher Unternehmen vgl. o. V. (1996b), S. 23.

[2]   Zur Konvergenz von Versicherungs- und Finanzierungstheorie vgl. Garven (1987) und Smith
(1986). Die Versicherungsnachfrage der Unternehmung ist erstmalig von Mayers/Smith untersucht worden, vgl. Mayers/Smith (1982a), (1982b) und (1990).

[3]   Vgl. Arrow (1976), S. 134.

2

im Portefeuille der Unternehmung befindet.[4] Eine Interpretation des Versicherungsvertrages als Finanzierungstitel läßt unmittelbar die Relevanz von finanzierungstheoretischen Erkenntnissen für die Analyse der Versicherungsnachfrage der Unternehmung deutlich werden.[5]

Die weitreichenden Konsequenzen einer solchen Betrachtungsweise werden offensichtlich, wenn auf das Theorem der Irrelevanz der Finanzierung abgestellt wird, demzufolge auf vollkommenen und vollständigen Märkten die Finanzierungsweise irrelevant für den Marktwert der Unternehmung ist.[6] Bei Marktwertmaximierung als der hier maßgeblichen Unternehmenszielsetzung folgt bereits aus einer Generalisierung des Irrelevanztheorems, daß auf einem solchen Markt ein Versicherungsabschluß auf Unternehmensebene nicht notwendig ist.

Erst bei Abstraktion von den Prämissen der Marktvollkommenheit und Marktvollständigkeit kann sich eine Relevanz des Versicherungsabschlusses für den Marktwert der Unternehmung einstellen, aus der sich die Zielsetzung dieser Arbeit ableiten läßt.[7] Im Mittelpunkt steht die Frage, welchen Einfluß der Versicherungsabschluß allgemein auf den Marktwert der Unternehmung und speziell auf die Vermögenspositionen von Anteilseignern, Fremdkapitalgebern, Managern und anderen Stakeholdern der Unterneh-

---

[4] Im Gegensatz zu den für die Kapitalbeschaffung emittierten Finanzierungstiteln befindet sich der Versicherungsvertrag im Bestand der versicherungsnachfragenden Unternehmung. Emittent ist das Versicherungsunternehmen. Zu Charakteristika von Finanzierungstiteln vgl. Franke/Hax (1994), S. 30.

[5] Die Theorie der Versicherungsnachfrage innerhalb der Versicherungstheorie stellt ausschließlich auf risikoaverse Einzelpersonen ab, vgl. Mossin (1968) und Schlesinger (1994).

[6] Die Irrelevanz der Finanzierung ist eine Verallgemeinerung des Theorems der Irrelevanz der Kapitalstruktur von Modigliani/Miller, das zu einem Grundstein der modernen Finanzierungstheorie zählt, vgl. Modigliani/Miller (1958). Zur Irrelevanz der Finanzierung vgl. Franke/Hax (1994), S. 336.

[7] Neben Marktunvollkommenheiten und -unvollständigkeiten können auch Leistungen nicht finanzieller Art seitens des Versicherungsunternehmens einen Versicherungsabschluß bedingen. Beispielsweise schließen einige Unternehmen ausschließlich aufgrund einer kostengünstigen Schadenabwicklung Versicherungen ab, vgl. Doherty/Smith (1993), S. 6 ff.

mung hat.[8] Ein besonderes Augenmerk fällt dabei auf das Problem der asymmetrischen Information. Es wird aufgezeigt, unter welchen Umständen und mit welchen Konsequenzen der Versicherungsabschluß zu einer Verminderung einer ungleichen Informationsverteilung beitragen kann. Hierbei geht es weder um Informationsasymmetrien zwischen Versicherungsunternehmen und Versicherungsnehmern noch darum, daß der Versicherungsnehmer eine Verbesserung **seines** Informationsstandes erreichen kann. Vielmehr wird der Frage nachgegangen, ob die versicherungsnachfragende Unternehmung durch den Versicherungsabschluß glaubhafte Informationen an dritte Vertragspartner übermitteln kann.[9] Dem Versicherungsunternehmen wird dabei zugestanden, daß es unter Aufwendung von Kosten vollständige Information über bewertungsrelevante Merkmale des Versicherungsnehmers erlangen kann.[10] Das Versicherungsunternehmen ist damit keinem Informationsdefizit ausgesetzt, so daß der Schwerpunkt dieser Untersuchung implizit auf die Bedeutung des Versicherungsabschlusses für die Informationsverteilung zwischen der versicherungsnachfragenden Unternehmung und ihren Vertragspartnern gelegt wird.[11]

Die Interpretation der Versicherung als Übermittlungsmedium von Informationen ergänzt einen informationstheoretischen Ansatz der Versicherungsproduktion, der innerhalb der Versicherungstheorie diskutiert wird.[12] Innerhalb dieses Konzeptes wird der Versicherungsschutz vornehmlich unter dem Aspekt der Informationsbereitstellung analysiert. Folglich ist die Ausrichtung dieser Untersuchung auf Versicherung und Information sowohl von finanzierungs- als auch von versicherungstheoretischem Interesse.

---

[8]   Als Stakeholder werden Personen, Gruppen und Institutionen bezeichnet, deren eigene Zielerreichung von der Unternehmung beeinflußt werden kann, vgl. Hill (1996), S. 415, und Luffman/Witt/Lister (1982), S. 70 ff.

[9]   Zum versicherungsbedingten Informationstransfer an Vertragspartner des Versicherungsnehmers vgl. Thakor (1982). Zur Informationsbereitstellung für den Versicherungsnehmer vgl. Ligon/Cather (1997).

[10]   Als Intermediär verfügt das Versicherungsunternehmen über Spezialisierungsvorteile, die sich in dem hier relevanten Szenario auch auf die Erlangung von Informationen beziehen. Zur Finanzintermediation vgl. Breuer (1993) und Diamond (1984).

[11]   Auch im Hinblick auf die Vertragspartner der Unternehmung hat das Versicherungsunternehmen kein Informationsdefizit.

[12]   Zum Informationskonzept der Versicherungsproduktion vgl. stellvertretend Seng (1989), S. 192.

In engem Zusammenhang mit dem Problem der ungleichen Informationsverteilung stehen realwirtschaftliche Implikationen eines unternehmerischen Versicherungsabschlusses. Unter geeigneten Bedingungen hat der Versicherungsabschluß Einfluß auf die Wahl des Investitionsvolumens der Unternehmung, womit unmittelbar Vermögenseffekte bei den Anteilseignern ausgelöst werden, die es zu untersuchen gilt. Auch unabhängig von den Problemen der Informationsasymmetrie und den realwirtschaftlichen Auswirkungen des Versicherungsabschlusses wird der Frage nachgegangen, ob die Einbeziehung einer Versicherung zu Vermögenstransfers zwischen den Kapitalgebern untereinander oder zwischen Kapitalgebern und anderen Stakeholdern der Unternehmung führt.

2   Gang der Untersuchung

Im nachfolgenden zweiten Kapitel wird ein Zusammenhang zwischen Information und Versicherung aufgezeigt. Nach einer grundlegenden Darstellung unterschiedlicher Formen von asymmetrischen Informationsverteilungen wird ein Informationskonzept der Versicherung vorgestellt, das in der Ausbringung von Informationen die maßgebliche Produktionsleistung einer Versicherungsunternehmung sieht. Der Abschluß einer Versicherung dient demnach vornehmlich der Offenbarung von Informationen. Im Anschluß daran wird der für den weiteren Verlauf dieser Untersuchung relevanten Frage nachgegangen, welche Bedeutung der Versicherungsabschluß für die Minderung von Informationsasymmetrien haben kann. Diesbezüglich folgt eine kurze Darstellung des Modells von THAKOR, der im Rahmen eines Signaling-Modells die Informationsbereitstellung durch Versicherungsabschlüsse untersucht.[13] Das explizite Herausarbeiten der Modellergebnisse von THAKOR geschieht vor dem Hintergrund, daß diese Ergebnisse im sechsten Kapitel für einen Vergleich mit einem innerhalb dieser Untersuchung entwickelten Signaling-Modells erneut aufgegriffen werden. Im Abschluß des zweiten Kapitels wird exemplarisch die empirische Relevanz der Informationsfunktion von Versicherungsabschlüssen aufgezeigt.

---

[13]   Vgl. Thakor (1982).

Im dritten Kapitel wird schwerpunktmäßig die Bedeutung des unternehmerischen Versicherungsabschlusses auf vollkommenen und vollständigen Märkten analysiert. In der Ausgangssituation wird auf der Grundlage eines kapitalmarkttheoretischen Zwei-Zeitpunkte-Modells die Irrelevanz des Versicherungsabschlusses für den Marktwert der Unternehmung formal nachgewiesen.[14] Darauf aufbauend werden versicherungsbedingte Vermögenstransfers zwischen Aktionären, Fremdkapitalgebern und sonstigen Stakeholdern der Unternehmung herausgearbeitet, die durch die Haftungsbeschränkung der Aktionäre, durch eine positive Insolvenzwahrscheinlichkeit oder durch Insolvenzkosten veranlaßt sein können.

Im Mittelpunkt des vierten Kapitels steht die Frage, ob vor dem Hintergrund einer asymmetrischen Informationsverteilung die Einbeziehung einer Versicherung eine Minderung oder Beseitigung von Interessenkonflikten zwischen Eigen- und Fremdkapitalgebern bewirken kann. Hierzu erfolgt im ersten Abschnitt eine Analyse des Unterinvestitions- und Risikoanreizproblems, die an dem modelltheoretischen Vorgehen im dritten Kapitel anknüpft. Es schließt sich eine allgemeinere Betrachtung an, die sich von dem Grundmodell insbesondere dadurch unterscheidet, daß in Anlehnung an die versicherungstheoretischen Risikobegriffe reine und spekulative Risiken separat voneinander Berücksichtigung finden und die Modellbetrachtung auf drei Zeitpunkte erweitert wird.[15] Innerhalb dieses Modellrahmens erfolgt unter schwächeren Annahmen eine allgemeinere Analyse des Unterinvestitionsproblems.

Interessenkonflikte zwischen Kapitalgebern und Managern einer Unternehmung werden innerhalb des fünften Kapitels behandelt. Eine Verbindung zur vorherigen rein kapitalmarkttheoretischen Betrachtung im dritten Kapitel ergibt sich dadurch, daß auch dieser Prinzipal-Agenten-Betrachtung die Existenz eines Kapitalmarktes immanent ist. Dies kommt implizit dadurch zum Ausdruck, daß eine Risikoneutralität eines Vertragspartners darauf zurückzuführen ist, daß dieser ein hinreichend diversifiziertes Portefeuille hält und für die zusätzliche Übernahme unsystematischer Risiken keine zusätzliche Risikoprämie verlangt. In diesem Kapitel wird auf der Grundlage eines LEN-Modells der

---

[14]   Die kapitalmarkttheoretische Konzeption orientiert sich in seinen Grundzügen an die Modellierung von MacMinn (1987).

[15]   Der allgemeinere Ansatz ist an MacMinn (1994) angelehnt.

Einfluß der Versicherung auf die optimale Risikoallokation und auf den Arbeitseinsatz des Agenten untersucht. Im Kern geht es um die Formulierung einer effizienten Entlohnungsregel, die vom Ausmaß des Versicherungsumfanges determiniert wird. Des weiteren wird im Rahmen eines Self-Selection-Modells die Bedeutung der Versicherung für den Fall herausgestellt, daß der Prinzipal die Risikoeinstellung des Agenten nicht beobachten kann und mittels Versicherung die Gefahr einer Negativauslese eliminieren möchte. In diesem Szenario ist die Versicherung für die Minderung vorvertraglicher Informationsasymmetrien bedeutsam.

Im Rahmen des sechsten Kapitels werden unter dem Gesichtspunkt der Risikoallokation die Auswirkungen des Versicherungsumfanges auf das Investitionsvolumen eines Einzelunternehmers untersucht. Hierbei wird explizit die Möglichkeit einbezogen, daß für den Unternehmer auch zusätzlich zur Verfügung gestelltes Beteiligungskapital eine Verbesserung der Risikoallokation gewährleisten kann, so daß ein Vergleich von Versicherung und Beteiligungsfinanzierung vorgenommen wird. Diese Analyse erfolgt für den Fall der symmetrischen und der asymmetrischen Informationsverteilung zwischen dem Unternehmer und den Beteiligungsgebern. Aus zwei Gründen wird hier nochmals das Szenario der symmetrischen Information behandelt, das bereits Gegenstand des dritten Kapitels ist. Zum einen wird hier im Gegensatz zum dritten Kapitel ein Einzelunternehmer betrachtet, dessen Vermögen maßgeblich in seinem Unternehmen gebunden ist. Zum anderen knüpft dieses Kapitel modelltheoretisch an dem Vorgehen des fünften Kapitels an, so daß im Sinne einer modelltheoretischen Stringenz eine geschlossene Darstellung für den Fall der symmetrischen und asymmetrischen Information geboten erscheint. Eine vor- und nachvertragliche asymmetrische Informationsverteilung wird bei der Aufnahme von Beteiligungskapital relevant. Es werden Signaling-Modelle entwickelt, in denen separat voneinander der Beteiligungsumfang als Signal für die erwarteten Investitionsrückflüsse und der Versicherungsumfang als Signal für die Varianz versicherbarer Schäden Verwendung finden. Der Versicherungsumfang im Signaling-Gleichgewicht wird mit der Signaling-Konzeption von THAKOR verglichen. Die Behandlung von nachvertraglicher Informationsasymmetrie ist den Ausführungen im fünften Kapitel angelehnt, so daß diese kurz gehalten werden kann.

Die wichtigsten Ergebnisse dieser Arbeit werden im siebten Kapitel zusammengefaßt.

Kapitel 2: Information und Versicherung

1 Formen der asymmetrischen Information und Lösungskonzeptionen

Eine wichtige Determinante für das Zustandekommen von Verträgen und für den Erfolg wirtschaftlichen Handelns ist die Informationsverteilung zwischen den einzelnen Wirtschaftssubjekten. Bereits vor mehr als fünfzig Jahren hat HAYEK[16] betont, daß die Koordination wirtschaftlichen Handelns vor allem deshalb problematisch sei, weil niemand über die Gesamtheit der Informationen verfüge. Obwohl er bereits zu diesem Zeitpunkt die Bedeutung der Information für wirtschaftliches Handeln herausstellte, erfolgte die Integration von Informationsproblemen in ökonomische Modelle erst sehr viel später. Pionierarbeiten auf diesem Gebiet sind AKERLOF, ROTHSCHILD/STIGLITZ und SPENCE zu verdanken.[17]

Die Unsicherheit von wirtschaftlichem Handeln wird auf den ungleichen Informationsstand der kontrahierenden Wirtschaftssubjekte ausgeweitet. Die damit einhergehende Problematik für den Abschluß von Verträgen wird aber erst dadurch relevant, daß die Wirtschaftssubjekte rein auf ihren eigenen Vorteil bedacht sein können. Es ist zu vermuten, daß sie sich opportunistisch verhalten, so daß ein besser informierter Marktteilnehmer seinen Informationsvorsprung zu Lasten des schlechter Informierten ausnutzen wird.[18] Bei Abstraktion von der Vermutung der Eigennützigkeit ist eine asymmetrische Informationsverteilung für die Vertragsgestaltung unproblematisch. Der besser Informierte hat keinen Grund, seinen Informationsvorteil Dritten gegenüber vorzuenthalten, und er wird für eine gleichverteilte Informationsbasis Sorge tragen. Diese Bereitschaft muß grundsätzlich auch dann vorhanden sein, wenn opportunistisches Verhalten der Marktteilnehmer unterstellt wird. Würde der Versuch, die ungleiche Informationsverteilung zu beseitigen, unterbleiben, kann dies im schlimmsten Fall dazu führen, daß keine Verträge mehr geschlossen werden und ein Versagen des Marktes eintritt.[19] Ein Interesse an Vertragsabschlüssen setzt voraus, daß bestehende Informationsungleichge-

---

[16] Vgl. Hayek (1945), S. 519 ff.

[17] Vgl. Akerlof (1976), Rothschild/Stiglitz (1976) und Spence (1973).

[18] Zum opportunistischen Verhalten vgl. Franke/Hax (1994), S. 411 f.

[19] Zum Marktversagen aufgrund vorvertraglicher Informationsasymmetrie vgl. Akerlof (1970), S. 490 f.

wichte überwunden werden. Diesbezüglich kommt der Versicherung eine noch auf-
zuzeigende Relevanz zu, wobei hinsichtlich der Informationsverteilung zwischen vor-
und nachvertraglicher Informationsasymmetrie differenziert wird.[20] Der Versicherungs-
wirtschaft entlehnt werden vorvertragliche Informationsasymmetrien mit Adverse
Selection und nachvertragliche Informationsasymmetrien mit Moral Hazard bezeichnet.[21]
Diese beiden Grundformen müssen nicht getrennt, sondern können auch kombiniert
miteinander auftreten.[22]

■   **Informationsasymmetrie vor Vertragsschluß**

Eine ungleiche Informationsverteilung im Zeitpunkt des Vertragsabschlusses kann sich
auf die Eigenschaften einer vertragsschließenden Person oder auf Merkmalsausprägungen des Transaktionsgegenstandes beziehen. Im ersteren Fall spricht man von "versteckten Eigenschaften" (=Hidden Characteristics) und bei Unsicherheit über den
Transaktionsgegenstand von "versteckter Information" (=Hidden Information).[23] In
Anlehnung an die nachfolgende Analyse sei exemplarisch der Fall betrachtet, daß ein
externer Investor einem Unternehmer Beteiligungskapital für die Durchführung einer
Investition zur Verfügung stellt. Ist der Beteiligungskapitalgeber über die erwartete
Rendite und das Risiko der zukünftigen Investitionseinzahlungen nicht informiert, liegt
das Problem der "versteckten Information" vor. Ist andererseits der Unternehmer nicht
über die für die Beteiligungshöhe maßgebliche Risikoeinstellung des externen Kapital-
gebers informiert, handelt es sich um "versteckte Eigenschaften".

Beide Varianten der Adverse Selection werden gemäß der Fragestellung behandelt,
inwiefern der Versicherungsabschluß dazu beitragen kann, versteckte Informationen und
versteckte Eigenschaften aufzudecken. Diesbezüglich ist zwischen zwei Modellkonzep-

---

20   Zu einem Überblick über vor- und nachvertragliche Informationsasymmetrie vgl. Hartmann-
Wendels (1989), S. 714 ff., Hartmann-Wendels (1990), S. 228, und Spremann (1990), S. 561 ff.

21   Vgl. Arrow (1985), S. 38. Strenggenommen bezeichnen Adverse Selection und Moral Hazard
Konsequenzen von vor- und nachvertraglicher Informationsasymmetrie; hier werden sie hingegen
auch stellvertretend für die Art der Informationsasymmetrie verwendet.

22   Zu einem Modell mit Adverse Selection und Moral Hazard vgl. Laffont/Tirole (1986).

23   "Hidden Information" kann sich auch auf Informationsasymmetrie nach Vertragsschluß beziehen,
und einige Autoren nehmen eine direkte Zuordnung von Hidden Information zur nachvertraglichen
Informationsasymmetrie vor, vgl. Rasmusen (1989), S. 133.

9

tionen zu differenzieren. Die Verminderung der Informationsasymmetrie hinsichtlich verdeckter Eigenschaften erfolgt im Rahmen eines Signaling-Modells. Hierbei sendet der besser Informierte Signale an den schlechter Informierten aus, die glaubhafte Informationen über die versteckten Merkmalsausprägungen beinhalten.[24] Von wesentlicher Bedeutung ist dabei die Glaubwürdigkeit der Signale, die dadurch sichergestellt wird, daß für den Signalgeber ein Aussenden eines falschen Signals immer ungünstiger sein muß als ein wahrheitsgemäßes Signalisieren.[25] Unternehmer mit schlechten Investitionsprojekten können davon abgehalten werden, die Signale von Unternehmern mit guten Investitionsprojekten nachzuahmen, wenn die Signaling-Kosten negativ mit der Qualität der verdeckten Merkmale korreliert sind, so daß der Vorteil des besseren Signals durch die damit verbundenen höheren Kosten mehr als kompensiert wird. Hieraus ergibt sich die Relevanz von Kosten in Signaling-Modellen, vor deren Hintergrund eine Differenzierung unterschiedlicher Signaling-Modelle vorgenommen werden kann. Man unterscheidet dissipative (=kostenverursachende) und nicht-dissipative (=kostenlose) Signaling-Modelle. Bei dissipativen Signaling-Modellen fallen Kosten an, die zugleich gesellschaftliche Kosten darstellen und bei nicht-dissipativem Signalisieren fallen Kosten in Form einer Transferzahlung zwischen dem besser informierten Signalgeber und dem schlechter Informierten an.[26]

Das Aufdecken versteckter Eigenschaften einer Person erfolgt auf der Grundlage von Self-Selection-Modellen.[27] Hierbei geht die Initiative von dem schlechter Informierten aus. Er bietet dem besser informierten (potentiellen) Vertragspartner unterschiedliche Verträge an, und die Vertragsauswahl offenbart ihm Informationen über das versteckte Merkmal. In der hier relevanten Modellierung ist der Kapitalgeber über die Risikoeinstellung des Unternehmers nicht informiert. Er bietet dem Unternehmer unterschiedliche Verträge an, die sich vor allem in der Höhe des Versicherungsschutzes unterscheiden.

---

[24] Zwischen dem Signal und dem verdeckten Merkmal muß keine kausale Beziehung bestehen, ein statistischer Zusammenhang ist völlig ausreichend. Vgl. Haugen/Senbet (1979), S. 671 ff.

[25] Vor diesem Hintergrund erfolgt keine direkte Information über die verdeckten Merkmale, weil in diesem Fall ein erforderlicher Anreiz zur korrekten Informationsübertragung fehlt.

[26] Für nicht-dissipative Signaling-Modelle ist charakteristisch, daß bei (ex post) korrekter Information keine Kosten anfallen, vgl. hierzu Modelle von Bhattacharya (1980), Thakor (1982) und Franke (1987). Zu dissipativen Signaling-Modellen vgl. Bhattacharya (1977), Leland/Pyle (1977) und Ross (1977).

[27] Self-Selection wird häufig auch als Screening bezeichnet.

Durch die Auswahl des Vertrages kann der Kapitalgeber korrekt auf die Risikoeinstellung des Unternehmers schließen, weil diese in einem engen Verhältnis zu der in den
Verträgen enthaltenen Versicherungshöhe steht.[28]

■   **Informationsasymmetrie nach Vertragsschluß**

Bei Moral Hazard besteht die Unsicherheit in nicht beobachtbaren Verhaltensweisen
eines Vertragspartners nach Vertragsabschluß, die mit "Hidden Action" bezeichnet
werden. Häufig zitierte Beispiele für Moral Hazard sind die, daß ein Kreditgeber im
unklaren darüber bleibt, wie risikoreich der Kreditnehmer seine Investitionspolitik
gestaltet oder daß sich ein Kapitalgeber auch aufgrund der Kapitalrückflüsse nicht über
die Höhe des Arbeitseinsatzes des Unternehmers (=Kapitalnehmer) sicher sein kann.[29]
Auch ex post ist es dem schlechter informierten Kapitalgeber nicht möglich, vom Ergebnis auf den Arbeitseinsatz des Unternehmers zu schließen, weil die Höhe der gesamten
Investitionseinzahlungen auch von exogenen Umwelteinflüssen abhängt, die der Kapitalgeber nicht separat beobachten kann.

Das Problem der nachvertraglichen Informationsasymmetrie wird überwiegend im
Rahmen der Prinzipal-Agenten-Theorie behandelt, wobei der Agent der besser informierte Vertragspartner ist.[30] In Anlehnung an den Konflikt zwischen Kapitalgeber und
Unternehmer besteht das Ziel vieler Modelle darin, eine Entlohnungsregel zu formulieren, die den Agenten (=Unternehmer) dazu bewegen soll, den Prinzipal (=Kapitalgeber)
so wenig wie möglich zu schädigen. Mit der Entlohnungsregel ist eine Ergebnisauf-
teilung verbunden, die den Moral Hazard weitestgehend einschränken soll. Vor diesem
Hintergrund ist der Abschluß von Versicherungsverträgen relevant, wenn dadurch der
opportunistische Handlungsspielraum des Agenten eingeschränkt werden kann und sie
dadurch einen positiven Beitrag zur Formulierung effizienter Verträge leisten können.[31]

---

[28]   Zum Screening durch ein Versicherungsunternehmen vgl. Rothschild/ Stiglitz (1976), S. 629 ff.

[29]   Zum Moral Hazard bei Kreditfinanzierung vgl. Stiglitz/Weiß (1981), S. 393 ff., und zwischen
Kapitalgeber und Unternehmer vgl. Spremann (1990), S. 571 ff.

[30]   Nachvertragliche Informationsprobleme können auch in allgemeinen kapitalmarkttheoretischen
Modellkonzeptionen analysiert werden. Vgl. hierzu die Ausführungen in Kapitel 3.

[31]   Ein Vertrag ist effizient, wenn sich kein Vertragspartner besser stellen kann, ohne den anderen
schlechter zu stellen.

2 Informationsfunktion der Versicherung

2.1 Systematisierung

Der Abschluß einer Versicherung stellt primär einen entgeltlichen Risikotransfer von dem Versicherungsnehmer auf das Versicherungsunternehmen dar.[32] Bei der Übernahme einer hohen Anzahl von möglichst unabhängigen Einzelrisiken verfügt das Versicherungsunternehmen gegenüber dem Versicherungsnehmer in der Regel über Diversifikationsvorteile, die insgesamt eine Verbesserung der gesamtwirtschaftlichen Risikoallokation ermöglichen.[33] Ausgehend von diesem Risikotransfer als der wohl wichtigsten Funktion eines Versicherungsabschlusses stellt sich die Frage, inwiefern mit dem Abschluß von Versicherungen eine Offenbarung von glaubhaften Informationen einhergeht. Unter Berücksichtigung von neueren informationstheoretischen Konzeptionen aus dem Bereich der Versicherungsbetriebslehre läßt sich eine Differenzierung dahingehend vornehmen, daß einerseits unmittelbar in dem Risikotransfer eine Informationsfunktion der Versicherung gesehen wird (=*Informationskonzept der Versicherung*) und andererseits zusätzlich zu der Übertragung von Risiken glaubhafte Informationen durch den Versicherungsabschluß übermittelt werden. Diese zusätzlichen Informationen dienen der Minderung der beschriebenen asymmetrischen Informationsverteilungen, und sie werden im Anschluß einer kurzen Skizzierung des vorgenannten Informationskonzeptes der Versicherung in den Mittelpunkt dieser Untersuchung gestellt.[34]

2.2 Informationskonzept der Versicherung

In jüngerer Zeit ist ein Informationskonzept der Versicherungsproduktion entwickelt worden, das der Information die zentrale Bedeutung für die Versicherung zuteil werden

---

[32]   Das Risikogeschäft gilt als Kern des Versicherungsgeschäfts, vgl. Farny (1995), S. 14.

[33]   Zum Zusammenhang zwischen Versicherung, Risikotransfer und einer Verbesserung der Allokation von Resourcen vgl. Arrow (1970), S. 134 ff.

[34]   Das Informationskonzept der Versicherung findet nachfolgend insbesondere deswegen eine Erwähnung, weil es in einem komplementären Verhältnis zu der im weiteren Verlauf relevanten Informationsfunktion steht.

läßt.[35] Das Versicherungsunternehmen wird ausschließlich als informationsproduzieren-de und -absetzende Unternehmung betrachtet. Folglich handelt es sich gemäß dieses Konzeptes bei dem Versicherungsprodukt um Informationen, die in dem Versicherungs-vertrag gebündelt werden mit dem Ziel, das Risiko bei dem Versicherungsnehmer für die Dauer des Vertrages zu reduzieren.[36]

Innerhalb des Informationskonzeptes der Versicherung wird auf einen Zusammenhang zwischen Versicherung, Information und Risikoreduktion verwiesen. In der Ausgangs-situation kann der (potentielle) Versicherungsnehmer als Entscheidungssubjekt inter-pretiert werden, das nur unvollständige Information über den zukünftigen Zustand des zu versichernden Objektes besitzt.[37] Die eigentliche Leistung des Versicherungsunter-nehmens besteht gemäß diesem Konzept darin, den Informationsstand des Entschei-dungssubjektes zu verbessern. Dies geschieht durch den Abschluß von Versicherungen, durch den glaubhafte Informationen über den zukünftigen Zustand des nunmehr versi-cherten Objektes offenbart werden. Der Versicherer kann garantieren, daß ein bestimm-ter vereinbarter Zustand auch in Zukunft bestehen wird.[38] In entscheidungstheoretischer Sichtweise erlangt das Entscheidungssubjekt durch den Versicherungsabschluß voll-ständige Information über seine Handlungsergebnisse.

Die mögliche Verbesserung des Informationsstandes läßt sich auf die Vertragspartner des Versicherungsnehmers ausweiten, wenn sie mittelbar von der Zustandsgarantie der Versicherung betroffen sind. Schließt beispielsweise ein Unternehmen eine Feuer-versicherung für seine Produktionshallen ab, dann kann sich der Informationsstand des

---

[35]   Zum Informationskonzept der Versicherung vgl. Müller (1981), S. 163 ff., Müller (1987), S. 119, Müller (1994), S. 363 ff., und Seng (1989), S. 192. Es steht im Gegensatz zu dem Versicherungs-schutzkonzept der Versicherungsproduktion, wobei sich die beiden Konzepte jedoch nicht aus-schließen, sondern eher einen komplementären Charakter haben. Zu einem Vergleich der beiden Konzepte vgl. Corsten (1994), S. 63 ff. Allgemein zur Versicherungsproduktion vgl. Eszler (1997).

[36]   "Der Umgang mit der Ware Versicherung ist der Umgang mit Information", Herbst (1996), S. 174.

[37]   Zu Entscheidungen unter Risiko bei unvollständiger Information vgl. Eisenführ/Weber (1994), S. 239 ff. Allgemein zu Entscheidungen unter Risiko vgl. Laux (1995) und Schneeweiß (1967).

[38]   Im Falle einer Feuerversicherung besteht die Zustandsgarantie beispielsweise darin, daß nach einem Gebäudebrand der ursprüngliche Zustand des Gebäudes durch die Versicherung wiederher-gestellt wird. Dies erfolgt durch einen monetären Ausgleich durch das Versicherungsunternehmen.

13

Unternehmens im Hinblick auf die zukünftige Vermögensposition verbessern.[39] Hiervon können simultan auch die Gläubiger des Unternehmens profitieren, wenn sie durch den Versicherungsabschluß die zukünftige Vermögenssituation des versicherten Unternehmens und damit auch ihre eigene Vermögenssituation besser abschätzen können.[40] In der unternehmerischen Praxis geht die Initiative für einen Versicherungsabschluß häufig von externen Vertragspartnern aus, die für die Erbringung ihrer Leistung den Abschluß einer Versicherung vorschreiben.[41]

Entgegen der Auffassung in der versicherungstheoretischen Literatur[42] darf aus dem Informationskonzept der Versicherung nicht die allgemeine These abgeleitet werden, daß mit **jeder** versicherungsbedingten Risikominderung auch stets ein verbesserter Informationsstand des Versicherungsnehmers einhergeht. So sehr dieses Konzept auch um eine entscheidungstheoretische Fundierung des Versicherungsabschlusses bemüht ist, so ergeben sich gerade unter diesem Blickwinkel Einwände gegen eine solche Auffassung, da die Existenz von Risiko nicht konstitutiv für einen unvollständigen Informationsstand des Entscheidungssubjekts ist. Kennt beispielsweise der (potentielle) Versicherungsnehmer die zukünftigen Umweltzustände und die jeweiligen Eintrittswahrscheinlichkeiten, dann besitzt er in dieser Risikosituation vollständige Information über seine erwarteten Handlungsergebnisse.[43] Der Abschluß einer Versicherung bewirkt in diesem Szenario ausschließlich eine Risikominderung, aber keine Verbesserung seines Informationsstandes. Hierfür muß als notwendige Bedingung gelten, daß das Entscheidungssubjekt vor dem Versicherungsabschluß unvollständige Information über seine Hand-

---

[39] Unterstellt man einen vollständigen Versicherungsschutz, dann beeinträchtigt ein Brandschaden nicht die zukünftige Vermögensposition des Unternehmens.

[40] Das Risiko potentieller Zahlungsausfälle wird für die Gläubiger dadurch gemindert, daß Zahlungsausfälle nicht mehr durch einen Brand verursacht werden können.

[41] Beispielsweise wird eine Bank einen Kredit für die Erstellung von Produktionshallen nur unter der Bedingung gewähren, daß das Unternehmen eine Brandversicherung abschließt. Das Insistieren auf einen Versicherungsabschluß ist unter dem Gesichtspunkt der Informationsbeschaffung durch die Versicherung verständlich. Ob dieses Verhalten aus ökonomischen Gesichtspunkten rational ist, bedarf einer Analyse der Interdependenzen zwischen Versicherungsprämie, Kreditzins und Risikoallokation.

[42] Vgl. Seng (1989), S. 193, Müller (1981), S. 166, und Müller (1994), S. 364.

[43] Von der Existenz von Risiko darf nicht auf einen unvollständigen Informationsstand des Entscheidungssubjekts geschlossen werden. Eine Risikosituation ist durchaus mit dem Vorliegen vollständiger Information vereinbar, vgl. Sieben/Schildbach (1990), S. 5 f.

lungsergebnisse besitzt, was nicht generell vorausgesetzt werden kann.

2.3 Asymmetrische Informationsverteilung und Versicherung

2.3.1 Grundlagen

Der Versicherungsabschluß kann auch Informationen offenbaren, die nicht in einem unmittelbaren Zusammenhang mit dem versicherungsbedingten Risikotransfer stehen. Diese im weiteren Verlauf dieser Untersuchung relevante Informationsfunktion der Versicherung bewirkt eine Senkung von vor- und nachvertraglichen Informationsasymmetrien.[44] Die Existenz von Versicherungen trägt in diesem Sinne zu einer Reduzierung von informationsbedingten Markthindernissen bei, was sich positiv auf das Transaktionsvolumen der Marktteilnehmer auswirken kann.

Bei der Analyse dieser Informationsfunktion ist nicht nur nach der Art der Informationsasymmetrie, sondern insbesondere auch nach den von der Informationsasymmetrie betroffenen Marktteilnehmern zu unterscheiden. Es bietet sich folgende Differenzierung an:[45]

- Asymmetrische Information zwischen Versicherungsunternehmen und Versicherungsnehmern;

- Asymmetrische Information zwischen den Versicherungsnehmern und dritten Vertragspartnern des Versicherungsnehmers.

Die Bedeutung der Versicherung für die Minderung von Informationsasymmetrien gestaltet sich in Abhängigkeit des involvierten Marktteilnehmerkreises recht unterschiedlich. Bei ausschließlicher Betrachtung von Versicherungsunternehmen und Versicherungsnehmern fällt dem Versicherungsabschluß zunächst eine konstitutive Bedeutung

---

[44]   Zur asymmetrischen Information und dem Abschluß von Versicherungen vgl. Wein (1997), S. 104 ff.

[45]   Bei einer stärker versicherungstheoretisch orientierten Untersuchung müssen darüber hinaus Informationsasymmetrien zwischen Rückversicherung, Versicherungsunternehmen und Versicherungsvertrieb beachtet werden, vgl. Herbst (1996).

für die Existenz vor- und nachvertraglicher Informationsasymmetrie zu, da erst durch den (angestrebten) Versicherungsabschluß das Problem der ungleichen Informationsverteilung evident wird. Das Versicherungsunternehmen verfügt in der Regel über einen schlechteren Informationsstand als der Versicherungsnehmer, und eine Verminderung dieses Informationsungleichgewichtes kann durch spezielle Ausgestaltungsmöglichkeiten innerhalb des Versicherungsvertrages erreicht werden.[46] Insofern kann hier nicht der Versicherungsabschluß als solcher zu einer Verminderung von Informationsasymmetrien beitragen, sondern die Verbesserung der Informationsbasis erfolgt durch Festlegung spezieller Vereinbarungen und Bedingungen innerhalb des Versicherungsvertrages. Im Gegensatz zum Informationskonzept der Versicherung stellt dieses Szenario auf eine Verbesserung des Informationsstandes des Versicherungsunternehmens und nicht auf den des Versicherungsnehmers ab.[47]

Die Informationsasymmetrie zwischen Versicherungsunternehmung und Versicherungsnehmern hat eine große Beachtung in der versicherungstheoretischen Forschung gefunden und soll an dieser Stelle nur kurz skizziert werden.[48] Hierbei findet vor Vertragsschluß die ungleiche Informationsverteilung ihre konkrete Ausgestaltung darin, daß die Versicherung über wichtige Charakteristika des Versicherungsnehmers nicht informiert ist, die für die Einschätzung des Risikos - und damit für die Festsetzung der Versicherungsprämie - von großer Bedeutung sind. In den meisten Fällen handelt es sich um die Unkenntnis des Versicherungsunternehmens über die Schadeneintrittswahrscheinlichkeit, über die häufig der Versicherungsnehmer einen besseren Informationsstand besitzt. Gelingt es nicht, den ungleichen Informationsstand zu beseitigen, dann bedingt die vorvertragliche Informationsasymmetrie eine Negativauslese der Versicherungsnehmer (=Adverse Selection). Durch geeignete Vertragsgestaltung läßt sich dieses Informationsungleichgewicht beispielsweise dadurch reduzieren, daß Versicherungsverträge mit differenzierten Versicherungsprämien und/oder Begrenzungen des Versicherungs-

---

[46]   Das Versicherungsunternehmen kann auch aufgrund seiner Erfahrung mit dem Umgang und mit der Übernahme von Risiken über einen besseren Informationsstand als der Versicherungsnehmer verfügen, vgl. Herbst (1996), S. 172.

[47]   Aufgrund des komplementären Charakters der Informationsfunktionen können selbstverständlich sowohl das Versicherungsunternehmen als auch der Versicherungsnehmer eine Verbesserung ihres Informationsstandes erfahren.

[48]   Zu Marktgleichgewichten auf dem Versicherungsmarkt bei asymmetrischer Information vgl. Doherty/Schlesinger (1995), S. 653 ff., Rothschild/Stiglitz (1976), S. 629 ff., und Shavell (1979), S. 280 ff.

umfanges angeboten werden, so daß bei optimaler Vertragsgestaltung jeder Versicherungsnehmer den für ihn vorgesehenen Vertrag nachfragt.[49]

Nach Vertragsschluß läuft die Versicherung Gefahr, daß der Versicherungsnehmer eine
bewußte oder unbewußte Verschlechterung der Risikosituation herbeiführt, die durch
den Abschluß einer Versicherung verursacht wird. Die Anzahl und Höhe der Versiche-
rungsansprüche werden von der Existenz des Versicherungsvertrages abhängig gemacht,
so daß die vorhandene Versicherung Ansprüche erst auslöst, verstärkt oder vergrößert.
Der Versicherungsvertrag ruft selbst eine Verschlechterung der Wahrscheinlichkeit der
zugrunde liegenden Risikosituation oder eine Erhöhung des erwarteten Schadens hervor,
und es liegt der klassische Fall eines Moral Hazard vor.[50] Eine Verminderung dieser Art
der Informationsasymmetrie kann zum Beispiel dadurch erfolgen, daß in dem Versicherungsvertrag Maßnahmen zur Schadenvermeidung vorgeschrieben werden und in regelmäßigen zeitlichen Abständen eine Überwachung (=Monitoring) des Versicherungsnehmers durch das Versicherungsunternehmen erfolgt.[51]

Die Versicherung kann aber auch bedeutsam für die Minderung von Informationsasymmetrien sein, wenn es sich bei den betroffenen Akteuren nicht um Versicherungsunternehmen handelt. In diesem Szenario tritt das Versicherungsunternehmen als dritter
Marktteilnehmer zu dem Versicherungsnehmer und einem seiner Vertragspartner hinzu,
und der Versicherungsabschluß trägt neben einer Verbesserung der Risikoallokation zu
einer Minderung von vor- und/oder nachvertraglicher Informationsasymmetrie bei.
Dieser Zusammenhang zwischen Versicherung und Informationsverteilung hat in der
Literatur bisher wenig Beachtung gefunden, so daß es gerechtfertigt erscheint, dieses
Szenario in den Mittelpunkt unseres Interesses zu stellen. In diesem Zusammenhang hat
ein Modell von THAKOR Pionierarbeit geleistet, das im Rahmen einer Signaling-
Modellierung innerhalb der weiteren Untersuchungen als Referenzmodell dient.[52]

---

[49] Dies bedeutet, daß jeder Vertrag der individuellen Risikosituation des Versicherungsnehmers
gerecht wird. Vgl. hierzu das Adverse-Selection-Modell von Rothschild/Stiglitz (1976).

[50] Es ist zu bedenken, daß eine Verschlechterung der Schadenwahrscheinlichkeit nicht unbedingt das
Ergebnis moralischer Perfidie, sondern ausschließlich das Resultat eines rationalen Verhaltens
sein kann. Vgl. Eisen (1979), S. 119 und Takao (1982), S. 5.

[51] Zur Schadenverhütung vgl. Heilmann (1991), S. 503.

[52] Vgl. Thakor (1982), S. 717 ff.

2.3.2   Das Modell von THAKOR

2.3.2.1   Konzeption und Implikationen

THAKOR hat erstmalig im Rahmen eines Signaling-Modells aufgezeigt, daß mit der Versicherungsentscheidung neben Risikoallokationseffekten auch eine glaubhafte Offenbarung von Informationen für externe Marktteilnehmer verbunden sein kann.[53] Exemplarisch erfolgt eine Modellierung am Beispiel einer Ausfallversicherung für festverzinsliche Anleihen, die den Gläubigern einen Schutz vor Zahlungsausfällen hinsichtlich Zins- und Rückzahlung der Anleihe gewährt.[54] Während der Emittent seine Ausfallwahrscheinlichkeit genau kennt, investiert die Versicherung in die Beschaffung von Informationen über den Emittenten, um dann ebenfalls auf die richtige Ausfallwahrscheinlichkeit der Bondzahlungen schließen zu können.[55] Den Anlegern ist hingegen ex ante die genaue Bonität des Emittenten nicht bekannt. Demzufolge besteht zwischen Emittent und Anleger eine vorvertragliche asymmetrische Informationsverteilung hinsichtlich der Bonität des Emittenten, die in der Höhe der Ausfallwahrscheinlichkeit ihren Ausdruck findet. Ein wichtiges Charakteristikum dieser Modellierung liegt darin, daß zwischen besser und schlechter informierten Marktteilnehmern eine Versicherung als dritte Institution eingeführt wird, die unter Aufwendung von Kosten vollständige Information über das bewertungsrelevante Merkmal erlangen kann.[56] Zielsetzung dieser Analyse ist die Ermittlung von Gleichgewichten, in denen die schlechter informierten Anleger von dem Versicherungsumfang auf die Ausfallwahrscheinlichkeit der Zins- und Rückzahlung schließen können. Der Versicherung kommen zwei Funktionen zu: Zum einen bedingt sie eine Verminderung der Ausfallwahrscheinlichkeit und zum anderen fungiert sie als unabhängiger Informationsproduzent, der die Unsicherheit über die

---

[53]   Die nachfolgenden Ausführungen beschränken sich auf eine Darstellung der Modellergebnisse. Von einer Diskussion der Signaling-Modellierung wird abgesehen, vgl. hierzu Hartmann-Wendels (1986), S. 144.

[54]   Eine Anleihen- oder Bondausfallversicherung existiert auf dem deutschen Markt nicht. Sie kann vom Prinzip her mit einer Kreditausfallversicherung verglichen werden.

[55]   Von Problemen der asymmetrischen Information zwischen Versicherungsunternehmen und Versicherungsnehmer wird abstrahiert.

[56]   Hierin liegt die entscheidende Modifikation im Vergleich zum nicht-dissipativen Signaling-Modell von BHATTACHARYA. Vgl. hierzu Bhattacharya (1977), S. 104 ff.

18

Rückzahlungsfähigkeit der Bonds senkt und dadurch die Markttransparenz erhöht.[57]

Dem Modell liegen folgende Annahmen zugrunde:

A1   Jeder Emittent kennt seine Ausfallwahrscheinlichkeit n;

A2   Die Versicherung generiert die korrekten Wahrscheinlichkeiten durch Investitionen in Informationsproduktion, wobei die Höhe der damit verbundenen Investitionsauszahlungen positiv mit der Ausfallwahrscheinlichkeit korreliert sind.[58]

A3   Der Emittent hat keine direkten Möglichkeiten, die Insolvenzwahrscheinlichkeit glaubwürdig zu signalisieren.

A4   Auf dem Markt existieren keine anderen Informationsproduzenten wie beispielsweise Kredit-Rating-Agenturen.

Auf dem Markt stellt sich ein Gleichgewicht ein, wenn folgende Bedingungen erfüllt sind:

1.   Bei Risikoaversion der Emittenten maximieren diese ihren individuellen Erwartungsnutzen und bei Risikoneutralität minimieren sie die mit der Fremdkapitalaufnahme verbundenen Kosten.

2.   Es herrscht vollständige Konkurrenz auf dem Versicherungsmarkt, d. h. die Versicherungsprämie entspricht der Summe aus Informationsbeschaffungskosten und dem erwarteten, von der Versicherung zu ersetzenden Ausfallbetrag.[59]

3.   Die Investoren verfügen über rationale Erwartungen, d. h., daß die Anleger von dem Versicherungsumfang auf den korrekten Wert der Ausfallwahrscheinlichkeit

---

[57]   Die Versicherung erfüllt eine Absicherungs- und eine Signalfunktion.

[58]   Über Art und Weise der Informationsbeschaffung werden keine näheren Angaben gemacht.

[59]   Die Versicherungsprämie übersteigt in Höhe der Informationsbeschaffungskosten die "faire" Prämie.

19

schließen können und damit das Zinsniveau der Anleihen genau deren Risiko widerspiegelt.[60]

Auf der Grundlage dieses Modellrahmens werden Pooling- und Separating-Gleichgewichte hergeleitet. Im Pooling-Gleichgewicht wählt jeder Emittent einen vollständigen Versicherungsschutz und die Zins- und Rückzahlungen der Anleihe werden dadurch sicher.[61] Die Tatsache, daß risikoneutrale Emittenten eine Versicherung abschließen, ist alleinig auf die informationsbedingte Signalfunktion der Versicherung zurückzuführen, während bei Risikoaversion das Ergebnis eine intuitive Erklärung darin findet, daß es aus Gründen der Risikoallokation geboten ist, das Risiko auf die risikoneutrale Versicherung zu übertragen.[62]

Im Separating-Gleichgewicht[63] wird der Versicherungsumfang von der genauen Ausfallwahrscheinlichkeit determiniert: Je höher die Ausfallwahrscheinlichkeit, desto geringer ist der Versicherungsschutz und desto größer sind die Versicherungsprämie und die Zinsen für die Anleihe. Im Grenzfall wählen die Emittenten mit sicherer Rück- und Zinszahlung (=Ausfallwahrscheinlichkeit konvergiert gegen Null) einen vollständigen Versicherungsschutz, und die Unternehmen mit sicherem Rück- und Zinszahlungsausfall (=Ausfallwahrscheinlichkeit konvergiert gegen 1) schließen keine Versicherung ab. Aus rein versicherungstheoretischen Überlegungen ist es nicht sehr einsichtig, daß Unternehmen mit höherer Ausfallwahrscheinlichkeit einen geringeren Versicherungsumfang wählen als Unternehmen mit einem geringeren Ausfallrisiko. Erst vor dem Hintergrund der Signaling-Eigenschaft des Versicherungsumfanges in Verbindung mit der im Gleichgewicht herrschenden Bedingung, daß die Höhe der Versicherungsprämie positiv mit der

---

[60] Die Annahme der rationalen Erwartungen ist eine in Signaling-Modellen übliche Gleichgewichtsbedingung.

[61] Als notwendige und hinreichende Bedingung für ein Pooling-Gleichgewicht muß gelten, daß die Veränderung der Differenz zwischen den Signaling-Kosten (=Versicherungsprämie) und den Informationsbeschaffungskosten bei einer marginalen Veränderung der Ausfallwahrscheinlichkeit so groß sein muß wie das Verhältnis von (1+Anleihezins) und (1+sicherem Zins). Aus dieser Bedingung läßt sich ableiten, daß die Signaling-Kosten mit zunehmender Ausfallwahrscheinlichkeit zunehmen. Vgl. Thakor (1982), S. 723.

[62] Es kann eine Analogie zu effizienten Anreizverträgen hergestellt werden, in denen der Agent das gesamte Risiko trägt, wenn er risikoneutral ist, vgl. Harris/Raviv (1979), S. 231 ff.

[63] Ein Separating-Gleichgewicht kommt nur zustande, wenn die Differenz aus Signaling-Kosten und Informationsbeschaffungskosten über die Ausfallwahrscheinlichkeit ein inferiores Minimum erreicht.

Ausfallwahrscheinlichkeit korreliert, wird das Ergebnis verständlich: Das Signalisieren mittels des Versicherungsumfangs ist für die schlechteren Emittenten teurer als für die besseren, so daß im Gleichgewicht die Emittenten mit der geringeren Ausfallwahrscheinlichkeit in höherem Umfang in das Signal Versicherung investieren.[64]

Insgesamt ergibt sich folgender Zusammenhang: Der Versicherungsumfang fällt mit zunehmender Ausfallwahrscheinlichkeit, während hinsichtlich Versicherungsprämie und Zinsen ein positiver Zusammenhang mit der Ausfallwahrscheinlichkeit besteht. Eine wesentliche Bedingung für diese Gleichgewichtslösung ist die Tatsache, daß für die Versicherung die Kosten der Informationsbeschaffung bei Emittenten mit einer höheren Ausfallwahrscheinlichkeit größer sind als bei Emittenten mit geringerer Ausfallwahrscheinlichkeit. Dadurch wird gewährleistet, daß für schlechte Emittenten der Versicherungsabschluß teurer ist. Damit wird eine im Signaling-Gleichgewicht notwendige negative Korrelation zwischen Qualität des Signalgebers und Signalisierungskosten sichergestellt.

2.3.2.2 Empirische Ergebnisse zur Informationsproduktion der Versicherung

In den USA hat die Versicherung von Ausfallrisiken bei öffentlichen Anleihen eine zunehmende Bedeutung erlangt, in deren Folge eine Reihe von empirischen Untersuchungen über den Zusammenhang zwischen Versicherungsschutz und Finanzierungskosten durchgeführt worden sind. Der überwiegende Teil dieser Ergebnisse kommt dabei zu dem Schluß, daß der Versicherungsabschluß zu einer signifikanten Zinssenkung der Bonds beiträgt.[65] In der Studie von KIDWELL/SORENSEN/ WACHOWICZ wird vor dem Hintergrund des Modells von THAKOR versucht, die Bedeutung der Versicherung für die Informationsbereitstellung empirisch zu belegen.[66] Durch einen Vergleich der Zinsen von versicherten und unversicherten Kommunalobligationen im Verhältnis zur Versicherungsprämie steht zur Disposition, ob der Versicherung neben einer reinen Reduktion der Ausfallwahrscheinlichkeit auch die Funktion eines Signalgebers zu-

---

[64]   Je höher die Ausfallwahrscheinlichkeit, desto größer ist die Prämie.

[65]   Vgl. stellvertretend Spahr/Sunderman/Amalu (1991) und Cole/Officer (1981). Nicht bestätigt werden diese Ergebnisse in Braswell/Nosari/ Browning (1982).

[66]   Vgl. Kidwell/Sorensen/Wachowicz (1987).

kommt. Der Grundgedanke dieser empirischen Untersuchung besteht darin, daß Einsparungen an Zinszahlungen, die in ihrer Höhe die zu entrichtende Versicherungsprämie
übersteigen, auf die Signaling-Funktion der Versicherung und einer damit einhergehen-
den Verbesserung der Markttransparenz zurückgeführt werden. Explizit werden aus dem
Modell von Thakor zwei Hypothesen abgeleitet:

1. Entfaltet die Versicherung eine effizienzsteigernde Wirkung, dann profitiert der
   Emittent von einer über die Versicherungsprämie hinausgehenden Kostenein-
   sparung, die auf die Signalwirkung der Versicherung zurückzuführen ist.

2. Je größer die Vorteile durch Signaling sind, desto größer ist die Wahrscheinlichkeit, daß eine Versicherung abgeschlossen wird und desto größer sind die Einsparungen an Zinszahlungen.

Aus der Auswertung von 2.791 Bonds, die zwischen 1975 - 1980 emittiert wurden,
resultieren folgende Ergebnisse:

■ Durch die Einbeziehung einer Versicherung konnten die Zinsen durchschnittlich
  um 34,1 Basispunkte[67] gesenkt werden. Unter der Berücksichtigung der durch-
  schnittlichen Versicherungsprämie in Höhe von 11,7 Basispunkten beträgt die
  Netto-Einsparung durch die Versicherung 22,4 Basispunkte.

■ Der Netto-Vorteil aus dem Abschluß von Versicherungen ist signifikant größer
  als Null. Vor dem Hintergrund des Modells von THAKOR besteht eine Nachfrage nach Versicherungen, weil das Versicherungsunternehmen kostengünstiger
  glaubhafte Informationen über die Solvenz des Emittenten bereitstellen kann, als
  der Emittent selbst.

■ Die Vorteile durch den Versicherungsabschluß sind sehr ungleich verteilt. Dies
  wird auf die unterschiedliche Höhe der Informationsasymmetrie zwischen Emittent und Anleger zurückgeführt. Es ist in einer weiteren Untersuchung nachgewiesen worden, daß die Unsicherheit über die Preisbildung von Bonds mit

---

[67] Ein Basispunkt entspricht 0,01 % vom Kurswert der Anleihe. Die Versicherungsprämie wird auch
in Basispunkten ausgedrückt.

abnehmendem Rating durch eine unabhängige Rating-Agentur zunimmt.[68] Es wird bestätigt, daß die Vorteilhaftigkeit der Versicherung mit abnehmendem Rating steigt. Versteht man das Rating als (inversen) Gradmesser der Markttransparenz, dann folgt daraus, daß eine ex ante geringe Markttransparenz zu höheren Zinseinsparungen durch den Abschluß einer Versicherung führt.

Es ist kritisch anzumerken, daß die empirischen Ergebnisse nicht in jeder Hinsicht mit den theoretischen Ausführungen von THAKOR zu vereinbaren sind. Die getesteten öffentlichen Anleihen haben entweder einen vollständigen oder gar keinen Versicherungsschutz, so daß es nicht zu einer Separating-Lösung im Sinne von Thakor kommt. Die Existenz eines Pooling-Gleichgewichts erfordert, daß die Einschätzung der Ausfallwahrscheinlichkeit seitens der Anleger bei allen versicherten Bonds gleich ist.[69] Es müßten als Bedingungen für die Existenz eines Pooling-Gleichgewichts gelten, daß vollständig versicherte Bonds eine risikolose Verzinsung haben oder die Verzinsung eine Risikoprämie enthält, die durch die Insolvenzgefahr der Versicherung verursacht wird, und die Versicherungsprämie muß die Informationsproduktionskosten und die Ausfallwahrscheinlichkeit des Emittenten widerspiegeln. Entgegen den Anforderungen an ein Pooling-Gleichgewicht weisen vollständig versicherte Bonds unterschiedlich hohe Zinszahlungen auf, die negativ mit der Höhe des Ratings korreliert sind. Folglich wird auch bei vollständig versicherten Bonds die individuelle Ausfallwahrscheinlichkeit des Emittenten bewertet, so daß auf diesem Markt kein Pooling-Gleichgewicht im Sinne von THAKOR nachgewiesen werden kann. Zudem ist fraglich, ob zusätzliche Kostenersparnisse durch die Versicherung zwingendermaßen auf die Signalwirkung der Versicherung zurückgeführt werden dürfen. Hier ist zu prüfen, ob nicht auch andere Marktunvollkommenheiten - wie beispielsweise die Verminderung von erwarteten Insolvenzkosten - für die Reduktion der Zinslast verantwortlich sind.

---

[68]   Das Rating ist das Resultat der Einschätzung der Kreditfähigkeit von Unternehmen. Je schlechter die Kreditfähigkeit eingeschätzt wird, desto größer ist die Unsicherheit über die Preisbildung der Anleihe.

[69]   Vgl. Hsueh/Liu (1990), S. 693.

3   Versicherbarkeit von Risiken als Voraussetzung der Informationsbereitstellung

Eine Informationsbereitstellung kann die Versicherung nur dann leisten, wenn das
Versicherungsobjekt einem Risiko ausgesetzt ist, dessen Charakteristika den Anforderungen der Versicherbarkeit genügen. Eine Spezifizierung der Anforderungen an versicherbare Risiken setzt eine Präzisierung des Risikobegriffs voraus, der in der
Finanzierungs- und Versicherungstheorie teilweise unterschiedlich definiert und verwendet wird.[70]

Im entscheidungstheoretischen Verständnis stellt Risiko den Sachverhalt dar, daß eine
Handlungsalternative nicht zu einem bestimmten Ergebnis, sondern zu einer Wahrscheinlichkeitsverteilung von Ergebnismöglichkeiten führt.[71] Kann diese Wahrscheinlichkeitsverteilung durch den Erwartungswert und die Varianz der Ergebnisausprägungen
eindeutig beschrieben werden, dann stellt die Varianz ein geeignetes und ein insbesondere in der Finanzierungstheorie gebräuchliches Risikomaß dar. In dieser Risikodefinition
werden positive und negative Abweichungen vom Erwartungswert erfaßt.

In Anlehnung an den alltäglichen Sprachgebrauch findet innerhalb der Versicherungstheorie und -praxis häufig ein eingeengteres Risikoverständnis Verwendung, demgemäß
lediglich die ungünstigen Abweichungen der Ergebnisausprägungen vom Erwartungswert ein Risiko und positive Abweichungen eine Chance darstellen. Bei den ungünstigen
Abweichungen handelt es sich beispielsweise um Sachverhalte wie Vermögensmin-
derungen oder -verluste, die insgesamt unter dem Begriff "Schaden" subsumiert werden
können. Folglich verbirgt sich hinter dieser Risikodefinition eine Wahrscheinlichkeitsverteilung von Schäden. Dieses Risiko wird als "reines Risiko" bezeichnet.[72] Diese
Risikodefinition ist eindeutig, wenn die Zufallsergebnisse nur schädigend wirken können. Andernfalls ist die Definition der reinen Risiken von der willkürlichen Festsetzung

---

[70]   Auch innerhalb der einzelnen Theorieausrichtungen kommt es zu sehr uneinheitlichen Verwendun-
gen und Klassifizierungen des Risikobegriffs, zu einem Überblick vgl. Vaughan (1992), S. 4 ff.

[71]   Vgl. Schneeweiß (1967), S. 2.

[72]   Als Referenzwert wird der Nichteintritt eines Schadens festgelegt, vgl. Farny (1995), S. 21.

des Nullpunktes der Bewertungsskala für die Ereignisse abhängig.[73] Von den reinen Risiken werden spekulative Risiken abgegrenzt, die analog zum entscheidungstheoretischen Risikoverständnis negative und positive Ergebnisabweichungen erfassen. Beispielsweise unterliegen Einzahlungen, deren Höhe von der Ausprägung eines Konjunkturindexes abhängen, einem spekulativen Risiko, während ein potentieller Vermögensschaden durch Eintritt eines Feuers ein klassisches reines Risiko darstellt. Obwohl eine Zuordnung von reinen und spekulativen Risiken im Hinblick auf deren Versicherbarkeit nicht eindeutig vorgenommen werden kann und aus theoretischer Sicht Bedenken[74] mit sich bringt, sei in Anlehnung an die versicherungstheoretische Literatur in der weiteren Betrachtung unterstellt, daß es sich ausschließlich bei den reinen Risiken um grundsätzlich versicherbare Risiken handelt und damit eine Informationsfunktion der Versicherung nur bei Existenz versicherbarer Schäden relevant werden kann.[75]

Ob ein reines Risiko tatsächlich versicherbar ist, hängt letztlich von der Bereitschaft zur Risikoübernahme seitens des Versicherungsunternehmens ab. Es existiert keine allgemeingültige Grenze der Versicherbarkeit von Risiken, aber es lassen sich Einzelfaktoren herauskristallisieren, die den Risikotransfer aus der Sicht des Versicherungsunternehmens günstig oder ungünstig erscheinen lassen. Als wichtige, idealtypische Merkmale versicherbarer Risiken sind herauszustellen:[76]

- Schätzung der Schadenverteilung;

- Eindeutigkeit der Schadenverteilung;

- Unabhängigkeit der Schadenverteilung.

---

[73] Zur Unsicherheit des Risikobegriffs vgl. Karten (1972), S. 279 ff., und Karten (1993), S. 3825 ff.

[74] Beispielsweise kann ein pures Risiko aus der Sicht des Versicherungsnehmers spekulativ sein, wenn die zu erwartende Entschädigung durch die Versicherung höher ist als der ökonomische Schaden.

[75] "The distinction between pure and speculative risks is an important one, because normally only pure risks are insurable", vgl. Vaughan (1992), S. 8. In gleichem Sinne vgl. Hax (1964), S. 26, und Farny (1995), S. 22.

[76] Außer den oben aufgeführten Kriterien können noch die Zufälligkeit und die Größenmerkmale der Schadenverteilung genannt werden, vgl. Farny (1995), S. 28 ff.

25

Die Schätzung der Schadenverteilung zielt darauf ab, daß das Versicherungsunternehmen in der Lage ist, das Risiko zu messen. Die Wahrscheinlichkeitsverteilung versicherbarer Risiken muß im Hinblick auf Erwartungswert und Streuung quantifizierbar sein, um eine Kalkulierbarkeit im Hinblick auf die Versicherungsprämie und auf die Risiken, die sich nach Versicherungsabschluß im Portefeuille des Versicherungsunternehmens befinden, zu gewährleisten.

Zudem muß die Versicherungsleistung bei Eintritt des Versicherungsfalls eindeutig bestimmbar sein. Diese genaue Spezifizierung der Merkmale des Versicherungsfalls und des versicherbaren Schadens setzt voraus, daß die Schadenverteilung eindeutig zu sein hat.

Die Unabhängigkeit der Schadenverteilung ist gegeben, wenn sich die Schadenrealisierungen der übernommenen Risiken nicht gegenseitig beeinflussen. Diese Unkorreliertheit der Einzelrisiken gewährleistet einen bestmöglichen Risikoausgleich im Kollektiv, der durch die Reduzierung der relativen Streuung der Schäden um ihren Mittelwert bei steigender Zahl der Einzelrisiken gemessen werden kann.[77] Das gleichzeitige Auftreten von versicherten Schäden, wie es beispielsweise bei Naturkatastrophen der Fall sein kann, stellt einen hohen Risikofaktor für das Versicherungsunternehmen dar und kann sich in unerwünschter Weise negativ auf die Insolvenzgefahr der Unternehmung auswirken.

Die Unabhängigkeit der versicherten Schadenverteilungen ist ebenso wie die anderen aufgeführten Kriterien keine **absolute** Voraussetzung für deren Versicherbarkeit. Das Versicherungsunternehmen hat beispielsweise die Möglichkeit, hoch korrelierte Risiken partiell auf ein Rückversicherungsunternehmen zu übertragen, oder, wie in den USA mittlerweile möglich, durch Versicherungsfutures auf dem Kapitalmarkt zu allozieren.[78] Das breite Spektrum an Möglichkeiten für die Reallokation von Risiken spricht dafür,

---

[77] Die relative Streuung wird durch den Variationskoeffizienten gemessen, der bei einer großen Zahl homogener und unabhängiger Risiken gegen Null konvergiert. Zur Kritik an diesem Risikomaß vgl. Albrecht (1982), S. 514 ff. Zum Risikoausgleich im Kollektiv vgl. darüber hinaus Albrecht (1984a und 1984b).

[78] Zu einer vergleichenden Analyse von Rückversicherung versus Versicherungsfutures zur Absicherung vornehmlich systematischer Risiken vgl. Niehaus/Mann (1992). Allgemein zur Rückversicherung vgl. Blazenko (1986).

daß die Versicherbarkeit von Risiken keine Grenzen mehr kennen dürfte.[79]

Ergänzend sei im Hinblick auf die in der Finanzierungstheorie übliche Klassifizierung in systematische und unsystematische Risiken darauf hingewiesen, daß gemäß empirischer Untersuchungen reine Risiken einen ß-Faktor aufweisen, der nicht signifikant von Null abweicht. Folglich handelt es sich bei reinen Risiken vornehmlich um unsystematische Risiken. Aus theoretischer Sicht ist eine strenge Zuordnung jedoch nicht möglich, da reine Risiken auch durchaus systematischen und spekulative Risiken einen unsystematischen oder systematischen Charakter aufweisen können.[80]

---

[79] Zu eher volkswirtschaftlichen Bedenken bei grenzenloser Versicherbarkeit vgl. Meyer (1989), S. 198 f.

[80] Beispielsweise ist das reine Risiko in Form einer Naturkatastrophe von systematischer Natur.

Kapitel 3: Versicherungsentscheidung der Unternehmung bei symmetrischer Information

1 Grundlagen

1.1 Kapitalmarkttheoretische Konzeption

Die Versicherungsnachfrage der Unternehmung wird nachfolgend in einen kapitalmarkt-theoretischen Zusammenhang gestellt, wobei von Problemen der asymmetrischen Information zunächst abstrahiert wird. Die Koordinierung der Kapitalbereitstellung durch Investoren mit der Kapitalnachfrage für unternehmerisches Engagement erfolgt auf hoch entwickelten Kapitalmärkten, auf denen Versicherungsunternehmen sowohl auf der Kapitalangebots- als auch auf der Kapitalnachfrageseite eine bedeutende Position einnehmen.[81] Die Relevanz dieser kapitalmarkttheoretischen Zusammenhänge erstreckt sich dabei auch auf den Abschluß von Versicherungsverträgen und muß Beachtung finden, wenn man die Einflüsse von Versicherungsabschlüssen auf die Vermögens-positionen von Kapitalgebern und anderen Stakeholdern einer Unternehmung adäquat in einem Modell abbilden möchte. Ausgangspunkt dieser Analyse bildet ein Kapital-markt, der segmentiert werden kann in einen Markt für Versicherungsverträge und einen Markt für sonstige Finanzierungstitel, die anfänglich ausschließlich durch Aktien eine Konkretisierung erfahren. Die Versicherungsverträge werden von Versicherungsunter-nehmen angeboten und von Konsumenten[82] (=private Haushalte) und Nicht-Versiche-rungsunternehmen nachgefragt. Da hier nicht die Existenz von Versicherungsunterneh-men zur Disposition steht, ist die ad hoc unterstellte Existenz von Versicherungsunter-

---

[81] Die Versicherungsunternehmen halten in Deutschland einen höheren Aktienbestand als die Gesamtheit aller privaten Haushalte, vgl. Badrinath/Kale/Ryan (1996), S. 49, und o. V. (1997c), S. 26. Die Relevanz kapitalmarkttheoretischer Zusammenhänge ist vor allem im Hinblick auf Prämienberechnungen aufgezeigt worden, vgl. Albrecht (1991), Breuer (1992), Gründel (1993) und Kotsch (1993).

[82] Die Konsumenten werden im folgenden häufig als Investoren oder Kapitalgeber bezeichnet, da simultan mit ihrer Konsumentscheidung eine Investitionsentscheidung einhergeht.

28

nehmen im Hinblick auf die skizzierte Zielsetzung sinnvoll.[83]

Die Bewertung der aus den Finanzierungstiteln und Versicherungen resultierenden unsicheren Zahlungsströme basiert auf der Grundlage der Arbitragetheorie, die einen präferenz- und verteilungsannahmefreien Zugang zur Bewertung von stochastischen Zahlungen ermöglicht.[84] Die Arbitragetheorie macht Aussagen über die Konsistenz eines Preissystems im Marktgleichgewicht. Legt man die Preise gewisser Finanzierungstitel als Bewertungsbasis zugrunde, so können aus Arbitragefreiheitsbedingungen die Preise und Preisrelationen von hinzukommenden Anwartschaften auf unsichere Zahlungen, die in dieser Betrachtung unter anderem aus Versicherungsverträgen bestehen, ermittelt werden. Das resultierende Preisfunktional gewährleistet, daß kein Marktteilnehmer durch individuelle Vermögensumschichtungen einen risikolosen Gewinn erwirtschaften kann. Der Kapitalmarkt offeriert den Investoren im Marktgleichgewicht keine gewinnbringenden Arbitragemöglichkeiten.

Die Höhe der zukünftigen Zahlungen hängt davon ab, welcher Umweltzustand in der Zukunft eintritt. Die Marktteilnehmer können jedem Umweltzustand eine sichere Zahlung zuordnen. Die Unsicherheit besteht ausschließlich darin, daß den Marktteilnehmern nicht bekannt ist, welcher der möglichen Umweltzustände eintreten wird. Ein wesentliches Element dieser arbitragetheoretischen Modellierung ist die Einführung von zustandsbedingten Ansprüchen. Diese Ansprüche können als Finanzierungstitel interpretiert werden, die ausschließlich bei Eintritt eines im vorhinein bestimmten Zustandes eine Einzahlung in Höhe von einer Geldeinheit verbriefen. Diese Finanzierungstitel werden auch als reine Wertpapiere bezeichnet.[85] Die Existenz der reinen Wertpapiere ist nicht notwendig für die Existenz eines Marktgleichgewichtes, da unter geeigneten

---

[83]　Aus der Relevanz von Versicherungsverträgen für den Marktwert von Unternehmungen läßt sich nicht die Existenzberechtigung der Versicherungsunternehmung ableiten. Strenggenommen ist es für diese Analyse irrelevant, welcher Marktteilnehmer Versicherungsverträge anbietet, so daß eine Annäherung an die realen Gegebenheiten erfolgt.

[84]　Zur Arbitragetheorie vgl. Kruschwitz (1995), S. 157 ff., und ausführlich Wilhelm (1985), S. 60 ff.

[85]　Die Konstruktion reiner Wertpapiere ist auf Arbeiten von Arrow und Debreu zurückzuführen, so daß sie in der Literatur häufig auch als Arrow-Debreu-Wertpapiere bezeichnet werden. Vgl. Arrow (1964), Debreu (1959) und Wosnitza (1995a), S. 594.

Bedingungen die Preise der reinen Wertpapiere aus komplexeren am Markt gehandelten Finanzierungstiteln abgeleitet werden können.[86] Als notwendige Bedingung muß hierfür gelten, daß der Markt vollständig ist. Dies bedeutet, daß die Anzahl linear unabhängiger Zahlungsvektoren von am Markt gehandelten Finanzierungstiteln gerade der Anzahl der Umweltzustände entspricht.[87]

Um Aussagen über die Vorteilhaftigkeit von Versicherungen treffen zu können, müssen zunächst im Rahmen eines Gleichgewichtsmodells die Preise für zustandsbedingte Ansprüche ermittelt werden, die implizit Auskunft geben über die Höhe der gleichgewichtigen Versicherungsprämien. Dies geschieht auf der Grundlage des State-Preference-Ansatzes, bei dem alle möglichen Zustände einzeln betrachtet werden.[88] Die Ermittlung der Preise für zustandsbedingte Zahlungen erfolgt unter der Maßgabe, daß der individuelle Konsumnutzen eines repräsentativen Investors maximiert wird. Hieraus wird deutlich, daß Informationen über die Risikoaversion des Investors bereits in den Preisen für zustandsbedingte Ansprüche enthalten sind. Bei der Bewertung von Finanzierungstiteln und der Bewertung von gesamten Unternehmen ist eine explizite Berücksichtigung der Risikoeinstellung nicht mehr notwendig. Sie beruht präferenzfrei ausschließlich auf Arbitrageüberlegungen.

Das zentrale Anliegen dieses Kapitels besteht darin, den Einfluß der Versicherung auf den Marktwert der Unternehmung zu analysieren. Die Einbeziehung einer Versicherung erweist sich nur dann als vorteilhaft, wenn der Marktwert der Unternehmung eine Steigerung erfährt, d.h., daß ceteris paribus die Vermögensposition mindestens eines Marktteilnehmers steigt. Gemäß der Unterstellung, daß sich die Vermögenswirkung der Versicherung ausschließlich in einer Veränderung des Marktwertes des betrachteten Unternehmens auswirkt, kann im Hinblick auf die Versicherungsentscheidung die Marktwertmaximierung als eine von allen Kapitalgebern einmütig unterstützte Unter-

---

[86] Durch die Tatsache, daß ein real stattfindender Handel mit reinen Wertpapieren keine Modellvoraussetzung ist, wird der Einwand der Realitätsferne abgemildert. Zur Realitätsferne des Arrow-Debreu-Ansatzes vgl. Hakansson (1978), S. 759, und Koopmanns (1974), S. 327.

[87] Zur Marktvollständigkeit vgl. Copeland/Weston (1988), S. 111 f.

[88] Zum State-Preference Ansatz vgl. Copeland/Weston (1988), S. 109 ff., und Kruschwitz (1995), S. 173 ff.

nehmenszielsetzung angenommen werden.[89] Begreift man den Versicherungsabschluß als eine spezielle Maßnahme des Risikomanagements, dann wird hier im Gegensatz zu der sonst üblichen Zielsetzung solcher Maßnahmen die Versicherungsentscheidung nicht durch das ausschließliche Streben nach Risikominderung motiviert.[90] Der Versicherungsabschluß kann insbesondere nicht auf die Risikoaversion der Marktteilnehmer zurückgeführt werden.[91]

1.2 Modellannahmen

Dem Modell werden explizit folgende Annahmen vorangestellt, die im weiteren Verlauf dieser Analyse teilweise abgeschwächt oder aufgehoben werden:

A1:   Der Kapitalmarkt ist vollkommen, d.h.,
       - die Marktteilnehmer handeln rational;
       - die Marktstruktur ist atomistisch;
       - es existieren keine Informations- und Transaktionskosten einschließlich
         Steuern.

A2:   Der Kapitalmarkt ist vollständig.

A3:   Es werden zwei Zeitpunkte t=0 und t=1 betrachtet. In t=0 werden die Entscheidungen der Marktteilnehmer getroffen, deren monetäre Konsequenzen sich in t=1 offenbaren.

---

[89]   Im Rahmen der genauen Spezifizierung der Modellannahmen werden die formalen Voraussetzungen genannt, die eine Einmütigkeit zwischen individueller Erwartungsnutzenmaximierung und Marktwertmaximierung sicherstellen.

[90]   Als primäres Ziel von Risikomanagement-Maßnahmen wird im überwiegenden Teil der Literatur die Existenzsicherung der Unternehmung genannt. Vgl. Wagner (1996), S. 74, Vaughan (1992), S. 33, und Head/Horn (1991), S. 46.

[91]   Innerhalb der Versicherungsbetriebslehre stellt die Risikoaversion die maßgebliche Motivation für den Abschluß von Versicherungen dar. "Grundsätzlich muß jedoch beim Versicherungsnehmer Risikoaversion vorliegen...", Farny (1995), S. 26.

A4: Die Konsumenten maximieren ihren individuellen Erwartungsnutzen, der von der Höhe des Konsums in t=0 und t=1 determiniert wird. Sie folgen dem Bernoulli-Prinzip, wobei ihre Nutzenfunktion U einen streng konkaven Verlauf aufweist.[92]

A5: Die Zahlungen am Ende der Periode sind funktional abhängig von den Ausprägungen eines Indexes, der die wirtschaftliche Entwicklung der hier betrachteten Volkswirtschaft widerspiegelt. Es sei $\Omega=[\omega_0,\omega_N]$ die Menge aller Indexausprägungen ω, mit $\Omega\subset\mathbb{R}^+$.[93] Diese Indexausprägungen werden als Umweltzustände bezeichnet und sind aufsteigend nach der Zahlungshöhe geordnet.

A6: Der zugrunde liegende Wahrscheinlichkeitsraum sei mit (Ω,A,Ψ) bezeichnet. Hierbei kennzeichnet A die Sigma-Algebra, und Ψ ist als Wahrscheinlichkeitsmaß definiert mit $\Psi: A\rightarrow[0,1]$, $A\in A$, so daß jedem Umweltzustand ω eine positive Dichte $\psi(\omega)$ zugeordnet wird.[94]

A7: Das Investitionsprogramm ist exogen vorgegeben.

Die Annahmen A1 und A2 stellen sicher, daß die Marktwertmaximierung der Unternehmungen zugleich nutzenmaximal für die Kapitalgeber ist. Für diese Übereinstimmung von Nutzen- und Marktwertmaximierung muß gelten, daß[95]

■ Entscheidungen einer Unternehmung keinen Einfluß auf die Zahlungsströme von Finanzierungstiteln anderer Unternehmen und keinen Einfluß auf die Preise für zustandsbedingte Ansprüche haben (=competitivity);

---

[92] Der Verlauf der Nutzenfunktion stellt sicher, daß der Konsument risikoavers ist.

[93] Bei ω_0 und ω_N handelt es sich lediglich um Intervallgrenzen, aus denen **nicht** gefolgert werden darf, daß Ω aus N Elementen besteht.

[94] Zu dieser Definition eines Wahrscheinlichkeitsraumes vgl. Billingsley (1995), S. 23, und speziell zur Definition einer Sigma-Algebra vgl. Bauer (1992), S. 3. Die Annahmen A5 und A6 gewährleisten, daß Funktionen im Intervall $[\omega_0,\omega_N]$ über ω integriert werden können.

[95] Für eine explizite Darstellung der Annahmen für die nutzentheoretische Fundierung der Marktwertmaximierung vgl. Wilhelm (1883), S. 516 ff., und DeAngelo (1981), S. 20-23. Eine kürzere Darstellung findet sich in Copeland/Weston (1988), S. 125. Zur Marktwertmaximierung mit besonderem Fokus auf die Spanning- und Competitivity-Bedingung vgl. Breuer (1997), S. 224.

■   der Zahlungsstrom des Unternehmens seitens des Investors dupliziert werden kann (=spanning);

■   keine Informationsasymmetrie hinsichtlich der Unternehmensentscheidungen besteht.

Die in Annahme A1 unterstellte atomistische Marktstruktur und die Abwesenheit von Informationskosten gewährleisten die geforderte Competitivity-Eigenschaft des Marktes und die Informationssymmetrie zwischen Kapitalgebern und Manager. Da in dieser Analyse der Einfluß der Versicherungsentscheidung auf den Marktwert der Unternehmung im Mittelpunkt steht, reicht es strenggenommen aus, wenn sich die Informationssymmetrie auf die Versicherungsentscheidung der Unternehmung beschränkt. Die Informationssymmetrie ist eine notwendige Voraussetzung dafür, daß der Investor den Zahlungsstrom des Unternehmens duplizieren kann.[96] Diese Spanning-Eigenschaft wird durch die Annahme der Marktvollständigkeit (A2) sichergestellt.[97]

Die resultierende Vereinbarkeit von Nutzen- und Marktwertmaximierung bedeutet, daß Realinvestitions-, Finanzierungs- und Versicherungsentscheidungen unabhängig von subjektiven Zeit- und Risikopräferenzen der Investoren getroffen werden können. Diese Separation wird auch als Fisher-Separationstheorem bezeichnet, das in dieser Darstellung für den Fall der Unsicherheit gilt.[98] Eine wichtige Konsequenz dieser Separierbarkeit ist die Möglichkeit, daß Investitions-, Finanzierungs- und Versicherungsentscheidungen auf Agenten delegiert werden können.[99]

---

[96]   Duplikation setzt Kenntnis der Unternehmensentscheidungen voraus.

[97]   Die Annahme der Marktvollständigkeit ist umfangreicher als die Spanning-Eigenschaft, weil die Marktvollständigkeit die Duplikation aller möglichen Zahlungsströme impliziert, während sich Spanning ausschließlich auf die Duplikation von Zahlungsströmen bezieht, die durch die Unternehmensentscheidungen induziert sind.

[98]   Die Bezeichnung geht zurück auf den amerikanischen Geld- und Zinstheoretiker Irving Fisher (1867-1947), vgl. Fisher (1932). Zum Zusammenhang zwischen Marktwert der Unternehmung, Fisher-Separation und Investitionsentscheidungen vgl. Copeland/Weston (1988), S. 124 f. Zur Fisher-Separation unter Unsicherheit vgl. MacMinn/Martin (1988), S. 227 ff.

[99]   In der vorliegenden Darstellung werden diese Entscheidungen auf die im Sinne der Eigenkapitalgeber handelnden Manager der Unternehmung übertragen.

2 Versicherungsentscheidung auf vollkommenen Märkten

2.1 Gleichgewicht auf dem Versicherungsmarkt

2.1.1 Versicherung und Kapitalmarkt

In der Ausgangsbetrachtung werden auf dem Kapitalmarkt ausschließlich Aktien und Versicherungen gehandelt. Vor dem Hintergrund der Marktvollständigkeit lassen sich aus den auf dem Markt verfügbaren Aktien die Preise für zustandsbedingte Ansprüche ermitteln. Hierbei wird $p(\omega)$ als zustandsbedingter Preis einer Aktie definiert, die ausschließlich im Zustand ω eine Einzahlung in Höhe von einer Geldeinheit verbrieft. Zudem können Versicherungsverträge zu einem Preis von $q(\omega)$ gekauft werden, die in t=1 bei Eintritt eines Schadens in Zustand ω zu einer Einzahlung von einer Geldeinheit führt. Die in t=0 gehandelte Anzahl der Aktien sei mit $X(\omega)$ und die Anzahl der nachgefragten Versicherungsverträge mit $Y(\omega)$ bezeichnet. Aus arbitragetheoretischen Überlegungen läßt sich unmittelbar folgern, daß bei dieser Marktkonstellation der Preis der Versicherungsverträge $q(\omega)$ gleich dem Preis der Aktien $p(\omega)$ sein muß.[100] Hierzu folgt nachfolgend ein formaler Nachweis, um die Struktur dieses Grundmodells transparent werden zu lassen.

Der Kreis der Marktteilnehmer setzt sich aus Unternehmungen und Konsumenten zusammen. In der Ausgangsbetrachtung sind die Unternehmungen vollständig eigenfinanziert und werden differenziert nach versicherungsnachfragenden Unternehmungen und Versicherungsunternehmungen (VU), die alleinig zum Angebot von Versicherungen legitimiert sind. Die Versicherungsunternehmungen verfügen über die Möglichkeit, eingenommene Prämien durch den Kauf reiner Wertpapiere für die Zeit von t=0 bis t=1 auf dem Kapitalmarkt anzulegen. Sie treten als Finanzintermediäre auf dem Markt auf, an denen sich die Kapitalanleger (=Konsumenten) beteiligen, anstatt selbst Wertpapiere

---

[100] Damit sind Versicherungsverträge auf dem hier betrachteten Markt überflüssig.

mit verbrieften zustandsbedingten Ansprüchen in Form von Versicherungen auf dem Markt anzubieten.[101]

2.1.2 Angebot von Versicherungsverträgen

Zur Herleitung des Versicherungsangebotes wird ein repräsentatives Versicherungs-unternehmen (VU) betrachtet, das den Unternehmungen und Konsumenten Versicherungen anbietet. Der Marktwert des rein eigenfinanzierten Versicherungsunternehmens beträgt:

$$V_{VU}(\omega) = \int_\omega q(\omega) Y(\omega) d\omega - \int_\omega p(\omega) Y(\omega) d\omega.$$

(3.1)

Der Marktwert des Versicherungsunternehmens setzt sich zusammen aus den Prämien-einnahmen in t=0 (1. Summand) abzüglich dem Barwert der Schadenzahlungen (2. Summand). Ein zusätzlicher Verkauf einer Versicherung für Schäden in Zustand ω wirkt sich wie folgt auf den Marktwert der Versicherungsunternehmung aus:

$$\frac{dV_{VU}}{dY} = \int_\omega [q(\omega) - p(\omega)] d\omega.$$

(3.2)

Hieraus lassen sich folgende Implikationen für das Angebot von Versicherungsverträgen ableiten:

- Bei $q(\omega) < p(\omega)$ führt der Verkauf von Versicherungen zu einer Minderung des Marktwertes, so daß keine Versicherungen angeboten werden;

- Bei $q(\omega) > p(\omega)$ steigert der Verkauf von Versicherungen den Marktwert der Unternehmung, und es werden unendlich viele Versicherungsverträge angeboten;

---

[101]   In der Ausgangsbetrachtung in Form eines vollkommenen und vollständigen Marktes kommt Finanzintermediären keine Bedeutung zu. Zur Finanzintermediation vgl. Breuer (1993), S. 15 ff., und zur Interpretation der Versicherung als Finanzintermediär vgl. Müller (1983), S. 551 f. Zu einer ähnlichen Modellkonzeption ohne Berücksichtigung von Versicherungsunternehmungen vgl. MacMinn (1987).

- Bei $q(\omega) = p(\omega)$ ist das Versicherungsunternehmen bezüglich des Verkaufs von Versicherungsverträgen indifferent. Der Marktwert wird durch den Verkauf von Versicherungen nicht beeinflußt.

2.1.3 Nachfrage nach Versicherungsverträgen und Versicherungsmarktgleichgewicht

Als potentielle Versicherungsnachfrager kommen Konsumenten und Unternehmen in Frage.[102] Die Konsumenten treffen ihre Versicherungsentscheidung unter der Maßgabe, daß ihr individuell erwarteter Konsumnutzen (EU) maximiert wird. Der Konsumnutzen ist abhängig vom Konsum im Zeitpunkt 0 ($=c_0$) und vom Konsum im Zeitpunkt 1 ($=c_1$), wobei gilt:[103]

$$c_0 = m_0 - \int_\omega [p(\omega)X(\omega) + q(\omega)Y(\omega)]d\omega,$$

$$c_1(\omega) = m_1(\omega) + X(\omega) + Y(\omega).$$

$$(3.3)$$

Mit:

m_t = Einkommen eines repräsentativen Konsumenten in Zeitpunkt t.[104]

---

[102] Wird das Wort "Unternehmen/Unternehmung" ohne explikativen Zusatz gebraucht, handelt es sich stets um eine versicherungsnachfragende Unternehmung (im Gegensatz zur Versicherungs-unternehmung).

[103] Analog zum Fisher-Modell haben die Konsumenten in t=0 die Möglichkeit, ihr Einkommen nach t=1 zu transferieren. Dieser Vermögenstransfer erfolgt durch den Kauf von Aktien oder von Versicherungen in t=0.

[104] Die Höhe des Einkommens in t=1 ($=m_{t1}$) mindert sich durch den Eintritt von versicherbaren Schäden. Hierdurch erklärt sich die Zustandsabhängigkeit dieser Einkommensgröße.

Der Entscheidungskalkül des Konsumenten lautet:

$$EU = \int_\omega u(c_0, c_1)d\omega \rightarrow MAX!$$

(3.4)

Unter der Nebenbedingung:[105]

$$Y \geq 0.$$

Für den optimalen Bestand an Aktien (X^*) muß als notwendige Bedingung gelten:[106]

$$\frac{dEU}{dX} = -\int_\omega \frac{\partial u(c_0, c_1(\omega))}{\partial c_0} p(\omega)d\omega + \frac{\partial u(c_0, c_1(\omega))}{\partial c_1} =! \ 0.$$

(3.5)

Im Optimum gilt für den zustandsbedingten Preis einer Aktie:

$$p(\omega) = \frac{\dfrac{\partial u(c_0, c_1(\omega))}{\partial c_1(\omega)}}{\int_\omega \dfrac{\partial u(c_0, c_1(\omega))}{\partial c_0} d\omega}.$$

(3.6)

Der Zähler in Gleichung (3.6) enthält den Grenznutzen bezüglich einer Veränderung des Konsums in t=1, und der Nenner enthält den Grenznutzen bezüglich einer Konsumänderung in t=0. Der Preis für die reinen Wertpapiere entspricht der Grenzrate der Substitution, d.h. dem Austauschverhältnis zwischen dem Nutzenzuwachs bei marginaler Zunahme des zukünftigen Konsums und dem Nutzenzuwachs bei marginaler Konsumsteigerung in t=0.[107]

Die Konsumenten fragen Versicherungen nach, wenn sich dadurch ihr erwarteter Kon-

---

[105] Die Nebenbedingung stellt sicher, daß die Konsumenten selbst keine Versicherungen anbieten.

[106] Die Ableitung erfolgt unter Anwendung der Kettenregel.

[107] Zu diesem Ergebnis vgl. auch Zwirner (1989), S. 116.

sumnutzen erhöht. Es muß gelten:

$$\frac{\partial EU}{\partial Y} = -\int_\omega \frac{\partial u(c_0, c_1(\omega))}{\partial c_0} q(\omega)d\omega + \frac{\partial u(c_0, c_1(\omega))}{\partial c_1(\omega)} \geq 0.$$

$$(3.7)$$

Hieraus folgt für den Preis einer Versicherung im Zustand ω:

$$q(\omega) \leq \frac{\dfrac{\partial u(c_0, c_1(\omega))}{\partial c_1(\omega)}}{\displaystyle\int_\omega \frac{\partial u(c_0, c_1(\omega))}{\partial c_0} d\omega}.$$

$$(3.8)$$

Ein Vergleich zwischen den Preisen von reinen Wertpapieren und Versicherungen zeigt, daß nur dann Versicherungen nachgefragt werden, wenn der Preis für eine Schadendeckung in Höhe von einer Geldeinheit ($q(\omega)$) nicht größer ist als der Preis für reine Wertpapiere ($p(\omega)$).[108] Es muß also gelten: $q(\omega) \leq p(\omega)$.

Das maßgebliche Kriterium für die unternehmerische Versicherungsnachfrage besteht in der Steigerung des Marktwertes der Unternehmung. Hierzu sei repräsentativ ein rein eigenfinanziertes Unternehmen mit einem Endvermögen am Ende der Periode in Höhe von $\Pi(\omega)$ betrachtet, das keiner Insolvenzgefahr ausgesetzt ist. Das Endvermögen $\Pi(\omega)$ setzt sich zusammen aus den Netto-Einzahlungen ohne Berücksichtigung versicherbarer Schäden ($G(\omega)$) abzüglich der versicherbaren Schäden $S(\omega)$. Für den Marktwert dieses Unternehmens ergibt sich:

$$V = \int_\omega p(\omega)\Pi(\omega)d\omega.$$

$$(3.9)$$

---

[108] Der Preis für die Versicherungsverträge muß kleiner oder gleich der Grenzrate der Substitution sein.

Schließt das Unternehmen in t=0 Versicherungen in Höhe von Y(ω) ab, beträgt der Marktwert:

$$V_i = \int_\omega [p(\omega)(\Pi(\omega) + Y(\omega)) - q(\omega)Y(\omega)]d\omega.$$

(3.10)

Der Versicherungsabschluß erweist sich als vorteilhaft, wenn gilt:

$$\frac{\partial V_i}{\partial Y} = \int_\omega [p(\omega) - q(\omega)]d\omega \geq 0.$$

(3.11)

Analog zu der Versicherungsnachfrage der Konsumenten fragen Unternehmen nur dann Versicherungen nach, wenn der zustandsbedingte Versicherungspreis nicht größer ist als der Preis für reine Wertpapiere. Das Nachfrageverhalten läßt sich folgendermaßen zusammenfassen:

- Bei p(ω) > q(ω) versichern sich Unternehmen und Konsumenten vollständig gegen alle versicherbaren Risiken;

- Bei p(ω) = q(ω) sind Konsumenten und rein eigenfinanzierte Unternehmen indifferent hinsichtlich des Versicherungsabschlusses;

- Bei p(ω) < q(ω) schließen weder Konsumenten noch Unternehmen Versicherungen ab.

Im Gleichgewicht stellt sich auf dem Versicherungsmarkt erwartungsgemäß ein Preis in Höhe von p(ω) ein. (q.e.d.)

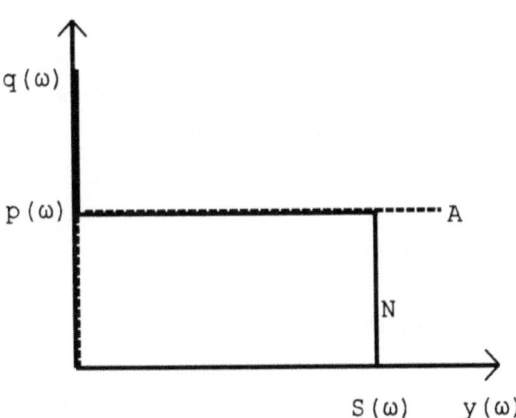

Abbildung 1: Gleichgewicht auf dem Versicherungsmarkt (A=Angebot, N=Nachfrage).

Ein wichtiges Ergebnis dieser Marktgleichgewichtsbetrachtung ist die Tatsache, daß in dieser Ausgangssituation der Marktwert der versicherten Unternehmung gleich dem Marktwert der unversicherten Unternehmung ist:[109]

$$V = V_{i}.$$

(3.12)

Dieses Ergebnis entspricht in allgemeiner Form dem Theorem der Irrelevanz der Finanzierung.[110] Betrachtet man das Unternehmen als ein Nexus von Finanzkontrakten, dann impliziert dieses Theorem die Irrelevanz der Zusammenstellung dieser Kontrakte für dessen Marktwert. In dieser Betrachtung wird bei den Versicherungsverträgen ausschließlich auf den verbrieften Zahlungsanspruch bei Eintritt eines Schadens abgestellt. Bei einer Interpretation der Versicherung als Finanzierungstitel folgt bereits aus einer Generalisierung des Irrelevanztheorems, daß der Abschluß einer Versicherung unter den hier gegebenen Annahmen bedeutungslos für den Marktwert der Unternehmung ist. Vor dem Hintergrund dieses Irrelevanzergebnisses ergibt sich auch unmittel-

---

[109]   Zur Irrelevanz der Versicherung vgl. MacMinn (1987), S. 665, und Swoboda (1994), S. 218. Zu analogen Ergebnissen im Hinblick auf Hedgingentscheidungen und Marktwert der Unternehmung vgl. Stephan (1989), S. 26, und Feiger/Jacquillat (1982), S. 218 f.

[110]   Zur Irrelevanz der Finanzierung vgl. Franke/Hax (1994), S. 336.

bar, daß es unerheblich ist, ob die Unternehmung oder die Anteilseigner Versicherungen abschließen. Ein Versicherungsabschluß auf Unternehmensebene ist auch deshalb nicht notwendig, weil die Anteilseigner durch individuelle Versicherungsdispositionen die vom Unternehmen angestrebten Positionen generieren können.[111]

2.2 Versicherung und Marktwert der Unternehmung

2.2.1 Versicherung und Insolvenz

Die Irrelevanz von Versicherungsabschlüssen gilt nicht uneingeschränkt, wenn die versicherungsnachfragende Unternehmung einer positiven Insolvenzwahrscheinlichkeit ausgesetzt ist. Um dies aufzuzeigen, wird als Teilmenge von Ω eine Menge von Zuständen Ω_K definiert, bei deren Eintritt das Endvermögen der Unternehmung kleiner als Null ist ($\Pi < 0$). Die Haftung der Anteilseigner ist beschränkt, so daß in diesen Zuständen nicht alle noch ausstehenden Forderungen beglichen werden können. Es liegt der Insolvenztatbestand der Zahlungsunfähigkeit vor. Bei den Forderungsinhabern handelt es sich um Interessengruppen wie beispielsweise Kunden, Lieferanten, Mitarbeiter oder Personen, die durch das Unternehmen einen Schaden erlitten haben. Diese Interessengruppen zählen zu den Stakeholdern der Unternehmung, und sie werden nachfolgend danach unterschieden, ob sie bereits in t=0 in einem vertraglichen Verhältnis mit der Unternehmung stehen oder nicht.[112] Für die Versicherungsentscheidung ist diese Differenzierung relevant, weil von der vertraglichen Bindung die Antizipationsmöglichkeit des Versicherungsabschlusses abhängt, die wiederum die Versicherungsentscheidung und damit die Vermögensposition der Aktionäre beeinflußt. Die Möglichkeit der Antizipation beschränkt sich auf Stakeholder wie zum Beispiel Kunden und Lieferanten, die mit dem

---

[111] Dieses Ergebnis schließt die Möglichkeit ein, daß sich jeder Marktteilnehmer gegen versicherbare Schäden aller anderen Marktteilnehmer versichern kann. Diese freie Handelbarkeit von Schäden setzt die hier gegebene vollständige Marktgängigkeit von Versicherungsverträgen voraus, eine Eigenschaft, die den Versicherungen aufgrund ihrer individuellen Ausgestaltung realer abgesprochen wird. Zur Einschränkung dieser Annahme vgl. die Ausführungen in Kapitel 4.

[112] Vgl. Hill (1996), S. 415, und Luffman/Witt/Lister (1982), S. 70 ff. Zu einer ausführlichen Diskussion über Versicherung und Stakeholder der Unternehmung vgl. Grillet (1992b) und Grillet (1993b). Zu einer empirischen Untersuchung von Stakeholder-Theorie und Kapitalstruktur vgl. Barton /Hill/ Sundaram (1989).

Unternehmen Verträge aushandeln. Demgegenüber bleibt Forderungsinhabern, die in keinem vertraglichen Verhältnis zum Unternehmen stehen, die Möglichkeit der Antizipation verwehrt. Stellvertretend für diesen Kreis der Stakeholder seien geschädigte Personen genannt, die gegenüber dem Unternehmen in t=1 einen Anspruch auf Schadenersatz haben. Die folgenden formalen Ausführungen stellen zunächst auf das Szenario ohne Antizipationsmöglichkeit ab.

Es sei:

Ω_K $= [\omega_0, \omega_K]$ → Insolvenzzustände der unversicherten Unternehmung;

Ω_{Ki} $= [\omega_0, \omega_{Ki}]$ → Insolvenzzustände der versicherten Unternehmung.[113]

Die Mengen Ω_K und Ω_{Ki} sind identisch, sofern der Versicherungsabschluß nicht zu einer Verringerung der Insolvenzzustände beiträgt. In diesem Fall wird die Insolvenz nicht durch einen versicherbaren Schaden verursacht. Demgegenüber ist die Menge Ω_{Ki} eine Teilmenge von Ω_K, wenn der Versicherungsabschluß eine Verringerung der Insolvenzzustände impliziert. Der versicherbare Schaden steht dann in einem engen kausalen Zusammenhang mit der Insolvenz, und es gilt: $\Omega_{Ki} \subset \Omega_K$.

Betrachtet sei der Fall, daß der Versicherungsabschluß zu einer Verminderung der Insolvenzzustände führt. Bei positiver Insolvenzwahrscheinlichkeit gilt für den Marktwert der unversicherten Unternehmung:

$$V = \int_\omega p(\omega) \max(0, \Pi(\omega)) d\omega$$

$$= \int_{\omega_K}^{\omega_N} p(\omega) \Pi(\omega) d\omega.$$

(3.13)

Hinsichtlich des Marktwertes der versicherten Unternehmung ist danach zu differenzieren, ob lediglich Schäden in insolvenzfreien Zuständen versichert werden oder ob auch für Insolvenzzustände Versicherungen nachgefragt werden. Im ersteren Fall gilt für den

---

[113]   Die Menge der Solvenzzustände der unversicherten (versicherten) Unternehmung sei mit $\Omega_{/K}=$ $(\omega_K, \omega_N]$ ($\Omega_{/Ki}=(\omega_{Ki}, \omega_N]$) bezeichnet.

Marktwert der Unternehmung:[114]

$$V_i = \int_{\omega_K}^{\omega_N} p(\omega)[\Pi(\omega) + Y(\omega)]d\omega - \int_{\omega_K}^{\omega_N} q(\omega)Y(\omega)d\omega.$$

(3.14)

Bei dem Gleichgewichtspreis in Höhe von q(ω)=p(ω) gilt:[115]

$$V_i = \int_{\omega_K}^{\omega_N} p(\omega)\Pi(\omega)d\omega.$$

(3.15)

Das Ergebnis lautet:

$$V = V_i.$$

(3.16)

Unter der Prämisse, daß nur Schäden in insolvenzfreien Zuständen versichert werden, entspricht der Marktwert der versicherten Unternehmung dem Marktwert der unversicherten Unternehmung. Der Versicherungsabschluß bleibt innerhalb dieses Szenarios irrelevant für den Marktwert der Unternehmung.

Schließt das Unternehmen auch Versicherungen für Schäden in Insolvenzzuständen ab und haben die Begünstigten der Versicherungsleistung nicht die Möglichkeit der Antizipation, dann folgt für den Marktwert der versicherten Unternehmung:

$$V_i = \int_{\omega_{Ki}}^{\omega_N} p(\omega)(\Pi(\omega) + Y(\omega))d\omega - \int_{\omega_0}^{\omega_N} q(\omega)Y(\omega)d\omega$$

$$= \int_{\omega_{Ki}}^{\omega_N} p(\omega)\Pi(\omega)d\omega - \int_{\omega_0}^{\omega_{Ki}} q(\omega)Y(\omega)d\omega.$$

(3.17)

Ein Vergleich zwischen der versicherten und der unversicherten Unternehmung ergibt:

$$V_i - V = -\int_{\omega_0}^{\omega_{Ki}} q(\omega)Y(\omega)d\omega + \int_{\omega_{Ki}}^{\omega_K} p(\omega)\Pi(\omega)d\omega < 0.$$

(3.18)

---

[114] In diesem Fall leistet die Versicherung nur dann einen Schadenausgleich, wenn ausschließlich die Vermögensposition der Eigenkapitalgeber durch den Eintritt versicherbarer Schäden geschmälert wird.

[115] In den nachfolgenden Ausführungen wird ausschließlich diese Gleichgewichtssituation betrachtet.

43

Die versicherungsbedingte Marktwertminderung besteht aus zwei Komponenten. In den Zuständen $\omega \in [\omega_0, \omega_{Ki}]$ kommt die Versicherungsleistung ausschließlich denjenigen Stakeholdern zugute, die im Insolvenzfall noch ausstehende Forderungen haben (1. Summand). In diesen Zuständen vermindert sich das Vermögen der Aktionäre vollständig in Höhe der für diese Zustände zu entrichtenden Versicherungsprämien. Hingegen bedingt die Abwendung der Insolvenz in den Zuständen $\omega \in (\omega_{Ki}, \omega_K]$, daß sowohl die Aktionäre als auch die Inhaber von noch ausstehenden Forderungen von der Versicherungsleistung profitieren. Der marktwertmindernde Barwert des Anteils dieser Forderungsinhaber an dem Schadenausgleich ergibt sich aus dem erwarteten "ursprünglichen" negativen Endvermögen (II) in diesen Zuständen, das insgesamt kleiner ist als die für diese Zustände zu entrichtenden Versicherungsprämien (2. Summand).[116]

Die Versicherung bewirkt ceteris paribus einen Vermögenstransfer von den Aktionären zu den übrigen Interessengruppen der Unternehmung, deren Forderungen durch den Versicherungsabschluß sicherer werden.[117] Dieses Ergebnis basiert vor allem auf zwei Faktoren. Zum einen sind die Aktionäre in ihrer Haftung beschränkt, so daß sie im Fall der Insolvenz auch ohne den Abschluß einer Versicherung keinen Ausgleich für versicherbare Schäden zu leisten haben.[118] Der Versicherungsabschluß bewirkt eine Internalisierung von sozialen Kosten, die ohne Versicherungsabschluß von den Forderungsinhabern zu tragen sind.[119] Für die Aktionäre mindert sich dadurch der Wert ihrer Haftungsbeschränkung. In den Insolvenzzuständen gewährleistet bereits die Haftungsregelung einen Versicherungsschutz für die Aktionäre, was ein substitutionales Verhält-

---

[116]   Das Endvermögen II ist in den Zuständen $\omega \in (\omega_{Ki}, \omega_K]$ kleiner als Null.

[117]   Die ceteris paribus-Bedingung bezieht sich auf die Konstanz der ausstehenden Forderungen und des Endvermögens in t=1.

[118]   Zu wirtschaftlichen und finanziellen Folgen unterschiedlicher Haftungssysteme vgl. Schirmer (1996), S. 4 ff. Zum Vermögenstransfer durch Versicherungen vor dem Hintergrund der Haftungsbeschränkung vgl. MacMinn/Han (1990), S. 581 f.

[119]   Soziale (oder gesellschaftliche) Kosten stellen in dieser Darstellung Kosten dar, die im Falle der Insolvenz von den Aktionären auf diejenigen Stakeholder der Unternehmung übertragen werden, die zu diesem Zeitpunkt noch offene Forderungen haben.

44

nis zwischen Versicherung und Haftungsbeschränkung offenbar werden läßt.[120]

Zum anderen ist dieser Modellierung immanent, daß mangels Antizipation die Versicherungsprämien vollständig von den Aktionären entrichtet werden, obwohl auch Inhaber von ausstehenden Forderungen von dem Versicherungsabschluß profitieren. Nur wenn entgegen der obigen Darstellung die Versicherungsleistung von den Stakeholdern vollständig antizipiert werden kann, so daß die Forderungsinhaber in demselben Anteil an der Versicherungsprämie beteiligt werden, wie sie zukünftig an der Versicherungsleistung eine Teilhabe zu erwarten haben, ist der Versicherungsabschluß auch bei Verringerung der Insolvenzwahrscheinlichkeit irrelevant für den Marktwert der Unternehmung.[121] Aus Sicht der Forderungsinhaber ergibt sich damit ein komplementäres Verhältnis zwischen Versicherung und Haftungsbeschränkung: Die beschränkte Haftung bildet erst die Grundlage dafür, daß dieser Personenkreis von einem Versicherungsabschluß profitieren kann.[122] Ist eine Überwälzung der Versicherungsprämie auf diejenigen Stakeholder, die in den Genuß der Versicherungsleistung kommen, nicht möglich, dann ist es für die Aktionäre nicht rational, gegen Schäden in Insolvenzzuständen eine Versicherung abzuschließen.

Das Szenario ohne Antizipation der Versicherungsleistung läßt sich am Beispiel einer Haftpflichtversicherung für Umweltschäden veranschaulichen, bei der versicherungsbedingte Schadenausgleichszahlungen in der Regel Personengruppen zukommen, die ex ante in keinem vertraglichen Verhältnis mit der Unternehmung gestanden haben.[123] Mit der Möglichkeit, daß ein solches Ereignis im Insolvenzfall eintreten kann, mindert sich

---

[120] Zum substitutionalen Verhältnis zwischen Versicherung und Haftungsbeschränkung vgl. Easterbrook/Fischel (1985). Gemäß Arrow (1973) existieren Haftungsbeschränkungen nur deswegen, weil das Versicherungsangebot nicht vollständig ist. Hierzu kritisch Woodward (1985), S. 606. Allgemein zur ökonomischen Analyse des Haftungsrechts vgl. Meiners/Yandle (1991), Easterbrook/Fischel (1991) und Landes/Posner (1987).

[121] Eine Beteiligung der Forderungsinhaber an der Versicherungsprämie bedeutet in praxi, daß sich deren Forderungshöhe versicherungsbedingt vermindert.

[122] Diese Argumentation setzt voraus, daß ohne Haftungsbeschränkung das Vermögen der Aktionäre ausreicht, um die Forderungen der sonstigen Stakeholder vollständig zurückzahlen zu können.

[123] Zu Umwelthaftung und Versicherung vgl. Balzereit/Kassebohm/Kettler (1996) und Feess (1995).

durch einen Versicherungsabschluß der Marktwert des Eigenkapitals.[124] Rationale Aktionäre werden unter diesen Umständen einem Versicherungsabschluß für Insolvenzzustände nicht zustimmen. Eine Reduktion von sozialen Kosten kann in solchen Fällen beispielsweise durch eine dritte Instanz wie den Gesetzgeber erfolgen, der dem Unternehmen Maßnahmen zur Schadenvermeidung vorschreibt und damit zum Schutz der Allgemeinheit zu einer Schadenbegrenzung und implizit zu einer Reduktion der Insolvenzwahrscheinlichkeit beiträgt.[125]

Die Antizipation der Versicherungsleistung ist grundsätzlich immer dann möglich, wenn eine Vertragsbeziehung zwischen Stakeholder und Unternehmung besteht. Diesbezüglich sei darauf hingewiesen, daß für die Überwälzung der Versicherungsprämien die erwartete Versicherungsleistung kein expliziter Vertragsbestandteil zu sein braucht, sondern in **impliziten** Forderungen von Stakeholdern ihren Ausdruck finden kann.[126] Dies sind Forderungen, die zu unbestimmt sind, um sie in einer expliziten vertraglichen Form abzubilden, und sie gehen einher mit den Produktionsleistungen (Güter, Dienstleistungen, etc.) der Unternehmung. Beispielsweise handelt es sich bei dem Vertrauen auf die weitere Produktion von Ersatzteilen oder die Weiterentwicklung von Software um implizite, vertraglich nicht fixierte Forderungen von Kunden, deren Wert entscheidend von der Solvenz der Unternehmung abhängt.[127] Trägt die Versicherung zu einer Verminderung der Insolvenzwahrscheinlichkeit bei, dann ist damit auch eine Wertsteigerung dieser impliziten Forderungen verbunden.[128] Sofern der Wert dieser Forderungen in den Preis der Produkte einfließt, induziert der Versicherungsabschluß eine Preissteigerung, in der indirekt die Überwälzung der Versicherungsprämie ihren Ausdruck findet. In der

---

[124]   Die Versicherungsprämien beinhalten den Barwert der Schadenausgleichszahlungen im Insolvenzfall, so daß in dieser Höhe eine Marktwertminderung erfolgt.

[125]   Der Gesetzgeber hat in den letzten zwanzig Jahren mehr als 2000 Normen und Gesetze zur Schadenvermeidung erlassen, vgl. Möllers (1996), S. 1455, und Schulz (1996), S. 1663. Zur Problematik der Vernachlässigung gesellschaftlicher Kosten bei Investitionsentscheidungen vgl. Hansmann/ Kraakman (1991).

[126]   Zu impliziten Forderungen vgl. Cornell/Shapiro (1987), S. 5 ff. Zu impliziten Forderungen im Zusammenhang mit Versicherungen vgl. Grillet (1993b), S. 51 ff., und Grillet (1992b), S. 462 ff.

[127]   Für dieses Vertrauen sind Kunden bereit, einen höheren Preis für diese Produkte zu bezahlen.

[128]   Der Wert impliziter Forderungen reagiert sehr sensitiv auf Veränderungen der Insolvenzwahrscheinlichkeit, vgl. Cornell/Shapiro (1987), S. 6.

obigen Modellierung würde sich diese Preissteigerung ceteris paribus in einer Erhöhung des Endvermögens (II) niederschlagen. Werden die Versicherungsprämien explizit oder implizit vollständig in den Forderungen der Stakeholder internalisiert, dann bleibt der Versicherungsabschluß auch bei positiver Insolvenzwahrscheinlichkeit irrelevant für den Marktwert der Unternehmung.

2.2.2 Versicherungseinfluß bei teilweise fremdfinanzierten Unternehmen

2.2.2.1 Marktwert des Fremdkapitals und Marktwert der Unternehmung

Es sei unterstellt, daß sich die Unternehmung nicht ausschließlich durch Aktien, sondern auch durch die Ausgabe von Bonds finanziert.[129] Damit erweitert sich der Kreis der Stakeholder um Inhaber von Forderungstiteln, deren Vermögensposition nachfolgend berücksichtigt wird. Die in t=0 ausgegebenen Bonds gewährleisten in t=1 eine Rückzahlung in Höhe von B, sofern das Endvermögen (II) ausreicht, um den ausstehenden Rückzahlungsverpflichtungen (B) an die Bondhalter vollständig nachkommen zu können. Stakeholder, die im Falle eines negativen Endvermögens in t=1 noch Forderungsansprüche gegenüber der Unternehmung haben, sind gegenüber den Fremdkapitalgebern bevorrechtigt, d.h., daß bei Insolvenz die Bonds gegenüber den noch ausstehenden Verbindlichkeiten der Unternehmung nachrangig bedient werden.

Als weitere Teilmenge von Ω wird Ω_B eingeführt, für die gilt:

$\Omega_B = [\omega_0, \omega_B]$ $\quad \rightarrow \quad$ Zustände, in denen die Bondforderungen nur teilweise oder überhaupt nicht zurückgezahlt werden, d.h. die Rückzahlung ist gleich max$\{0, II\}$.

---

[129] Es handelt sich in der nachfolgenden Analyse ausschließlich um Zero-Bonds.

Die Insolvenzzustände werden nun in der Menge Ω_B zusammengefaßt. Die Menge Ω_K stellt eine Teilmenge von Ω_B dar, für deren Zustände wie bisher gilt, daß das Endvermögen der Unternehmung kleiner als Null ist.[130]

Bondhalter sind die Konsumenten, die in t=0 eine Anzahl von Bonds in Höhe von z zu einem jeweiligen Preis in Höhe von b kaufen. Die Bonds haben einen Nennwert in Höhe einer Geldeinheit, d.h., daß bei Solvenz der Unternehmung jeder Bondinhaber eine Rückzahlung in Höhe von z erhält. Die Konsumpositionen eines repräsentativen Konsumenten in t=0 und t=1 betragen:

$$c_0 = m_0 - \int_\omega [p(\omega)X(\omega) - q(\omega)Y(\omega)]d\omega - zb.$$

und

$$c_1(\omega) = m_1 + X(\omega) + Y(\omega) + z \, \min\{1, \max(\Pi, 0)/B\}.$$

$$(3.19)$$

Die Bedingung erster Ordnung für den optimalen Kauf von Bonds lautet:

$$\frac{\partial EU(c_0, c_1)}{\partial z} = \int_\omega [-\frac{\partial u}{\partial c_0} b + \frac{\partial u}{\partial c_1} \min\{1, \max(0, \frac{\Pi(\omega)}{B})\}]d\omega = 0.$$

$$(3.20)$$

Unter der Berücksichtigung von

$$\int_\omega \frac{\partial u}{\partial c_1} \min\{1, \max(0, \frac{\Pi(\omega)}{B})\}d\omega = \int_{\omega_B}^{\omega_N} \frac{\partial u_1}{\partial c_1} d\omega + \int_{\omega_K}^{\omega_B} \frac{\partial u}{\partial c_1} \frac{\Pi(\omega)}{B} d\omega$$

$$(3.21)$$

---

[130]   Der Insolvenztatbestand liegt vor, wenn das Endvermögen der Unternehmung nicht mehr ausreicht, um die Bondforderungen vollständig zu bedienen.

folgt für den Preis eines Bonds b:

$$b = \frac{\int_{\omega_B}^{\omega_N} \frac{\partial u}{\partial c_1} d\omega}{\int_{\omega} \frac{\partial u}{\partial c_0} d\omega} + \frac{\int_{\omega_K}^{\omega_B} \frac{\partial u}{\partial c_1} \frac{\Pi(\omega)}{B} d\omega}{\int_{\omega} \frac{\partial u}{\partial c_0} d\omega}.$$

(3.22)

Aus der Höhe von $p(\omega)$ gemäß Gleichung (3.6) gilt für den Marktwert eines Bonds:

$$b = \int_{\omega_B}^{\omega_N} p(\omega) d\omega + \int_{\omega_K}^{\omega_B} p(\omega) \frac{\Pi(\omega)}{B} d\omega.$$

(3.23)

Der Marktwert eines Bonds entspricht in den Zuständen $\omega \in [\omega_B, \omega_N]$, in denen die vollständige Rückzahlung gewährleistet ist, dem Wert eines Portefeuilles aus reinen Wertpapieren. In Zuständen, in denen nur eine teilweise Rückzahlung erfolgt, wird über diese Zustände der Wert des Portefeuilles aus reinen Wertpapieren mit der relativen Rückzahlungshöhe ($\Pi(\omega)/B$) gewichtet. Ist das Endvermögen der Unternehmung kleiner als Null, dann ist der Marktwert der Bonds gleich Null. Der Marktwert der gesamten Bondforderungen (D) beträgt $D = b \cdot B$, so daß gilt:

$$D = \int_{\omega_B}^{\omega_N} p(\omega) B \, d\omega + \int_{\omega_K}^{\omega_B} p(\omega) \Pi(\omega) d\omega.$$

(3.24)

Der Marktwert der Unternehmung setzt sich aus dem Marktwert des Fremd- und des Eigenkapitals zusammen. Unter Berücksichtigung der Fremdkapitalaufnahme beträgt der Marktwert der Aktien (SH):

$$SH = \int_{\omega} p(\omega) \max\{0, \Pi(\omega) - B\} d\omega$$

$$= \int_{\omega_B}^{\omega_N} p(\omega) [\Pi(\omega) - B] d\omega.$$

(3.25)

Hieraus folgt für den Marktwert der Unternehmung (V= D+SH):

$$V = \int_{\omega_K}^{\omega_N} p(\omega)\Pi(\omega)d\omega.$$

(3.26)

Der Marktwert der teilweise fremdfinanzierten Unternehmung entspricht dem Marktwert der rein eigenfinanzierten Unternehmung, so daß erwartungsgemäß auch diesem Ergebnis die Irrelevanz der Finanzierung innewohnt.[131]

2.2.2.2   Versicherung und Vermögenstransfers

Der versicherungsbedingte Vermögenstransfer von Aktionären zu anderen Interessengruppen der Unternehmung wird nachfolgend im Hinblick auf Bondforderungen konkret aufgezeigt. Hierfür sind zunächst die Marktwerte von Aktien und Bonds der versicherten Unternehmung herzuleiten. Als neue Teilmenge von Ω wird Ω_{Bi} eingeführt, für die gilt:

$\Omega_{Bi}=[\omega_0,\omega_{Bi}]$ $\rightarrow$ Zustände der versicherten Unternehmung, in denen die Bonds nur teilweise oder überhaupt nicht zurückgezahlt werden.

Der Versicherungsabschluß impliziert, daß im Vergleich zur unversicherten Unternehmung die Bondforderungen in weniger Zuständen notleidend werden, so daß Ω_{Bi} eine echte Teilmenge von Ω_B ist ($\Omega_{Bi}\subset\Omega_B$). Ferner sei unterstellt, daß die Versicherungsleistung in keinem Zustand größer ist als die Höhe der Bondforderung B. Hieraus folgt, daß die Menge der Zustände Ω_K, in denen das Endvermögen (Π) kleiner oder gleich Null ist, eine Teilmenge von Ω_{Bi} ist.[132] Analog zum Vorgehen im vorherigen Abschnitt sei zunächst angenommen, daß die Bondhalter die Versicherungsleistung nicht antizipieren. Diese "naive" Sichtweise über die Bondhalter läßt sich aus einer Situation ableiten, in der die Versicherungsleistung den Bondinhabern nicht unmittelbar zugerechnet werden

---

[131]   Zum Marktwert der rein eigenfinanzierten Unternehmung bei positiver Insolvenzwahrscheinlichkeit vgl. Formel (3.13).

[132]   Diese Annahme dient lediglich der Vereinfachung. Würde man von dieser Annahme absehen, müßte man in der nachfolgenden Analyse eine Fallunterscheidung vornehmen ($\Omega_{Bi}\subset\Omega_K$ und $\Omega_K\subset\Omega_{Bi}$), durch die der Erkenntniswert der Modellergebnisse keine Steigerung erfährt.

kann und die Bondhalter in ihrer Rationalität zu sehr begrenzt sind, um zu erkennen, daß sie mittelbar von dem Versicherungsabschluß profitieren.[133] Erst im Anschluß an dieses Szenario werden anhand einer Kreditausfallversicherung unterschiedliche Möglichkeiten aufgezeigt, wie sich eine Antizipation der Versicherungsleistungen auf die Bereitstellung von Fremdkapital auswirken kann. Ferner wird eine Differenzierung zwischen einem vollständigen Versicherungsschutz (=vollständiger Versicherungsschutz für alle Zustände) und einem unvollständigen Versicherungsschutz (=vollständiger Versicherungsschutz nur in Zuständen mit positivem Endvermögen) vorgenommen.

- **Versicherung für alle Zustände:**

Versichert sich das Unternehmen bei gegebener Fremdkapitalbereitstellung vollständig in allen Zuständen, folgt für den Marktwert der versicherten Bonds:

$$D_i = \int_{\omega_{Bi}}^{\omega_N} p(\omega)B \ d\omega + \int_{\omega_{Ki}}^{\omega_{Bi}} p(\omega)(\Pi + Y)d\omega.$$

(3.27)

Die versicherungsbedingte Marktwertsteigerung der Bondforderungen beträgt:

$$D_i - D = \int_{\omega_{B_i}}^{\omega_B} p(\omega)(B(\omega) - \Pi(\omega))d\omega + \int_{\omega_K}^{\omega_{B_i}} p(\omega)Y(\omega)d\omega$$

$$+ \int_{\omega_{K_i}}^{\omega_K} p(\omega)(\Pi(\omega) + Y(\omega))d\omega.$$

(3.28)

Die Versicherung steigert die erwartete Rückzahlung der Bonds, so daß sich insgesamt die Ausfallwahrscheinlichkeit der Bondforderungen durch den Versicherungsabschluß verringert. In den Zuständen $\omega \in (\omega_{Bi}, \omega_B]$ erfolgt versicherungsbedingt eine vollständige Rückzahlung der Bonds, während in den Zuständen $\omega \in (\omega_{Ki}, \omega_{Bi}]$ die Versicherungsleistung zu einer erhöhten, aber nur teilweisen Rückzahlung der Bonds führt.

---

[133] Bondforderungen erlangen auch dann ein höheres Maß an Sicherheit, wenn die Begünstigten der Versicherungsleistung nicht unmittelbar die Bondhalter, sondern andere Stakeholder der Unternehmung sind. Diese mittelbare Zurechnung der Schadenzahlungen erfordert ein hohes Maß an Rationalität seitens der Bondhalter, deren Vorhandensein hier zunächst in Frage gestellt wird. Entgegen den vorherigen Ausführungen kann das Unterbleiben der Antizipation seitens der Bondhalter nicht auf eine fehlende Vertragsbeziehung zurückgeführt werden.

51

Auf den Marktwert der Aktien wirkt sich die Versicherung folgendermaßen aus:

$$SH_i = \int_{\omega_{Bi}}^{\omega_N} p(\omega)(\Pi(\omega) - B)d\omega - \int_{\omega_0}^{\omega_{Bi}} q(\omega)Y(\omega)d\omega.$$

(3.29)

In Gleichung (3.29) kommt zum Ausdruck, daß die Versicherungsprämie vollständig von den Aktionären entrichtet wird. Dies führt zu einer Marktwertminderung der Aktien in Höhe von:

$$SH_i - SH = -\int_{\omega_{Bi}}^{\omega_B} p(\omega)(B - \Pi(\omega)d\omega - \int_{\omega_0}^{\omega_{Bi}} q(\omega)Y(\omega)d\omega.$$

(3.30)

Der Marktwert der Aktien sinkt in den Zuständen $\omega \in (\omega_{Bi}, \omega_B]$ um den Barwert der Versicherungsleistung, die den Bondhaltern zufließt (= 1.Summand), und in den Zuständen $\omega \in [\omega_0, \omega_{Bi}]$ um die Versicherungsprämie für Leistungen, die den Bondhaltern und anderen Stakeholdern der Unternehmung zukommt.[134] Es findet ein Vermögenstransfer von den Aktionären zu den Bondhaltern und zu den übrigen Interessengruppen der Unternehmung statt. Der Vermögens-transfer zu den übrigen Stakeholdern wird deutlich, wenn man die versicherungsbedingte Marktwertminderung des Unternehmens (V) betrachtet:

$$V_i - V = \int_{\omega_{Ki}}^{\omega_K} p(\omega)\Pi(\omega)d\omega - \int_{\omega_0}^{\omega_{Ki}} q(\omega)Y(\omega)d\omega.$$

(3.31)

In Höhe dieser Marktwertminderung erhöht sich die Vermögensposition der übrigen Interessengruppen, deren Forderungen durch den Versicherungsabschluß sicherer werden. Damit ist für ein Management, dessen Unternehmenszielsetzung auf die Maximierung des Marktwertes der Unternehmung ausgerichtet ist, ein vollständiger Versicherungsabschluß für sämtliche Zustände nicht rational.[135]

---

[134] In den Zuständen $\omega \in (\omega_{Bi}, \omega_B]$ fließt die Versicherungsleistung in t=1 teilweise den Aktionären zu.

[135] Auch innerhalb dieses Szenarios findet ein Vermögenstransfer statt, der auf die Haftungsbeschränkung der Aktionäre und auf die fehlende Antizipation der Versicherungsprämie zurückzuführen ist.

- **Versicherung für Zustände** $\omega \in (\omega_K, \omega_N]$:

Eine Minderung des Marktwertes der Unternehmung wird vermieden, wenn lediglich Versicherungen abgeschlossen werden für Zustände, in denen das Endvermögen positiv ist ($\omega \in (\omega_K, \omega_N]$). In diesem Fall können die sonstigen Stakeholder nicht von einem Versicherungsabschluß profitieren, und es findet lediglich ein Vermögenstransfer von Aktionären zu Bondhaltern statt. Der Marktwert der Bonds erfährt versicherungsbedingt eine Steigerung in Höhe von:

$$D_i - D = \int_{\omega_{Bi}}^{\omega_B} p(\omega)(B - \Pi(\omega))d\omega + \int_{\omega_K}^{\omega_{Bi}} p(\omega)Y(\omega)d\omega.$$

(3.32)

Diese Marktwertsteigerung geht vollständig zu Lasten des Marktwertes der Aktien:

$$SH_i - SH = -\int_{\omega_{Bi}}^{\omega_B} p(\omega)(B - \Pi(\omega))d\omega - \int_{\omega_K}^{\omega_{Bi}} p(\omega)Y(\omega)d\omega.$$

(3.33)

Die Marktwertveränderungen gleichen sich zwischen Aktionären und Bondhaltern exakt aus, so daß bei dieser Versicherungsstrategie der Marktwert der Unternehmung von dem Versicherungsabschluß unberührt bleibt ($V_i = V$).

2.2.2.3 Zurechnung der Versicherungsprämie am Beispiel einer Ausfallversicherung für Bondforderungen

Die aufgezeigten Vermögenstransfers sind auch hier ursächlich darauf zurückzuführen, daß die Inhaber von Bondforderungen und die sonstigen Stakeholder nicht in dem Maße an den Versicherungsprämien beteiligt werden, wie sie in zukünftigen Zuständen durch die Versicherungsleistung eine Vermögenssteigerung erfahren. Die Zurechnung der Prämien zu den begünstigten Interessengruppen kann auf unterschiedliche Art und Weise erfolgen. Dies sei am Beispiel einer Ausfallversicherung für Bondforderungen verdeutlicht, die die Rückzahlung der Bondforderungen in allen Zuständen sicherstellt.[136] Da die Versicherungsleistung den begünstigten Bondhaltern unmittelbar zugeordnet werden kann, ist die Rationalität der Bondhalter hier nicht anzuzweifeln. Der Einfachheit halber sei angenommen, daß das Endvermögen in allen Zuständen größer oder gleich Null ist, so daß die übrigen Interessengruppen keinen Ausfall ihrer Forderungen zu befürchten haben.[137]

Die Versicherungsprämie für die Ausfallversicherung beträgt:

$$VP = \int_{\omega_0}^{\omega_B} p(\omega)[B - \Pi(\omega)]d\omega.$$

(3.34)

Die Versicherung impliziert, daß die Bondforderungen nicht mehr ausfallbedroht sind, so daß für den Marktwert der versicherten Bonds (D_i) gilt:

$$D_i = \int_{\omega_0}^{\omega_N} p(\omega)\ B\ d\omega.$$

(3.35)

Der Abschluß einer Kreditausfallversicherung kann sich in unterschiedlicher Weise auf die Fremdkapitalüberlassung auswirken, wobei sich insbesondere zwei Möglichkeiten anbieten. Entweder die Höhe der Bondrückzahlung in t=1 bleibt unverändert bei B, und die Käufer der Bonds stellen dem Unternehmen in t=0 einen Betrag in Höhe von D_i zur Verfügung, der die Deckung der Versicherungsprämie mit einschließt, oder die Bondrückzahlung in t=1 wird so vermindert, daß der Barwert dieser vollständig versicherten Bonds dem Barwert der unversicherten ursprünglichen Bondhöhe D(B) entspricht.[138]

---

[136] In den USA sind mehr als 30 % der öffentlichen Anleihen mit einer Ausfallversicherung ausgestattet. Zu einem empirischen Überblick über die Überwälzung der Versicherungskosten auf die Bondinhaber vgl. Kidwell/Sorensen/Wachowicz (1987), S. 299 ff. Zur Kreditausfallversicherung und dem unternehmerischen Versicherungsabschluß im Marktzusammenhang vgl. Kromschröder (1987), S. 277.

[137] Der Zustand ω_K ist in diesem Szenario identisch mit dem Zustand ω_0.

[138] Durch die Versicherung kann die Bondrückzahlung in t=1 vermindert werden, ohne daß sich das in t=0 seitens der Bondkäufer zur Verfügung gestellte Fremdkapital vermindert.

54

Bei einer unveränderten Bondrückzahlung beträgt das von den Bondhaltern zur Verfügung gestellte Kapital D_i und setzt sich zusammen aus dem Barwert der Bonds ohne Versicherung (D) zuzüglich der Versicherungsprämie (VP). Die Versicherung wird in diesem Fall aus dem von den Bondhaltern zur Verfügung gestellten Kapital finanziert, und das Unternehmen erhält zudem den Betrag D, den es auch ohne den Abschluß einer Versicherung von den Bondhaltern in t=0 erhalten würde. Die Vermögensposition der Aktionäre bleibt bei dieser Variante unverändert.

Bei der zweiten Möglichkeit bleibt das von den Bondhaltern in t=0 zur Verfügung gestellte Kapital genau so hoch wie im Fall ohne Versicherung, und die Rückzahlung in t=1 kann vermindert werden, weil diese durch die Versicherung nicht mehr ausfallbedroht ist.[139] Geht man davon aus, daß das von den Bondhaltern zur Verfügung gestellte Kapital D für Investitionen vorgesehen ist, so folgt daraus, daß in diesem Fall die Versicherungsprämien nicht von den Bondhaltern finanziert werden. Vielmehr müssen bei dieser Variante die Aktionäre die Versicherungsprämie VP in t=0 aufbringen, und zum Ausgleich dafür zahlen sie den Bondhaltern in t=1 einen verminderten Betrag in Höhe von B^i.[140]

Die Höhe von B^i leitet sich implizit aus der Bedingung ab, daß der Barwert der Verminderung der Bondrückzahlungen gleich der Höhe der Versicherungsprämie sein muß.[141] Als Finanzierungsbedingung muß gelten:

$$\int_{\omega_0}^{\omega_B i} p(\omega)[B^i - \Pi(\omega)]d\omega = \int_{\omega_B i}^{\omega_N} p(\omega)[\min(\Pi(\omega),B) - B^i]d\omega.$$

(3.36)

Mit:

B^i = verminderte Bondrückzahlung;

ω_{Bi} = Zustand, für den gilt: $\Pi = B^i$.

---

[139] Die Verzinsung der Bonds verringert sich auf das Niveau einer sicheren Anlage.

[140] Bei B^i handelt es sich um den versicherungsbedingt verminderten Bondrückzahlungsbetrag.

[141] Bei der Höhe der Versicherungsprämie ist zu bedenken, daß sich die Versicherung auf die verminderte Bondrückzahlung B^i bezieht und somit geringer ist als die Versicherungsprämie in Formel (3.34).

55

Bei dem linken Ausdruck handelt es sich um die Prämie für die Ausfallversicherung, und der rechte Term quantifiziert die Marktwertminderung der Bondrückzahlung. Bei dieser Variante bleiben die Vermögenspositionen der Bondhalter und der Aktionäre insgesamt unberührt. Für die Aktionäre fallen in t=0 im Rahmen der zu entrichtenden Versicherungsprämie höhere Ausgaben an, dafür mindert sich aber auch in gleichem Maße der Barwert der an die Bondhalter in t=1 zu leistenden Bondrückzahlungen. Ein wichtiger Unterschied ist im Vergleich zu der ersten Überwälzungsmöglichkeit darin zu sehen, daß bei dieser Variante für jeden Insolvenzzustand ein geringerer Versicherungsschutz notwendig ist. Dies hängt damit zusammen, daß sich die Bondforderungen insgesamt verringert haben und dementsprechend das Ausfallrisiko geringer geworden ist. Die Versicherungsprämie ist damit auch niedriger, als wenn bei konstanter Bondrückzahlung die Versicherungsprämie direkt auf die Bondhalter überwälzt wird.[142] Anhand des Beispiels der Bondausfallversicherung wird deutlich, daß durch geeignete Vertragsgestaltung versicherungsbedingte Vermögenstransfers vermieden werden können. Dies ändert jedoch nichts an dem grundlegenden Ergebnis, daß der Abschluß einer Versicherung auf vollkommen und vollständigen Märkten nicht zu einer Steigerung des Marktwertes der Unternehmung beitragen kann.

3 Versicherung und Insolvenzkosten

3.1 Insolvenzkosten der Unternehmung

In einigen Zuständen reicht das Endvermögen der Unternehmung in t=1 nicht aus, um die Bondforderungen und die Forderungen der sonstigen Interessengruppen vollständig zurückzahlen zu können. Es stellt sich der Tatbestand der Überschuldung ein, der bei beschränkt haftenden Unternehmungen zur Eröffnung des Insolvenzverfahrens führt.[143] Konkret tritt dies in Zuständen der Zustandsmenge Ω_B ein, bei deren Elementen es sich ausschließlich um Insolvenzzustände handelt. Im obigen Grundmodell ist der Eintritt der

---

[142] Die Äquivalenz dieser beiden Ansätze geht verloren, wenn zuzüglich zu der fairen Versicherungsprämie ein Prämienzuschlag erhoben wird. In diesem Fall ist es vorteilhaft, auf die Variante mit dem geringeren Versicherungsschutz zurückzugreifen.

[143] Neben Überschuldung ist die Zahlungsunfähigkeit ein gesetzlicher Insolvenztatbestand, vgl. Swoboda (1994), S. 224.

Insolvenz aufgrund des reibungslosen Kapitalmarktes nicht mit zusätzlichen Aufwendungen verbunden. Die Insolvenz erfolgt kostenlos, indem die Gläubiger das Unternehmen schlichtweg übernehmen.

In der Realität verursacht die Durchführung des Insolvenzverfahrens zum Teil erhebliche Kosten.[144] Kommt es aufgrund der Überschuldung zu einem gerichtlichen Verfahren, entstehen Kosten für den Insolvenzverwalter, für das Insolvenzgericht und für die gesamte Verfahrensdurchführung. Zu diesen direkten Kosten können noch gewichtigere indirekte Insolvenzkosten hinzukommen.[145] Diese werden durch Verhaltensänderungen von Geschäftspartnern und Arbeitnehmern der Unternehmung verursacht. Nach Bekanntwerden der Insolvenz können beispielsweise Kunden vom Kauf absehen, weil sie befürchten, in der Zukunft auf Service- und Garantieleistungen verzichten zu müssen, oder Lieferanten sind nur noch bereit, gegen sofortige Barzahlung das Unternehmen zu beliefern. Diese Verhaltensweisen können zu einer beträchtlichen Marktwertminderung des Unternehmens beitragen. Häufig wird die Höhe der erwarteten Insolvenzkosten mit dem Verschuldungsgrad einer Unternehmung in Beziehung gesetzt. Diesbezüglich ist ein strenger funktionaler Zusammenhang schwierig zu ermitteln, aber tendenziell ist zu beobachten, daß die erwarteten Insolvenzkosten mit zunehmender Verschuldung steigen.[146]

3.2 Versicherungsrelevanz bei Berücksichtigung von Insolvenzkosten

Vor dem Hintergrund direkter und indirekter Insolvenzkosten wird die bisherige Modellierung dahingehend ergänzt, daß in den Insolvenzzuständen $\omega \in \Omega_B$ konstante Insolvenzkosten in Höhe von c anfallen.[147] Der Marktwert der Aktien bleibt hiervon bei gegebener Fremdkapitalbereitstellung und unveränderter Bondrückzahlungshöhe (=naive

---

[144]   Zu Insolvenzkosten vgl. Franke/Hax (1994), S. 458, und Haugen/Senbet (1988), S. 27 ff.

[145]   Indirekte Insolvenzkosten werden nur dann relevant, wenn das hier betrachtete Unternehmen über den Zeitpunkt t=1 hinaus existiert.

[146]   Zur Interdependenz von Verschuldungsgrad und Insolvenzkosten vgl. Kruschwitz (1995), S. 262.

[147]   Die Berücksichtigung von Transaktionskosten impliziert, daß die Annahme der Marktvollkommenheit (A1) nicht mehr uneingeschränkt gilt.

57

Sichtweise) unberührt, da die Aktionäre im Insolvenzfall in ihrer Haftung beschränkt sind und folglich für insolvenzinduzierte Kosten nicht aufkommen müssen.[148] In diesem Fall erfahren die Fremdkapitalgeber eine Marktwertminderung, da die Insolvenzkosten vollständig gegenüber ihren Forderungen bevorrechtigt sind. Berücksichtigt man hingegen, daß die Fremdkapitalgeber in Höhe der erwarteten Insolvenzkosten die Bereitstellung von Fremdkapital in t=0 vermindern (= rationale Erwartungen), dann muß eine Erhöhung der Bondrückzahlung in t=1 erfolgen, damit die Unternehmung in t=0 über ein gleiches Fremdkapitalvolumen verfügt wie ohne die Berücksichtigung von Insolvenzkosten. Dies führt dazu, daß sich entsprechend der erhöhten Rückzahlung der Marktwert der Aktien vermindert.

Die Berechnung der Marktwerte erfordert die Definition der Zustandsmenge Ω_{Kc}, die alle Zustände enthält, in denen das Endvermögen der Unternehmung abzüglich der Insolvenzkosten kleiner als Null ist:

$\Omega_{Kc} = [\omega_0, \omega_{Kc}]$ $\rightarrow$ Menge der Zustände mit $\Pi(\omega_{Kc})-c = 0$.[149]

Unter Berücksichtigung von Insolvenzkosten gilt für den Marktwert der Bonds:

$$D = \int_{\omega_B}^{\omega_N} p(\omega) \ B \ d\omega + \int_{\omega_{Kc}}^{\omega_B} p(\omega)[\Pi(\omega)-c]d\omega.$$
(3.37)

Im zweiten Summand von Formel (3.37) spiegelt sich die Marktwertminderung der Bonds wider, die sich aus der Existenz von Insolvenzkosten ergibt. Die genaue Marktwertminderung der Bonds durch die explizite Berücksichtigung der Insolvenzkosten beträgt:[150]

---

[148] Dies unterstellt eine "naive" Sichtweise von Fremdkapitalgebern, da die Insolvenzkosten bei der Fremdkapitalbereitstellung unberücksichtigt bleiben.

[149] Der Zustand ω_K ist ein Element von Ω_{Kc}.

[150] Die Quantifizierung der Marktwertminderung ergibt sich aus der Differenz zwischen Formel (3.24) und (3.37).

58

$$\Delta D = -\int_{\omega_K}^{\omega_{Kc}} p(\omega) \Pi(\omega) d\omega - \int_{\omega_{Kc}}^{\omega_B} p(\omega) \ c \ d\omega. \tag{3.38}$$

In den Zuständen $\omega \in (\omega_K, \omega_{Kc}]$ mindern die Insolvenzkosten die Vermögensposition sowohl der Bondhalter als auch der sonstigen Stakeholder. Der Anteil der Insolvenzkosten, der in diesen Zuständen den Marktwert der Bonds mindert, beträgt Π/c (= 1. Summand).[151] In den Zuständen $\omega \in (\omega_{Kc}, \omega_B]$ gehen die Insolvenzkosten vollständig zu Lasten der Vermögensposition der Bondhalter (2. Summand). Sofern die Fremdkapitalbereitstellung in t=0 und die vereinbarte Bondrückzahlung in t=1 von den Insolvenzkosten unberührt bleiben, entspricht die Marktwertminderung gem. Formel (3.38) der durch die Insolvenzkosten bedingten Minderung des Marktwertes der gesamten Unternehmung (V). Für den Wert der Unternehmung (V) gilt bei Berücksichtigung von Insolvenzkosten:

$$V = \int_{\omega_{Kc}}^{\omega_N} p(\omega) \Pi(\omega) - \int_{\omega_{Kc}}^{\omega_B} p(\omega) \ c \ d\omega. \tag{3.39}$$

Es wird deutlich, daß die aufgezeigte Irrelevanz des Verschuldungsgrades bei Berücksichtigung von Insolvenzkosten nicht mehr gilt. Mit zunehmender Verschuldung steigt die Menge der Zustände, in denen die Bondforderungen nur noch teilweise zurückgezahlt werden können (Ω_B wird größer), so daß die erwarteten Insolvenzkosten mit zunehmender Verschuldung den Marktwert der Unternehmung in größerem Maße mindern.

Es sei nun unterstellt, daß die teilweise fremdfinanzierte Unternehmung für die Zustände, in denen das Endvermögen größer oder gleich Null ist ($\omega \in (\omega_{Kc}, \omega_N]$), in vollständigem Umfang Versicherungen abschließt.[152] Dies wirkt sich wie folgt auf den Marktwert der Unternehmung aus:

$$V_i = \int_{\omega_{Kc}}^{\omega_N} p(\omega) \Pi(\omega) d\omega - \int_{\omega_{Kc}}^{\omega_{Bi}} p(\omega) \ c \ d\omega. \tag{3.40}$$

---

[151] Die anteilige Vermögensminderung der sonstigen Stakeholder beträgt dementsprechend 1-(Π/c).

[152] Aus Gründen der formalen Übersichtlichkeit wird ein Versicherungsumfang gewählt, von dem ausschließlich Fremd- und Eigenkapitalgeber und nicht die übrigen Stakeholder profitieren. Die Ergebnisse der nachfolgenden Analyse sind grundsätzlich auf den Fall übertragbar, in dem auch die übrigen Stakeholder eine Versicherungsleistung erwarten können.

Die Versicherung gewährleistet, daß es im Vergleich zur unversicherten Unternehmung in den Zuständen $\omega \in (\omega_{Bi}, \omega_B]$ nicht zur Insolvenz kommt und damit sind in diesen Zuständen auch keine Insolvenzkosten zu entrichten. Die versicherungsbedingte Marktwertsteigerung der Unternehmung beträgt dementsprechend:

$$V_i - V = \int_{\omega_{Bi}}^{\omega_B} p(\omega) \ c \ d\omega.$$

(3.41)

Durch die Verringerung der Insolvenzwahrscheinlichkeit, die mit der Reduzierung der Insolvenzzustände einhergeht, sinken die erwarteten Insolvenzkosten, woraus eine Steigerung des Unternehmenswertes resultiert. Die Versicherung trägt jedoch nur dann zu einer Steigerung des Marktwertes der Unternehmung bei, wenn die versicherbaren Schäden in einem kausalen Zusammenhang mit dem Eintritt der Insolvenz stehen. Wenn die Schadenausgleichszahlungen der Versicherung nicht ausreichen, um in mindestens einem Zustand die Insolvenz abzuwenden, dann ist $\omega_{Bi} = \omega_B$, und der Marktwert der Unternehmung erfährt durch die Einbeziehung einer Versicherung keine Steigerung.

Es sei zunächst wieder der Fall betrachtet, daß die Bondhalter nur über eine begrenzte Rationalität verfügen und die Versicherungsleistung nicht antizipieren.[153] In diesem Szenario sind die Bondhalter die eigentlichen Nutznießer der Versicherung. Der Marktwert der versicherten Bonds beträgt:

$$D_i = \int_{\omega_{Bi}}^{\omega_N} p(\omega) \ B \ d\omega + \int_{\omega_{Kc}}^{\omega_{Bi}} p(\omega)[\Pi(\omega) + Y(\omega) - c]d\omega.$$

(3.42)

Im Vergleich zur unversicherten Unternehmung erfahren die Bondhalter eine Marktwertsteigerung in Höhe von:[154]

$$D_i - D = \int_{\omega_{Bi}}^{\omega_B} p(\omega)[B - (\Pi(\omega) - c)]d\omega + \int_{\omega_{Kc}}^{\omega_{Bi}} p(\omega)Y(\omega)d\omega.$$

(3.43)

---

[153] Die bereits erwähnten hohen Anforderungen an die Rationalität der Bondhalter rechtfertigt dieses Szenario.

[154] Die Marktwertsteigerung der Unternehmung ist ausschließlich auf die Marktwertsteigerung der Bonds zurückzuführen.

In den Zuständen $\omega \in (\omega_{K_c}, \omega_{B_i}]$ profitieren ausschließlich die Bondhalter von den Schadenausgleichszahlungen seitens der Versicherung, wobei eine vollständige Rückzahlung der Bonds in diesen Zuständen auch mit Einbeziehung einer Versicherung nicht gewährleistet werden kann. Die Marktwertsteigerung durch die Versicherung fällt insgesamt umso größer aus, je weniger Zustände verbleiben, in denen nur eine teilweise Rückzahlung der Bonds möglich ist. Der Marktwert der Bonds - und damit auch der Marktwert der Unternehmung - erreicht ein Maximum, wenn der Versicherungsumfang so gewählt wird, daß $\omega_{K_c} = \omega_{B_i}$ ist. In diesem Fall gewährleistet die Versicherung, daß die Bondforderungen nicht mehr ausfallbedroht sind, sofern das Endvermögen der Unternehmung (II) abzüglich der Insolvenzkosten (c) größer oder gleich Null ist.[155] Die marktwertsteigernde Minderung von erwarteten Insolvenzkosten erreicht unter dieser Bedingung ein Maximum.

Ungeachtet der Marktwertsteigerung der Unternehmung haben die Aktionäre keinen Anreiz, eine Versicherung abzuschließen, wenn sich die Versicherungsleistung nicht auf die Höhe Bondforderungen auswirkt. Ganz im Gegenteil, ihre Vermögensposition verliert versicherungsbedingt an Wert. Die von den Insolvenzkosten unabhängige Marktwertminderung der Aktien beträgt analog zum vorherigen Szenario:[156]

$$SH_i - SH = -\int_{\omega_{B_i}}^{\omega_B} p(\omega)(B - \Pi(\omega))d\omega - \int_{\omega_K}^{\omega_{B_i}} p(\omega)Y(\omega)d\omega.$$

$$(3.44)$$

Aufgrund dieser Marktwertminderung werden die Aktionäre bei gegebener Fremdkapitalbereitstellung und -rückzahlung zum Nachteil des gesamten Marktwertes der Unternehmung von einem Versicherungsabschluß absehen. Handelt das Management im Sinne der Aktionäre, so wird ein Versicherungsabschluß nur dann erfolgen, wenn sich das Management dazu im Rahmen von besonderen Vertragsklauseln verpflichtet hat.[157]

---

[155] Ein Versicherungsabschluß in Zuständen, in denen das Endvermögen abzüglich der Insolvenzkosten kleiner als Null ist, ist ex ante ausgeschlossen worden, da er den Marktwert der Unternehmung in stärkerem Maße mindert, als er den Marktwert der Bonds erhöht. In diesen Zuständen erfolgt keine Rückzahlung der Bonds.

[156] Vgl. Formel (3.33)

[157] Zu Vertragsklauseln, die einen Versicherungsabschluß seitens der Unternehmung vorschreiben, vgl. Smith/Warner (1979), S. 117 ff.

Verfügen die Bondhalter hingegen über rationale Erwartungen, dann sind sie bei gegebener Rückzahlung in t=1 versicherungsbedingt zu einer höheren Fremdkapitalüberlassung in t=0 bereit. Gelingt es, den Versicherungsumfang so zu wählen, daß die Bonds in den Zuständen $\omega \in (\omega_{Kc}, \omega_B]$ nicht mehr ausfallbedroht sind, dann beträgt die Versicherungsprämie:

$$VP = \int_{\omega_{Kc}}^{\omega_B} q(\omega)(B - \Pi(\omega)) d\omega.$$

(3.45)

Die Bondhalter berücksichtigen den Versicherungsabschluß bei der Bereitstellung ihres Kapitals, so daß die Kapitalüberlassung dem "wahren" Wert der versicherten Bonds (D_i) entspricht, für den gilt:

$$D_i = \int_{\omega_{Kc}}^{\omega_N} p(\omega) B \ d\omega.$$

(3.46)

Im Vergleich zu den unversicherten Bonds entspricht die versicherungsbedingte Marktwertsteigerung:

$$\Delta D = \int_{\omega_{Kc}}^{\omega_B} p(\omega)(B - \Pi(\omega) + c) \ d\omega$$

$$= VP + \int_{\omega_{Kc}}^{\omega_B} p(\omega) c \ d\omega.$$

(3.47)

Der Versicherungsabschluß gewährleistet in t=0 eine um die Versicherungsprämie (VP) zuzüglich der erwarteten Insolvenzkosten erhöhte Fremdkapitalüberlassung. Von dieser Marktwertsteigerung profitieren die Aktionäre der Unternehmung, weil nach Entrichten der Versicherungsprämie in Höhe der erwarteten Insolvenzkosten zuviel an Fremdkapital zur Verfügung steht.[158] Diese zusätzliche Rente können sich die Aktionäre beispielsweise dadurch aneignen, daß in Höhe des nicht benötigten Fremdkapitals eine Dividendenausschüttung erfolgt.[159]

Dieses Ergebnis läßt deutlich werden, daß bei expliziter Berücksichtigung von Insolvenzkosten und simultaner Fremdkapitalaufnahme- und Versicherungsentscheidung die

---

[158]   Diese Aussage unterstellt, daß der Bedarf an Fremdkapital der ursprünglichen Fremdkapitalüberlassung D entspricht und durch den Versicherungsabschluß nur ein höherer Kapitalbedarf in Höhe der Versicherungsprämie besteht.

[159]   Analog zu den Ausführungen zur Kreditausfallversicherung ist statt der Dividendenzahlung in t=0 eine Verminderung des Rückzahlungsbetrages der Bonds in t=1 möglich.

Fremd- und Eigenkapitalgeber durch den Versicherungsabschluß eine Marktwertsteigerung erfahren. Damit ist gewährleistet, daß auch seitens der Aktionäre ein Anreiz für den Abschluß einer Versicherung besteht.[160] Grundsätzlich ist bei diesem Ergebnis zu beachten, daß die mit den Einsparungen der Insolvenzkosten verbundene Marktwertsteigerung der Unternehmung nur möglich ist, wenn der Versicherungsabschluß auf Unternehmensebene erfolgt. Für die Konsumenten hat unabhängig von den erwarteten Insolvenzkosten der Abschluß einer Versicherung einen Barwert von Null.

4 Zusammenfassung und Schlußfolgerungen

Ausgangspunkt dieser kapitalmarkttheoretischen Untersuchung ist der Nachweis der Irrelevanz von Versicherungsverträgen auf vollkommenen und vollständigen Märkten. Der im Versicherungsvertrag verbriefte Anspruch auf Schadenausgleich kann durch die auf dem Markt gehandelten zustandsbedingten Zahlungsansprüche exakt nachgebildet werden, so daß sich im Marktgleichgewicht eine Identität zwischen zustandsbedingter Versicherungsprämie $q(\omega)$ und den zustandsbedingten Preisen $p(\omega)$ ableiten läßt. Die Existenz von Versicherungsverträgen impliziert eine Übervollständigkeit des Marktes, und für die Eigenkapitalgeber einer Unternehmung gibt es bei dieser Marktkonstellation keinen Grund für den Abschluß von Versicherungen. Im günstigsten Fall bleibt der Marktwert der Unternehmung unverändert. Vor dem Hintergrund dieser Irrelevanz ist festzustellen, daß die Marktteilnehmer durch einen uneingeschränkten Zugang zum Kapitalmarkt auch die Zahlungsströme eines Versicherungsunternehmens duplizieren können. Analog zum Versicherungsunternehmen kann jeder Anleger individuell ein Portefeuille von unabhängigen Einzelrisiken halten. Damit verfügt das Versicherungsunternehmen über keine Diversifikationsvorteile, so daß sie bei dieser Marktkonstellation keine Existenzberechtigung besitzen.

Unter Berücksichtigung einer positiven Insolvenzwahrscheinlichkeit in Verbindung mit

---

[160] Wenn entgegen der hier aufgezeigten Versicherungsstrategie auch andere Stakeholder von dem Versicherungsabschluß und der damit verbundenen Einsparung indirekter Insolvenzkosten profitieren, erfahren die Aktionäre nur dann eine zusätzliche Marktwertsteigerung, wenn diese Stakeholder analog zu den Bondhaltern den Versicherungsabschluß antizipieren können. Dies setzt voraus, daß es sich um Stakeholder handelt, die Verträge mit dem Unternehmen aushandeln.

63

der beschränkten Haftung der Aktionäre kann es zu einem versicherungsbedingten Vermögenstransfer von den Eigenkapitalgebern zu den Inhabern von noch ausstehenden Forderungen kommen. Dies ist auf die haftungsverlängernde Wirkung der Versicherung zurückzuführen, und tritt immer dann ein, wenn sich die Versicherungsleistung im Insolvenzfall nicht in der Forderungshöhe der begünstigten Stakeholder der Unternehmung niederschlägt, so daß auch die Versicherungsprämien für Insolvenzzustände ausschließlich von den Aktionären entrichtet werden. Dieses Szenario ist in zweierlei Hinsicht von großer praktischer Relevanz. Zum einen gibt es Versicherungsbegünstigte, die in keiner vertraglichen Beziehung zu der Unternehmung stehen und damit auch nicht an den Kosten der Versicherung beteiligt werden können. In Höhe der Versicherungs-prämien, die sich auf einen Versicherungsschutz im Insolvenzfall beziehen, erleiden die Aktionäre stets eine Marktwertminderung, weil die Aktionäre durch ihre beschränkte Haftung für Schadenzahlungen im Insolvenzfall nicht aufkommen müssen. Dieser Internalisierung von sozialen Kosten werden rationale Aktionäre niemals freiwillig zustimmen, so daß es einer dritten Instanz wie beispielsweise dem Gesetzgeber bedarf, der einen Versicherungsabschluß aus dem gesellschaftspolitischen Erfordernis der Schutzbedürftigkeit heraus vorschreiben kann. Zum anderen kann es zu Vermögenstrans-fers kommen, wenn kein unmittelbarer Zusammenhang zwischen bestimmten Forderun-gen und dem Versicherungsabschluß besteht.[161] Bei positiver Insolvenzwahrscheinlich-keit ist der von der Unternehmung gewählte **gesamte** Versicherungsumfang bei der Festlegung von Forderungen gegenüber der Unternehmung zu beachten. Beispielsweise muß sich der Abschluß einer Feuer- oder Haftpflichtversicherung auf Forderungen von Lieferanten oder Gehälter von Mitarbeitern auswirken, wenn diese Personengruppen bei Insolvenz der Unternehmung von dem Versicherungsabschluß profitieren. Insbesondere Haftpflichtschäden können sehr große Volumina annehmen, so daß bei einem begrenzten Versicherungsschutz der Fall möglich ist, daß die Insolvenz eintritt und die Höhe des Forderungsausfalles zugunsten von Mitarbeitern und Lieferanten durch den teilweisen Versicherungsschutz verringert wird.[162] Vor dem Hintergrund von allgemeinverbindli-chen Tariflöhnen oder Preisen von Vorprodukten dürfte dieser Zusammenhang in der

---

[161] Die Bondausfallversicherung bezieht sich ausschließlich auf Forderungen der Bondhalter, so daß eine Zurechnung von Versicherungsleistung und Begünstigten unproblematisch ist.

[162] Zum Ausmaß von Haftpflichtschäden und der Ausgestaltung der Haftpflichtversicherung in Deutschland vgl. Klingmüller (1990) und Pfennigstorf (1990).

unternehmerischen Praxis nur wenig Beachtung finden, wodurch ceteris paribus mit dem Versicherungsabschluß ein Vermögenstransfer von Aktionären zu anderen Stakeholdern der Unternehmung einhergehen kann.

Auf unvollkommenen Märkten können auch die Aktionäre ein Interesse daran haben, daß auf Unternehmensebene Versicherungen abgeschlossen werden. Bei positiven Insolvenzkosten erreichen sie durch eine versicherungsbedingte Reduzierung der Insolvenzwahrscheinlichkeit eine Aktienmarktwerterhöhung in Höhe der eingesparten Insolvenzkosten. Unterstellt man eine positive Korrelation zwischen Verschuldungsgrad und Insolvenzwahrscheinlichkeit, dann empfiehlt sich unter dem Gesichtspunkt der Insolvenzkosten ein Versicherungsabschluß um so mehr, je höher der Fremdkapitalanteil am Gesamtkapital der Unternehmung ist. Bei dem positiven Zusammenhang zwischen der Vorteilhaftigkeit der Versicherung und der Höhe der Insolvenzkosten ist ferner zu berücksichtigen, daß es sich bei diesen Kosten im wesentlichen um indirekte Insolvenzkosten handelt. Je sensibler Kunden, Lieferanten oder andere Stakeholder der Unternehmung auf den Tatbestand der Überschuldung oder der Zahlungsunfähigkeit des Unternehmens reagieren, desto größer sind auch die zu erwartenden indirekten Insolvenzkosten. Insbesondere Unternehmen, die ein hohes Maß an impliziten Verbindlichkeiten besitzen, weil beispielsweise das Vertrauen auf zukünftige Garantieleistungen oder auf eine Weiterentwicklung von Produkten besonders ausgeprägt ist, sind vergleichsweise hohen (indirekten) Insolvenzkosten ausgesetzt, so daß sich bei diesen Unternehmen eine hohe Versicherungsrelevanz einstellt.[163] Exemplarisch sei auf einen Hersteller von qualitativ sehr hochwertigen Produkten verwiesen, dessen indirekte Insolvenzkosten höher sein werden als für einen Produzenten von Billigerzeugnissen. Die Insolvenz ist bei dem Anbieter hochwertiger Produkte mit einem höheren Vertrauensschaden verbunden, so daß für ihn unter dem Gesichtspunkt der Insolvenzkosten ein Versicherungsabschluß von größerer Bedeutung ist. Übertragen auf das Konzept der Unternehmensreputation läßt sich daraus folgern, daß die Versicherungsrelevanz mit zunehmender Bedeutung der Reputation eines Unternehmens eine Steigerung erfährt.[164]

---

[163] Zum Begriff der impliziten Forderungen/Verbindlichkeiten vgl. Cornell/Shapiro (1987), S. 5 ff.

[164] Diesem Ergebnis wohnt die Unterstellung inne, daß die indirekten Insolvenzkosten mit zunehmender Reputation steigen. Zu impliziten Forderungen und Reputation eines Unternehmens vgl. Grillet (1992b), S. 466. Zur Reputation auf Kreditmärkten vgl. Nippel (1992).

Kapitel 4: **Versicherungsentscheidung der Unternehmung bei asymmetrischer Information zwischen Eigen- und Fremdkapitalgebern**

1 Versicherung, Unterinvestition und Risikoanreizproblem

1.1 Agency-Kosten der Fremdfinanzierung

Divergierende Interessen zwischen Inhabern von Beteiligungstiteln und Fremdkapitalgebern werden relevant, wenn prohibitiv hohe Informationskosten eine Informationsasymmetrie nach Vertragsschluß induzieren und das Fremdkapital ausfallbedroht ist. Die nachvertragliche Informationsasymmetrie begründet eine Prinzipal-Agenten-Beziehung, wobei der schlechter Informierte als Prinzipal und der besser Informierte als Agent bezeichnet werden.[165] Bei sicherer Kapitalrückzahlung an die Bondhalter (=Prinzipale) beeinflussen unternehmerische Entscheidungen ausschließlich die Vermögensposition der Aktionäre. Ist hingegen mit einem Ausfall der Forderungen zu rechnen, eröffnen sich für den Manager der Unternehmung (=Agent), der hier annahmegemäß im Sinne der Aktionäre handelt, diverse Möglichkeiten, die Vermögensposition der Aktionäre zu Lasten der Bondhalter zu verbessern. Eine einfache Form eines solchen Vermögenstransfers stellt beispielsweise die Übertragung von Vermögen durch überhöhte oder nachträgliche Gewinnausschüttungen dar, auf die die Fremdkapitalgeber aufgrund der beschränkten Haftung der Aktionäre keinen Zugriff mehr haben.[166]

Das opportunistische Verhalten kann sich auch in der Auswahl von Investitionsprojekten manifestieren, die sich zwar positiv auf den Marktwert der Aktien auswirken, jedoch im Hinblick auf den gesamten Marktwert der Unternehmung suboptimal sind.[167] Diese

---

[165]   Vgl. Franke/Hax (1994), S. 415. Einen guten einführenden Überblick über die Prinzipal-Agenten-Theorie geben Pratt/Zeckhauser (1985), S. 1 ff.

[166]   Zum Interessenkonflikt zwischen Beteiligungs- und Fremdkapitalgeber vgl. Jensen/Smith (1985), S. 111 ff.

[167]   Die Suboptimalität beschränkt sich nicht auf den Marktwert von Fremd- und Eigenkapital, sondern erstreckt sich auf den Marktwert der Forderungen sämtlicher Stakeholder der Unterneh-

ausfall- und fremdkapitalinduzierten Marktwertminderungen stellen eine Form von Agency-Kosten dar, die in den Mittelpunkt dieser Analyse gestellt werden.[168]

Die folgenden Ausführungen zielen darauf ab, eine Interdependenz zwischen Finanzierungs-, Versicherungs- und Investitionsentscheidungen der Unternehmung aufzuzeigen. Vor diesem Hintergrund läßt sich nachweisen, daß durch die Einbeziehung einer Versicherung Interessenkonflikte zwischen Aktionären und Fremdkapitalgebern vermindert oder sogar vollständig beseitigt werden können und dadurch die Vermögenspositionen aller Kapitalgeber eine Steigerung erfahren.[169] Die Versicherung hat in diesem Szenario die Funktion, das Informationsdefizit der Fremdkapitalgeber in bezug auf Investitionsentscheidungen, die nach der Finanzierungsentscheidung der Unternehmung erfolgen, zu vermindern. Dieser Informationsausgleich wird dadurch bewirkt, daß Aktionäre durch den Abschluß einer Versicherung zur Durchführung von Investitionsprogrammen induziert werden, die zugleich auch den Marktwert der Bondforderungen maximieren.[170]

Suboptimale Investitionsentscheidungen treten dabei vor allem in zwei Formen auf. In dem einen Fall wird auf profitable Investitionen verzichtet (=*Underinvestment*) und in dem anderen Fall erfolgt durch die Auswahl von Investitionsprojekten mit hohen Risiken eine suboptimale Projektauswahl (=*Asset Substitution*). Die Versicherungsrelevanz wird vor dem Hintergrund dieser beiden Problembereiche analysiert.[171]

---

mung. Die nachfolgende Analyse fokussiert ausschließlich auf den Marktwert von Fremd- und Eigenkapital.

[168] Neben den hier relevanten Marktwertminderungen zählen insbesondere aktive und passive Überwachungskosten zu den Agency-Kosten, vgl. Jensen/Meckling (1976), S. 308 ff., und Neus (1989b), S. 474 f.

[169] Die Marktwertsteigerung durch die Lösung des Interessenkonfliktes entspricht der *costly contracting hypothesis*, vgl. Smith/Warner (1979), S. 121.

[170] Das Investitonsprojekt ist damit nicht mehr exogen vorgegeben (Prämisse A7 wird aufgehoben).

[171] Zur suboptimalen Auswahl von Investitionsprojekten bei asymmetrischer Information vgl. Green/Thalmor (1986), Green (1984), Gavish/Kalay (1983) und Jensen/Meckling (1976).

1.2 Versicherung und Unterinvestition

1.2.1 Das Unterinvestitionsproblem

Das Problem der Unterinvestition hat erstmalig MYERS (1977) herausgestellt, indem er zeigte, daß Eigenkapitalgeber die Durchführung von profitablen Investitionen unterlassen, bei denen die Erträge ausschließlich oder teilweise den Fremdkapitalgebern zustehen.[172] Dies ist bei Eintritt eines Insolvenzzustandes immer dann der Fall, wenn die Anfangsauszahlung für die Investition von den Aktionären geleistet wird und die zu erwartenden Investitionseinzahlungen nicht ausreichend hoch sind, um die Insolvenz abzuwenden.[173] Wird hingegen die Insolvenz durch die Investitionseinzahlungen verhindert, dann kann aus der Sicht der Aktionäre das Investitionsprojekt nur dann vorteilhaft sein, wenn die ihnen zustehenden erwarteten Einzahlungen größer sind als die geleistete Anfangsauszahlung für das Investitionsprojekt.

Die aus der Suboptimalität der Investitionsentscheidung resultierenden Agency-Kosten gehen zu Lasten der Vermögensposition der Fremdkapitalgeber, wenn diese das opportunistische Verhalten der im Sinne der Eigenkapitalgeber handelnden Manager nicht antizipieren.[174] Im Gegensatz zu dieser naiven Sichtweise über die Fremdkapitalgeber wird nachfolgend davon ausgegangen, daß die Fremdkapitalgeber über rationale Erwartungen verfügen und die Auswahl des suboptimalen Investitionsprojektes bei der Bereitstellung von Kapital berücksichtigen. Der mit dem opportunistischen Verhalten verbundene Schaden fällt auf die Aktionäre zurück, d.h., daß die aus der Marktwertminderung resultierenden Agency-Kosten vollständig von den Aktionären zu tragen sind. Die für beide Kapitalgeber vorteilhafte und effiziente Lösung, das marktwertmaximale Investitionsprojekt richtig zu antizipieren und durchzuführen, scheitert an der Glaubwürdigkeit. Nach der Fremdkapitalaufnahme stellen sich die Aktionäre immer besser, wenn

---

[172]   Vgl. Myers (1977), S. 138.

[173]   Dieser Vermögenstransfer setzt voraus, daß die Eigenkapitalgeber in ihrer Haftung beschränkt sind.

[174]   Von einem Konflikt zwischen Kapitalgeber und Manager wird in den Ausführungen dieses Abschnittes verzichtet, vgl. hierzu Kapitel 5.

68

sie das für ihre Vermögensposition optimale Projekt auswählen.[175]

Die Überlegung, daß die Verpflichtung zum Abschluß einer Versicherung im Zeitpunkt der Fremdkapitalaufnahme eine Reduzierung von Agency-Kosten bewirken kann, ist nicht neu. Bereits SMITH/WARNER (1979) haben in ihrer Diskussion über Nebenvereinbarungen innerhalb von Kreditverträgen (=*bond covenants*) darauf hingewiesen, daß der Versicherungsabschluß die Durchführung von profitablen Investitionen zur Schadenvermeidung und -behebung sicherstellt und der opportunistische Handlungsspielraum der Eigenkapitalgeber hierdurch eingeschränkt wird.[176] Die hier gewählte Modellierung dieses Problems ist hingegen allgemeiner angelegt. Zum einen werden die profitablen Investitionsprojekte nicht genauer spezifiziert, und es muß sich dabei insbesondere nicht um investive Maßnahmen zur Schadenvermeidung oder -behebung handeln.[177] Zum anderen wird hier nicht die Annahme oder Ablehnung eines einzigen Investitionsprojektes betrachtet, sondern im Rahmen einer Investitionsprogrammentscheidung resultiert die Unterinvestition aus einer negativen Abweichung von dem optimalen Investitionsvolumen.

1.2.2 Die Investitionsentscheidung

Die im Sinne der Aktionäre handelnden Manager einer teilweise fremdfinanzierten Unternehmung haben in t=0 die Option, ein Investitionsprogramm I durchzuführen, dessen Anfangsauszahlung vollständig von den Aktionären finanziert wird. Für die Investitionsfunktion sei ein konkaver Verlauf angenommen, d.h. die erwartete Gewinnsteigerung der Unternehmung verringert sich mit zunehmendem Investitionsvolumen. Die Marktwerte der Aktien und der Bonds werden folglich von der Höhe des gewählten Investitionsvolumens determiniert. Läßt man die Investitionsauszahlung in t=0 zunächst

---

[175] Zum Dilemma des Agenten vgl. Smith/Warner (1979), S. 169, und Franke/Hax (1994), S. 425.

[176] Zur Diskussion von Versicherungsverpflichtungen als Bestandteil von Kreditvertragsklauseln vgl. Smith/Warner (1979), S. 150.

[177] Zur Analyse des Unterinvestitionsproblems im Hinblick auf profitable Investitionen zur Schadenbehebung vgl. Mayers/Smith (1987), S. 45 ff., Schnabel/Roumi (1989), S. 155 ff., und Garven/MacMinn (1993), S. 635 ff.

unberücksichtigt, betragen die Aktien- und Bondmarktwerte:[178]

$$SH = \int_{\omega_B}^{\omega_N} p(\omega)[\Pi(I,\omega)-B]d\omega; \tag{4.1}$$

$$D = \int_{\omega_B}^{\omega_N} p(\omega)B + \int_{\omega_K}^{\omega_B} p(\omega)\Pi(I,\omega)d\omega. \tag{4.2}$$

Für den Marktwert der Unternehmung (V=D+SH) gilt:

$$V = \int_{\omega_K}^{\omega_N} p(\omega)\Pi(I,\omega)d\omega. \tag{4.3}$$

Die Ermittlung des optimalen Investitionsvolumens kann unter der Maßgabe erfolgen, daß entweder der Marktwert der gesamten Unternehmung oder lediglich der Marktwert der Aktien maximiert wird. Grundsätzlich ist bei der Formulierung der Maximierungsbedingungen zu beachten, daß die Investitionsentscheidung die Menge der Insolvenzzustände beeinflussen kann. Da die Investitionseinzahlungen mit zunehmendem Investitionsvolumen steigen ($\partial\Pi(I,\omega)/\partial I > 0$), kann auch die Anzahl der Insolvenzzustände mit zunehmendem Investitionsvolumen abnehmen.[179] In formaler Hinsicht ergibt sich daraus eine Abhängigkeit der Integrationsgrenzen von der Wahl des Investitionsvolumens.[180]

Vor diesem Hintergrund folgt für das Investitionsvolumen, das implizit den Kapitalwert der Investitionsprojekte für Fremd- und Eigenkapitalgeber maximiert (V-I → MAX!):[181]

---

[178]   Das Endvermögen der Unternehmung wird auch durch zeitlich vorgelagerte Investitionsentscheidungen beeinflußt, deren Einzahlungshöhe vom Zustand ω abhängt. Insolvenzkosten bleiben in dieser Analyse unberücksichtigt.

[179]   Eine Verringerung der Insolvenzzustände tritt nicht zwingendermaßen ein, da sie davon abhängig ist, wie die zusätzlichen Investitionseinzahlungen in t=1 über die Zustände verteilt sind.

[180]   Der Zustand ω_B wird implizit durch $\Pi(I,\omega_B)-B=0$ und der Zustand ω_K durch $\Pi(I,\omega_K)=0$ definiert, so daß die Abhängigkeit dieser Zustände vom Investitionsvolumen auch formal offensichtlich wird.

[181]   Die Ableitungen erfolgen unter Beachtung der Leibniz-Regel, vgl. Chiang (1992), S. 29 ff. Die Bedingungen zweiter Ordnung sind aufgrund der Konkavität der Investitionsfunktion erfüllt.

$$\frac{\partial V}{\partial I} - 1 = \int_{\omega_K}^{\omega_N} p(\omega)\frac{\partial \Pi}{\partial I} d\omega - p(\omega_K)\Pi(I,\omega_K)\frac{\partial \omega_K}{\partial I} - 1 = 0. \tag{4.4}$$

Das Investitionsvolumen wird solange erhöht, bis der Kapitalwert einer marginalen Erhöhung des Investitionsvolumens Null wird.

Wird hingegen der Kapitalwert aus der Sicht der Eigenkapitalgeber maximiert (SH-I → MAX!), muß als notwendige Bedingung gelten:

$$\frac{\partial SH}{\partial I} - 1 = \int_{\omega_B}^{\omega_N} p(\omega)\frac{\partial \Pi}{\partial I} d\omega - p(\omega_B)[\Pi(I,\omega_B)-B]\frac{\partial \omega_B}{\partial I} - 1 = 0. \tag{4.5}$$

Die Manager werden vor dem Hintergrund der asymmetrischen Information den Marktwert der Aktien maximieren und ein Investitionsvolumen in Höhe von I^{SH^*} wählen, das sich implizit aus der Ableitung gemäß Formel (4.5) ermitteln läßt. Für die Höhe des Investitionsvolumens von I^{SH^*} ist die Maximierungsbedingung für den Marktwert der gesamten Unternehmung (4.4) positiv. In Verbindung mit der Konkavitätseigenschaft der Investitionsfunktion folgt daraus, daß im Hinblick auf die Maximierung des Marktwertes der gesamten Unternehmung zu wenig investiert wird. Die Manager erhöhen das Investitionsvolumen nur solange, bis der Kapitalwert der **ihnen** aus einer marginalen Erhöhung des Investitionsniveaus zustehenden Zahlung Null wird. Auf Investitionen, deren Einzahlungen den Fremdkapitalgebern zustehen, wird verzichtet und das Unterinvestitionsproblem wird relevant.

Infolge des eigennützigen Verhaltens der Manager ergibt sich eine Marktwertminderung des Unternehmenswertes. Es sei mit I^{V^*} das Investitionsvolumen bezeichnet, das den Kapitalwert aus der Sicht aller Kapitalgeber maximiert. Bei expliziter Berücksichtigung der Investitionsauszahlungen läßt sich die Marktwertminderung der Unternehmung vereinfacht folgendermaßen quantifizieren:[182]

---

[182] Die Berechnung der Agency-Kosten gemäß Formel (4.6) stellt darauf ab, daß die mit den zusätzlichen Investitionsauszahlungen (I^{V^*}-I^{SH^*}) verbundenen Einzahlungen ausschließlich den Bondhaltern zukommen und sich die Anzahl der Insolvenzzustände nicht vermindert.

$$V(I^{V^*}) - V(I^{SH^*}) = \int_{\omega_K}^{\omega_B} p(\omega)[\Pi(I^{V^*},\omega) - \Pi(I^{SH^*},\omega)]d\omega - [I^{V^*} - I^{SH^*}].$$

(4.6)

Bei der Höhe dieser Differenz handelt es sich um die Agency-Kosten (AC), die aus der suboptimalen Investitionsentscheidung resultieren.

1.2.3 Investitionsvolumen und Versicherung

Das Unterinvestitionsproblem wird nicht relevant, wenn die Fremdkapitalforderungen im Zeitpunkt der Investitionsentscheidung nicht ausfallbedroht sind. Die Einzahlungen aus dem Investitionsprogramm fließen in diesem Fall vollständig den Eigenkapitalgebern zu. Die Einführung einer Versicherung trägt demnach zu einer Verminderung oder sogar zur Eliminierung des Unterinvestitionsproblems bei, wenn die Ausfallwahrscheinlichkeit der Bonds durch die Versicherung vermindert oder auf Null reduziert werden kann.

Von entscheidender Bedeutung ist dabei die Wahl des Versicherungsumfanges. Dieser ist so zu wählen, daß die Eigenkapitalgeber bei Durchführung des für alle Kapitalgeber optimalen Investitionsvolumens (I^{V^*}) in allen Zuständen mindestens die erforderliche Anfangsauszahlung zurückerhalten. Das bedeutet konkret, daß in t=1 in den ursprüng-lichen Insolvenzzuständen $\omega \in (\omega_K, \omega_B]$ das Endvermögen der Unternehmung zuzüglich der Versicherungsleistung größer sein muß als die Höhe der Bondforderungen zuzüglich der höheren, auf t=1 aufgezinsten Investitionsauszahlungen ΔI.[183] Für diese Zustände muß gelten:

$$\Pi(I^{V^*},\omega) + Y(\omega) \geq B + \Delta I.$$

(4.7)

Diese Bedingung stellt sicher, daß das Investitionsvolumen, das den Kapitalwert aus der Sicht aller Kapitalgeber maximiert, zugleich optimal für den Kapitalwert aus der Sicht der Eigenkapitalgeber ist. Die Manager haben keinen Anreiz mehr, vom optimalen Investitionsvolumen I^{V^*} abzuweichen. Für die Versicherungsprämie folgt aus (4.7):

---

[183] Die Höhe der Investitionsauszahlungen, die den Einzahlungen in den ursprünglichen Insolvenz-zuständen zuzurechnen sind, ergibt sich aus der Differenz zwischen I^{V^*} und I^{S^*}.

$$VP = \int_{\omega_K}^{\omega_B} p(\omega)[B - (\Pi(I^{V*}, \omega) - \Delta I)]d\omega.$$

(4.8)

Es wird häufig übersehen, daß auch die Mehrausgaben für das höhere Investitionsvolumen bei der Festlegung des Versicherungsumfanges zu berücksichtigen sind. Bei Vernachlässigung der höheren Investitionsauszahlungen impliziert der Versicherungsabschluß zwar, daß die gesamten Einzahlungen in t=1 mindestens so hoch sind wie die Bondforderungen, wenn aber die Differenz aus den Einzahlungen und der Bondrückzahlung kleiner ist als die höheren Investitionsauszahlungen in t=0, dann ist in diesen Zuständen der Kapitalwert aus Sicht der Eigenkapitalgeber negativ, und das Unterinvestitionsproblem verbleibt in verminderter Form.[184] Der hier gewählte Versicherungsumfang gewährleistet, daß in den ursprünglichen Insolvenzzuständen die den Aktionären zustehenden Investitionseinzahlungen mindestens so hoch sind wie die aufgezinsten zusätzlichen Investitionsauszahlungen (ΔI), so daß der Kapitalwert bei Durchführung von I^{rv} in diesen Zuständen auch aus Sicht der Aktionäre nicht negativ ist. Wichtig ist in diesem Zusammenhang zudem, daß die vollständige Beseitigung des Unterinvestitionsproblems nicht voraussetzt, daß vor Durchführung der Investition ausschließlich versicherbare Schäden zu einem Ausfall der Bondforderungen führen. Lediglich unter Berücksichtigung der Investition in t=0 muß ein Ausfall der Fremdkapitalforderungen auf den Eintritt versicherbarer Schäden zurückzuführen sein.[185]

1.2.4 Versicherung und Vermögenspositionen von Aktionären und Bondhaltern

Die Erkenntnis, daß die Versicherung zur Verminderung des Unterinvestitionsproblems beitragen kann, ist nicht hinreichend dafür, daß sie auch von den Entscheidungsträgern innerhalb der Unternehmung dazu eingesetzt wird. Vielmehr besteht aus der Sicht der Eigenkapitalgeber nur dann ein Anreiz zum Abschluß einer Versicherung, wenn hierdurch die Vermögensposition der Aktionäre verbessert werden kann. Die Aktionäre profitieren von dem Versicherungsabschluß, wenn die damit verbundene Reduzierung

---

[184] Bei MacMinn (1987) finden die gesteigerten Investitionsauszahlungen keine Berücksichtigung, vgl. MacMinn (1987), S. 671.

[185] Sofern unabhängig von der Durchführung der Investition ein Fremdkapitalausfall stets auf versicherbare Schäden zurückgeht, ist ein vollständiger Versicherungsumfang für die Eliminierung des Unterinvestitionsproblems nicht notwendig.

73

der Agency-Kosten eine Steigerung ihrer Vermögensposition impliziert. Um verschiedene Möglichkeiten der Aneignung von eingesparten Agency-Kosten seitens der Aktionäre aufzuzeigen, ist der Versicherungseinfluß im Hinblick auf die Vermögenspositionen von Eigen- und Fremdkapitalgebern explizit herauszustellen.

Aus Gründen der Übersichtlichkeit erweist sich die Einführung folgender Modellvereinfachungen als zweckmäßig:

- Die Forderungen der sonstigen Stakeholder sind nicht ausfallbedroht.[186]

- Das Investitionsprogamm, das den Marktwert der Eigen- und Fremdkapitalgeber maximiert, führt in den Solvenzzuständen $\omega \in (\omega_B, \omega_N]$ nach Abzug der zusätzlichen Investitionsauszahlungen $I^{V*}-I^{SH*}$ zu gleich hohen Einzahlungen wie das Investitionsprogramm, das den Marktwert des Eigenkapitals maximiert, und lediglich in den Insolvenzzuständen $\omega \in [\omega_0, \omega_B]$ zu vergleichsweise höheren Einzahlungen.

- Im Hinblick auf eine Fokussierung auf das Unterinvestitionsproblem werden ausschließlich die Netto-Einzahlungssteigerungen betrachtet, die mit der Durchführung des Investitionsprojektes I^{V*} verbunden sind. Hierzu werden von den Einzahlungen $\Pi(I^{V*}, \omega)$ die mit der Durchführung dieses Investitionsprogramms verbundenen zusätzlichen, auf $t=1$ aufgezinsten Investitionsauszahlungen ΔI subtrahiert, wobei gilt:[187]

$$\int_{\omega_0}^{\omega_N} p(\omega) \ \Delta I \ d\omega = I^{V*}-I^{SH*}.$$
(4.9)

Hierzu sei unterstellt, daß die höheren Investitionsauszahlungen $I^{V*}-I^{SH*}$ in $t=0$ aus dem (zusätzlichen) Vermögen der Aktionäre finanziert wird.

---

[186] Ausschließlich die Forderungen der Fremdkapitalgeber sind ausfallbedroht. Bei Bezugnahme auf die obigen formalen Ausführungen ist ω_K durch ω_0 zu ersetzen.

[187] ΔI entspricht den mit dem sicheren Zins aufdiskontierten zusätzlichen Investitionsauszahlungen $I^{V*}-I^{SH*}$.

- Die Menge der Insolvenzzustände Ω_B erfährt durch die Durchführung der Investition I^{V^*} oder I^{SH^*} keine Veränderung.

Unter Berücksichtigung dieser Annahmen lassen sich die Einzahlungen in t=1 in Abhängigkeit der Investitionsprogramme I^{V^*} und I^{SH^*} vereinfacht wie folgt illustrieren:

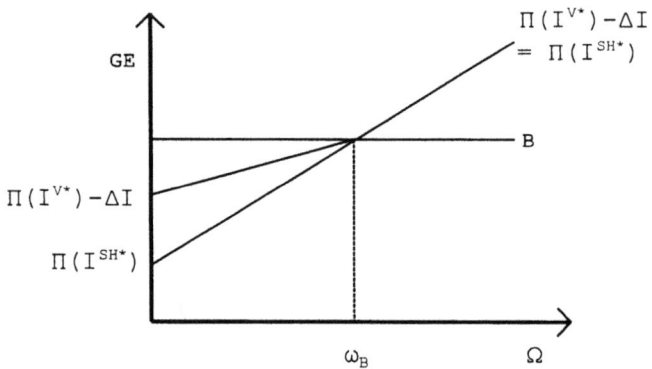

Abbildung 2: Einzahlungscharakteristika bei konstanter Bondrückzahlung B.

Mit:

GE   = Geldeinheiten.

Die Fremdkapitalgeber antizipieren, daß die Manager ohne Abschluß einer Versicherung ein für sie suboptimales Investitionsvolumen wählen (=rationale Erwartungen), so daß für den Marktwert der Bonds ohne Versicherungsabschluß gilt:

$$D = \int_{\omega_0}^{\omega_B} p(\omega)\Pi(I^{SH^*},\omega)d\omega + \int_{\omega_B}^{\omega_N} p(\omega)B \ d\omega.$$

(4.10)

Die Versicherung gewährleistet, daß die Bondforderungen in allen Zuständen sicher sind, so daß die Fremdkapitalgeber eine Marktwertsteigerung in Höhe von

$$D_i - D = \int_{\omega_0}^{\omega_B} p(\omega)[B - \Pi(I^{SH^*},\omega)]d\omega$$

(4.11)

erfahren. Wie leicht gezeigt werden kann, entspricht diese Marktwertsteigerung der Summe aus der Versicherungsprämie (VP) und den mit dem suboptimalen Investitionsniveau verbundenen Agency-Kosten (AC):[188]

$$AC + VP = \int_{\omega_0}^{\omega_B} p(\omega)[\Pi(I^{V*},\omega) - \Delta I - \Pi(I^{SH*},\omega)]d\omega$$

$$+ \int_{\omega_0}^{\omega_B} p(\omega)[B - (\Pi(I^{V*},\omega) - \Delta I)]d\omega$$

$$= \int_{\omega_0}^{\omega_B} p(\omega)[B - \Pi(I^{SH*},\omega)]d\omega. \qquad (4.12)$$

Der Marktwert der Bondforderungen steigt durch die Einbeziehung der Versicherung um die Höhe der Versicherungsprämie zuzüglich der eingesparten Agency-Kosten (ΔD = AC+VP).

Vor dem Hintergrund dieser Marktwertsteigerung verfügen die Aktionäre wiederum über unterschiedliche Möglichkeiten, von der Minderung der Agency-Kosten zu profitieren. Verbleibt die Höhe der Bondrückzahlung unvermindert bei B, dann wird dem Unternehmen nach Abzug der Versicherungsprämie ein um die Agency-Kosten höherer Betrag an Fremdkapital in t=0 überlassen. Da sich der Fremdkapitalbedarf der Unternehmung durch den Versicherungseinbezug nicht ändert, kann den Aktionären in Höhe der Agency-Kosten eine Dividende ausgeschüttet werden.[189] Die Vermögensposition der Aktionäre beträgt in diesem Fall SH+AC.

Da dem Unternehmen bei dieser Variante in Höhe der Agency-Kosten zuviel an Fremdkapital zur Verfügung gestellt wird, liegt es nahe, die Bondrückzahlung (B) in t=1 so zu reduzieren, daß unter Einbeziehung einer Versicherung genauso viel verfügbares Fremdkapital bereitgestellt wird wie ohne Versicherungsabschluß. Bei dieser zweiten Variante läßt sich eine Finanzierungsbedingung formulieren, gemäß derer der Marktwert der

---

[188] Zur Versicherungsprämie vgl. (4.8). Die Agency-Kosten lassen sich aus (4.6) ableiten.

[189] Annahmegemäß werden die zusätzlichen Investitionsauszahlungen aus dem Vermögen der Aktionäre beglichen.

unversicherten Bonds (B) gleich dem Marktwert der versicherten Bonds B^i zuzüglich der Versicherungsprämie (VP) sein muß:

$$D(B)-[D(B^t)-VP] \overset{!}{=} 0.$$

(4.13)

Dieser Finanzierungsbedingung soll immanent sein, daß die vollständige Rückzahlung der "verminderten" Bondforderungen (B^i) durch die Versicherung sichergestellt wird. Der Versicherungsumfang ist so zu wählen, daß in Zuständen, in denen das Nettoendvermögen ($\Pi(I^{V^*},\omega)-\Delta I$) für eine vollständige Bondrückzahlung nicht ausreicht, eine Versicherungsleistung in Höhe von $B^i-(\Pi(I^{V^*},\omega)-\Delta I)$ erfolgt.[190] Hieraus ergibt sich eine Versicherungsprämie in Höhe von:[191]

$$VP = \int_{\omega_0}^{\omega_i} p(\omega)[B^i-(\Pi(I^{V^*},\omega)-\Delta I)]d\omega.$$

(4.14)

Die Verminderung der Bondrückzahlung ($B-B^i$) führt dabei zu einer Verminderung der Insolvenzzustände, so daß die Versicherungsprämie bei dieser Variante insgesamt geringer ist als bei der ersten Variante mit Dividendenzahlung.[192]

Die Finanzierungsbedingung (4.13) läßt sich auch so interpretieren, daß Marktwertsteigerungen der Bonds, die über die Versicherungsprämie hinausgehen, exakt durch die mit der gesunkenen Bondrückzahlung verbundenen Marktwertminderungen kompensiert werden. Wird der Zustand ω_c implizit definiert durch die Bedingung $\Pi(I^{SH^*},\omega_c)=B^i$, dann läßt sich die Finanzierungsbedingung (4.13) auch folgendermaßen formulieren:[193]

$$\int_{\min(\omega_c,\omega_B)}^{\omega_B} p(\omega)[\Pi(I^{SH^*},\omega)-B^i]d\omega + \int_{\omega_B}^{\omega_N} p(\omega)[B-B^i]d\omega$$

---

[190] Die Versicherung muß gewährleisten, daß das Endvermögen abzüglich der Mehrausgaben für das marktwertmaximale Investitionsprogramm (I^{V^*}) größer als die Bondforderungen sein muß. Folglich findet in der obigen Betrachtung das Nettoendvermögen Berücksichtigung.

[191] ω_i wird implizit durch $B^i-(\Pi(I^{V^*},\omega_i)-\Delta I)=0$ definiert.

[192] In den hier verbleibenden Insolvenzzuständen verringert sich simultan auch die Höhe der Versicherungsleistung um die Veränderung der Bondrückzahlung ($B-B^i$).

[193] Aufgrund des hier gewählten Modellrahmens ist $\omega_c<\omega_B$. Gleichung (4.15) ist allgemeiner formuliert und schließt auch Szenarien ein, in denen $\omega_c>\omega_B$ ist (Anmerkung: ω_B kennzeichnet den Zustand, bei dem das Endvermögen bei Durchführung von I^{V^*} gleich der Höhe der Bondforderungen B ist).

$$= \int_{\omega_0}^{\min(\omega_c,\omega_B)} p(\omega)[\min(\Pi(I^{V*},\omega)-\Delta I, B^i)-\Pi(I^{SH*},\omega))]d\omega.$$

(4.15)

Der rechte (=untere) Term dieser Gleichung ist Ausdruck für die über die Höhe der Versicherungsprämie hinausgehende Marktwertsteigerung der Bonds durch die Einbeziehung der Versicherung, und der linke (=obere) Term quantifiziert die Marktwertminderung, die mit der Reduktion der Bondrückzahlung (B-B^i) verbunden ist. Diese Identität gewährleistet, daß in t=0 von den Fremdkapitalgebern zusätzlich zur erforderlichen Versicherungsprämie genauso viel bereitgestellt wird wie der ursprüngliche Fremdkapitalbetrag in Höhe von D(B). Graphisch läßt sich diese Ausgestaltung der Finanzierungsbedingung folgendermaßen veranschaulichen:

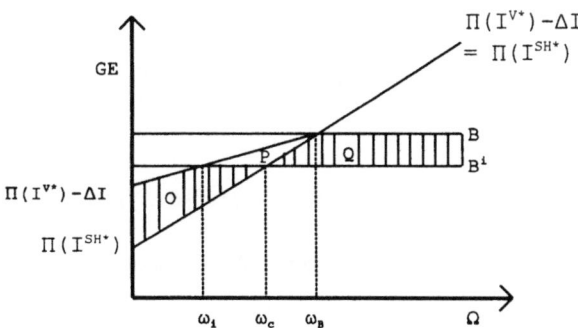

Abbildung 3: Einzahlungscharakteristika bei Verminderung der Bondrückzahlung.

Die Finanzierungsbedingung stellt sicher, daß der "Barwert" der Fläche O gleich dem "Barwert" der Fläche Q sein muß.[194]

Für die Aktionäre gewährleistet dieser Finanzierungsvertrag in den Zuständen $\omega\in[\omega_0,\omega_i]$ eine Netto-Einzahlung von Null und in den Zuständen $\omega\in(\omega_i,\omega_N]$ eine Netto-Einzahlung in Höhe von $(\Pi(I^{V*},\omega)-\Delta I)$-B^i. Die Netto-Einzahlung von Null in den Zuständen $\omega\in[\omega_0,\omega_i]$ ist darauf zurückzuführen, daß die den Aktionären zustehenden Investitionseinzahlungen in diesen Zuständen gleich den aufgezinsten zusätzlichen Investitionsauszah-

---

[194]   Der "Barwert" der Fläche O (Q) entspricht dem rechten (linken) Term von Gleichung (4.15).

zahlungen in diesen Zuständen gleich den aufgezinsten zusätzlichen Investitionsauszahlungen (ΔI) sind.[195] Der Marktwert der Aktien beträgt:

$$SH_i = \int_{\omega_i}^{\omega_N} p(\omega)[(\Pi(I^{V*},\omega)-\Delta I)-B^i]d\omega - I^{SH*}. \tag{4.16}$$

Die Einbeziehung der Versicherung bedingt eine Marktwertsteigerung der Eigenkapitalforderungen in Höhe von:[196]

$$SH_i - SH = \int_{\omega_i}^{\omega_B} p(\omega)[\Pi(I^{V*},\omega)-\Delta I(\omega)-B^i]d\omega + \int_{\omega_B}^{\omega_N} p(\omega)[B-B^i]d\omega. \tag{4.17}$$

Die Marktwertsteigerung entspricht dem "Barwert" der Fläche (P+Q) und läßt sich umformen zu:

$$SH^i - SH = \int_{\omega_i}^{\omega_B} p(\omega)[\Pi(I^{V*},\omega)-\Delta I(\omega)-\max(\Pi(I^{SH*},\omega),B^i)]d\omega$$

$$+ \int_{\min(\omega_c,\omega_B)}^{\omega_B} p(\omega)[\Pi(I^{SH*},\omega)-B^i]d\omega + \int_{\omega_B}^{\omega_N} p(\omega)[B-B^i]d\omega. \tag{4.18}$$

Gemäß der Finanzierungsbedingung (4.15) läßt sich der zweite und dritte Summand substituieren durch:

$$\int_{\omega_0}^{\min(\omega_c,\omega_B)} p(\omega)[\min(\Pi(I^{V*},\omega)-\Delta I,B^i)-\Pi(I^{SH*},\omega))]d\omega. \tag{4.19}$$

Die Marktwertsteigerung der Aktien beträgt demnach:[197]

$$SH - SH^i = \int_{\omega_0}^{\omega_B} p(\omega)[\Pi(I^{V*},\omega)-\Delta I(\omega)-\Pi(I^{SH*},\omega)]d\omega$$

$$= AC. \tag{4.20}$$

---

[195] Dies wird durch das gewählte Versicherungsvolumen sichergestellt.

[196] Zum Aktienmarktwert der unversicherten Unternehmung vgl. Gleichung (4.1).

[197] Graphisch entspricht die Marktwertsteigerung der Fläche O+P.

Analog zur ersten Variante mit konstanter Bondrückzahlung und Dividendenzahlung eignen sich die Aktionäre durch die versicherungsbedingte Verminderung der Bondrückzahlung von B auf B^i eine zusätzliche Rente in Höhe der Agency-Kosten an. Im Ergebnis ist festzustellen, daß sich die Versicherung zur Lösung des Unterinvestitionsproblems eignet und auch ein Anreiz für den Abschluß von Versicherungen besteht, da die Vermögenspositionen der Aktionäre und der Bondhalter dadurch eine Steigerung erfahren.

Ein wichtiger Unterschied zwischen den aufgezeigten Möglichkeiten zur Aneignung der Agency-Kosten ist darin zu sehen, daß bei der Variante mit verminderter Bondrückzahlung durch die damit einhergehende Verminderung der Insolvenzzustände in geringerem Umfang Versicherungen abgeschlossen werden als bei konstanter Bondrückzahlung und Auszahlung in Höhe der Agency-Kosten an die Aktionäre in Form einer Dividende. Dies hat solange keinen Einfluß auf die Vermögenspositionen der Eigen- und Fremdkapitalgeber, wie Versicherungen zu fairen Prämien abgeschlossen werden können. Erhebt die Versicherung hingegen einen Zuschlag, so daß sich die Versicherungsprämien insgesamt erhöhen, dann wirkt sich dieser Zuschlag zu Lasten der Vermögenssposition der Aktionäre aus und dies umso stärker, je höher der Versicherungsumfang ist.[198] Die Vermögenssteigerung der Aktionäre in Höhe der eingesparten Agency-Kosten wird um den Prämienzuschlag gemindert. Hieraus ergeben sich zwei wichtige Konsequenzen für die Einbeziehung einer Versicherung. Zum einen ist der Abschluß einer Versicherung nur dann vorteilhaft, wenn die eingesparten Agency-Kosten nicht durch den Prämienzuschlag überkompensiert werden. Zum anderen sind die Aktionäre unter Einbeziehung eines Aufschlages nicht mehr indifferent zwischen den beiden vorgestellten Varianten. Die Aktionäre werden sich für die Variante mit dem geringeren Versicherungsumfang entscheiden, die mit geringeren Versicherungskosten verbunden ist und damit den Aktionären eine höhere Marktwertsteigerung gewährleistet. Unter Berücksichtigung eines Prämienzuschlages werden die Aktionäre es vorziehen, die Bondrückzahlung von

---

[198]   Ein Prämienzuschlag kann mit der Deckung von Überschäden oder mit Verwaltungskosten zusammenhängen. Sofern keine vollständige Konkurrenz auf dem Versicherungsmarkt herrscht, liegt die Erhebung eines solchen Zuschlages nahe. Zur Prämienberechnung vgl. Farny (1995), S. 44.

B auf B^i zu vermindern, um das Ausfallrisiko und das erforderliche Versicherungs-volumen zu reduzieren.[199]

1.3 Versicherung und das Risikoanreizproblem

1.3.1 Das Risikoanreizproblem

Eine Reallokation des Vermögens von Fremd- zu Eigenkapitalgebern kann auch dadurch erfolgen, daß nach der Fremdkapitalaufnahme in Projekte mit hohem Risiko investiert wird, auch wenn diese einen geringeren Marktwert aufweisen als weniger risikoreiche Projekte.[200] Der Vermögenstransfer ist dadurch bedingt, daß von den vergleichsweise höheren erwarteten Einzahlungen des riskanteren Projekts ausschließlich die Eigen-kapitalgeber profitieren, während das durch die vergleichsweise niedrigeren Einzah-lungen induzierte Risiko aufgrund der Haftungsbeschränkung der Eigenkapitalgeber meist vollständig auf die Fremdkapitalgeber übertragen wird.[201] Analog zum Problem der Überinvestition sei unterstellt, daß die Fremdkapitalgeber das opportunistische Verhalten der im Sinne der Eigenkapitalgeber handelnden Manager antizipieren, so daß die aus einer Marktwertminderung resultierenden Agency-Kosten ausschließlich den Aktionären zufallen.

Es sei ein teilweise fremdfinanziertes Unternehmen betrachtet, dessen Manager zwischen zwei Investitionsprojekten I_1 und I_2 auszuwählen hat. Die Investitionsprojekte erfordern eine Anfangsauszahlung in gleicher Höhe, und der Erwartungswert zukünftiger In-vestitionseinzahlungen ist bei beiden Projekten identisch. Sie unterscheiden sich nach Maßgabe des ROTHSCHILD/STIGLITZ-Kriteriums in Form eines Mean Preserving

---

[199] Zur Analyse des Unterinvestitionsproblems unter Berücksichtigung eines Prämienaufschlages vgl. Schnabel/Roumi (1989), S. 155.

[200] Zum Risikoanreizproblem vgl. Green/Talmor (1986), S. 391 ff., und Garven/Pottier (1995), S. 253 ff., und zum Risikoanreizproblem in Verbindung mit Risikomanagementmaßnahmen vgl. Campbell/Kracaw (1990), S. 1675 ff.

[201] Hier wird der optionsähnliche Charakter des Eigenkapitals deutlich, dessen Wert mit zunehmen-dem Risiko steigt, vgl. Merton (1973), S. 141 ff.

Spreads ausschließlich in ihrem Risiko voneinander.[202] Das Projekt I_2 ist die riskantere Investition von beiden, die in niedrigen Zuständen geringere und in höheren Zuständen höhere Einzahlungen aufweist als die Investition I_1.[203] Die Einzahlungen von I_2 lassen sich als Mean Preserving Spread aus den Einzahlungen der Investition I_1 ermitteln, wobei folgender funktionaler Zusammenhang besteht:

$$\Pi(I_2,\omega)=(1+\theta)\Pi(I_1,\omega)-\theta E(\Pi(I_1)).$$
(4.21)

Mit:

$E(\Pi(I_1))$ = Erwartungswert der Einzahlung aus dem Investitionsprojekt I_1;

θ = Skalierungsfaktor (>1).

Wie noch zu zeigen sein wird, besitzt das Projekt I_1 einen höheren Marktwert als I_2 und stellt damit das optimale Investitionsprojekt im Hinblick auf den gesamten Marktwert von Fremd- und Eigenkapital dar. Das Risikoanreizproblem in Form der Auswahl des risikoreicheren Projektes I_2 wird nur relevant, wenn die Fremdkapitalaufnahme hinreichend groß ist, damit die Vermögensposition der Aktionäre bei ungünstiger Entwicklung von den vergleichsweise geringeren Einzahlungen aus dem riskanteren Investitionsprojekt I_2 weitgehend verschont bleibt. Hieraus läßt sich die These ableiten, daß ein kritisches Fremdkapitalvolumen B* existiert, so daß die Aktionäre bei einem geringeren Fremdkapitalniveau (B<B*) das Projekt I_1 (=> SH(I_1)-SH(I_2)>0) und bei einem höheren Fremdkapitalniveau (B>B*) das Projekt I_2 (=> SH(I_1)-SH(I_2)<0) präferieren.[204] Da die Differenz der Aktienmarktwerte SH(I_1)-SH(I_2) in dieser Modellierung eine monoton fallende Funktion des Fremdkapitals (B) ist, kann auf der Grundlage des Zwischenwert-

---

[202] Die Identität der Erwartungswerte erlaubt eine Fokussierung auf reine Risikoeffekte bei der Auswahl des Investitionsprojektes. Zu einem ähnlichen Vorgehen vgl. Kürsten (1994), und zu dem verwendeten Risikokriterium vgl. Rothschild/Stiglitz (1970), S. 225 ff.

[203] Die Dichtefunktion der Einzahlungen von I_2 weist an den Rändern ein höheres Gewicht auf als die Dichtefunktion von I_1.

[204] Bei einer Fremdkapitalhöhe von B=B* sind die Aktionäre bezüglich der Auswahl von I_1 oder I_2 indifferent.

satzes auf die Existenz eines B* geschlossen werden.[205]

Bei der Beweisführung für die Existenz von B* ist es zweckmäßig, für den Fall B<B* eine vollständige Eigenfinanzierung zu betrachten (B=0). Der Marktwert der Aktien entspricht in diesem Szenario dem Marktwert der Unternehmung (SH(I)=V(I)), so daß zu zeigen ist, daß $(V(I_1)-V(I_2))>0$ ist. Es gilt:

$$V(I_1)-V(I_2)=\int_{\omega_0}^{\omega_N}p(\omega)[\Pi(I_1,\omega)-\Pi(I_2,\omega)]d\omega.$$

(4.22)

In den zustandsbedingten Preisen $p(\omega)$ kommt implizit ein dem Risiko angepaßter Zinssatz in Form eines Abzinsungsfaktors (=$z(\omega)$) und die Dichte im Zustand ω (=$\psi(\omega)$) zum Ausdruck:[206]

$$p(\omega) = z(\omega)\ \psi(\omega).$$

(4.23)

Wird $p(\omega)$ gemäß (4.23) und $\Pi(I_2,\omega)$ gemäß (4.21) in (4.22) substituiert, so erhält man:

$$V(I_1)-V(I_2) = \int_{\omega_0}^{\omega_N}z(\omega)[\Pi(I_1,\omega)-(1+\theta)\Pi(I_1,\omega)+\theta E(\Pi(I_1))]\psi(\omega)d\omega$$

$$= \int_{\omega_0}^{\omega_N}z(\omega)\theta[E(\Pi(I_1))-\Pi(I_1,\omega)]\psi(\omega)d\omega$$

$$= -cov(z(\omega),\Pi(I_1,\omega)) > 0.$$

(4.24)

Dem Ergebnis, daß ohne Fremdkapitalaufnahme $V(I_1)$ größer als $V(I_2)$ ist, wohnt die Unterstellung inne, daß die Abzinsungsfaktoren $z(\omega)$ negativ mit den Investitionsauszahlungen $\Pi(I_1,\omega)$ korrelieren. Dies ist genau dann der Fall, wenn mit steigenden Einzah-

---

[205] Analog zur Modellierung von Green/Talmor steigt der Anreiz zur Durchführung riskanterer Projekte mit zunehmendem Verschuldungsgrad, vgl. Green/Talmor (1986), S. 391 ff. Der hieraus resultierende positive Zusammenhang zwischen Agency-Kosten und Verschuldungsgrad ist nicht unumstritten, vgl. Gavish/Kalay (1983), S. 21 ff., und Kürsten (1994).

[206] Bei einer diskreten Betrachtung entspricht der zustandsbedingte Preis dem Produkt aus dem Abzinsungsfaktor und der Eintrittswahrscheinlichkeit, vgl. Franke/Hax (1994), S. 342. In dieser stetigen Betrachtung ist hingegen die Dichte $\psi(\omega)$ zu verwenden. (Anm.: Die Eintrittswahrscheinlichkeit eines bestimmten ω ist in dieser stetigen Betrachtung gleich Null.)

lungen aus I_1 zugleich auch das aggregierte Vermögen der gesamten Volkswirtschaft steigt, oder anders ausgedückt, daß I_1 mit dem Marktportefeuille positiv korreliert ist.[207] In Zuständen, in denen aus der Gesamtheit der Investitionen hohe Zahlungen entstehen, sind die Preise von zustandsbedingten Ansprüchen $p(\omega)$ tendenziell niedriger, und dementsprechend sind auch die Abzinsungsfaktoren $z(\omega)$ geringer als in Zuständen mit niedrigeren Einzahlungen.[208] Im Ergebnis ist damit eine negative Korrelation zwischen $z(\omega)$ und $\Pi(I_1)$ gewährleistet, so daß die weniger riskante Investition I_1 einen höheren Marktwert als die Investition I_2 hat und folglich von den Aktionären präferiert wird.

Es läßt sich relativ einfach zeigen, daß bei einem hinreichend hohen Verschuldungsgrad (B>B*) das Investitionsprojekt I_2 vorteilhafter für die Aktionäre ist als I_1. Hierfür muß gelten:

$$SH(I_2)=\int_{\omega_0}^{\omega_N}p(\omega)\max(0,\Pi(I_2,\omega)-B)d\omega$$

$$> \int_{\omega_0}^{\omega_N}p(\omega)\max(0,\Pi(I_1,\omega)-B)d\omega=SH(I_1).$$

(4.25)

Dies gilt beispielsweise immer dann, wenn das Fremdkapitalvolumen genauso hoch ist wie der Erwartungswert der Investitionseinzahlungen (B=E(I_1)=E(I_2)).[209]

---

[207] Zum Zusammenhang zwischen zustandsbedingten Preisen, Abzinsungsfaktoren und Einzahlungshöhe vgl. Varian (1985), S. 311, und Franke/Hax (1994), S. 343 f.

[208] Mit geringeren Abzinsungsfaktoren gehen höhere Risikoprämien einher. In Zuständen mit hohen Einzahlungen ist der Grenznutzen einer Einzahlung geringer und damit verringern sich auch die Preise für zustandsbedingte Zahlungen, vgl. Franke/Hax (1994), S. 377.

[209] Der Zustand ω_E ergibt sich implizit daraus, daß in diesem Zustand die Einzahlungen aus den Investitionsprojekten I_1 und I_2 ihren Erwartungswerten entsprechen.

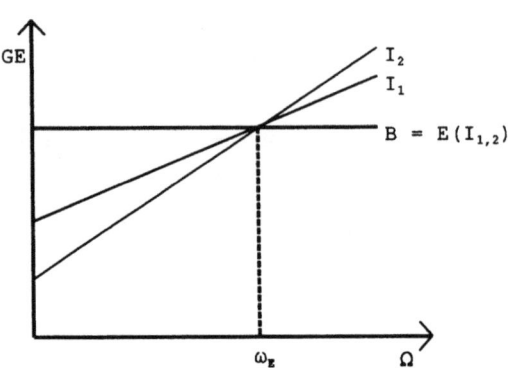

Abbildung 4: Einzahlungscharakteristika der Investitionen I_1 und I_2.

Wie Abbildung 4 verdeutlicht, erreicht die Differenz $SH(I_2)-SH(I_1)$ bei $B=E(I_1)=E(I_2)$ ein Maximum, so daß die Aktionäre trotz des höheren Marktwertes von I_1 die Durchführung des suboptimalen und riskanteren Projektes I_2 präferieren. Zusammen mit dem Ergebnis, daß $SH(I_2)-SH(I_1)$ bei $B=0$ einen negativen Wert annimmt, folgt vor dem Hintergrund der Monotonie, daß ein Fremdkapitalniveau in Höhe von $B^*>0$ existiert, bei dem die Aktionäre indifferent zwischen I_1 und I_2 sind und bei jedem höheren Fremdkapitalniveau durch die Auswahl des vergleichsweise risikoreicheren Investitionsprojekts das Risikoanreizproblem zum Tragen kommt.

Aus der Existenz von B^* lassen sich leicht die Agency-Kosten quantifizieren, die mit der Auswahl von Investitionsprojekt I_2 verbunden sind. Analog zum Unterinvestitionsproblem resultieren die Agency-Kosten hier ausschließlich aus der Marktwertminderung durch die Auswahl des riskanteren Projektes.

Graphisch lassen sich diese Kosten als schraffierte Fläche im Intervall $\omega \in [\omega_0, \omega_{B*2}]$ illustrieren:

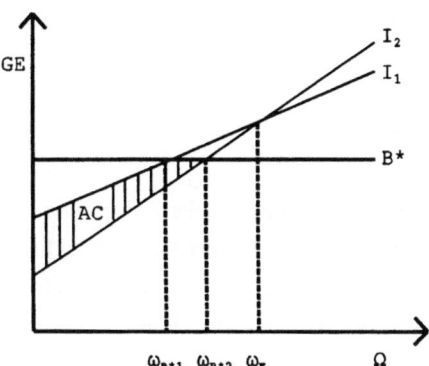

Abbildung 5: Agency-Kosten bei suboptimaler Projektauswahl.

Der Zustand ω_{B*1} (ω_{B*2}) ergibt sich implizit daraus, daß in diesem Zustand die Einzahlung aus dem Investitionsprojekt I_1 (I_2) dem kritischen Fremdkapitalvolumen B^* entspricht.

Die Berechnung der Agency-Kosten erfolgt vor dem Hintergrund, daß bei einem Fremdkapitalvolumen von B^* der Marktwert der Aktien unabhängig von der Wahl des Investitionsprojektes ist ($SH(I_1)=SH(I_2)$), so daß gilt:

$$\int_{\omega_{B^*1}}^{\omega_N} p(\omega)\Pi(I_1,\omega)d\omega - \int_{\omega_{B^*1}}^{\omega_N} p(\omega)\ \max[B^*,\Pi(I_2,\omega)]d\omega\ =\ 0.$$

(4.26)

Formal folgt daraus für die Höhe der Agency-Kosten:

$$AC\ =\ \int_{\omega_0}^{\omega_{B^*2}} p(\omega)[\min(\Pi(I_1,\omega),B^*)-\Pi(I_2)]d\omega.$$

(4.27)

Es ist zu beachten, daß die Quantifizierung der Agency-Kosten kein tatsächliches Fremdkapitalvolumen in Höhe von B^* voraussetzt. Vielmehr sind die Agency-Kosten un-

86

abhängig von dem tatsächlich aufgenommenen Fremdkapitalvolumen B (B>B*), und B* dient lediglich als Hilfskonstruktion zur formalen Ermittlung der Agency-Kosten. Dabei gilt, daß mit steigender Differenz der Investitionseinzahlungen in den Zuständen $\omega \in [\omega_0, \omega_{B*2}]$ die mit der Projektauswahl verbundenen Agency-Kosten zunehmen.

1.3.2 Einführung einer Versicherung

Die Einbeziehung einer Versicherung erfolgt gemäß der Zielsetzung, daß die Aktionäre auch bei einem Fremdkapitalvolumen von B>B* keinen Anreiz dazu haben, die risikoreichere Investition I_2 durchzuführen. Für die Realisierung dieses Ziels bieten sich unterschiedliche Lösungen an, die sich ausschließlich in der Höhe der Versicherungsvolumina unterscheiden. Im folgenden werden zwei unterschiedliche Versicherungsvolumina vorgestellt, die zur Vermeidung des Risikoanreizproblems beitragen. Dabei sei unterstellt, daß bei beiden Investitionsprojekten der versicherbare Schaden in jedem Zustand ω mindestens so groß ist wie die Differenz aus dem tatsächlich vorhandenen Fremdkapitalvolumen B und dem oben hergeleiteten kritischen Fremdkapitalvolumen B*.

Eine mögliche Variante besteht darin, daß für jeden Zustand ω Versicherungen in Höhe von Y(ω)=B-B* abgeschlossen werden. Dieser Versicherungsumfang impliziert, daß die Aktionäre indifferent gegenüber der Durchführung von I_1 oder I_2 sind. Es gilt:[210]

$$SH_i(I_1,\omega) - SH_i(I_2,\omega)$$

$$= \int_{\omega_{B*1}}^{\omega_N} p(\omega)[\Pi(I_1,\omega)+B-B^*]d\omega - \int_{\omega_{B*1}}^{\omega_N} p(\omega)\max[B,\Pi(I_2,\omega)+(B-B^*)]d\omega$$

$$= \int_{\omega_{B*1}}^{\omega_N} p(\omega)\Pi(I_1,\omega)d\omega - \int_{\omega_{B*1}}^{\omega_N} p(\omega)\max[B-(B-B^*),\Pi(I_2,\omega)]d\omega$$

---

[210] Der Versicherungsumfang ist so gewählt, daß die Einzahlungen an die Aktionäre im Zustand ω_{B*1} Null betragen ($\Pi(I_1, \omega_{B*1})$-B = 0) und erst in höheren Zuständen positive Werte annehmen. Für die Versicherungshöhe Y(ω) ist sofort B-B* substituiert worden. - Die letzte der folgenden Umformungen entspricht Gleichung (4.26), die den Wert Null annimmt.

$$= \int_{\omega_{B^*1}}^{\omega_N} p(\omega) \Pi(I_1,\omega)d\omega - \int_{\omega_{B^*1}}^{\omega_N} p(\omega) \ \max[B^*,\Pi(I_2,\omega)]d\omega \ = \ 0. \tag{4.28}$$

Die Versicherungsleistung $Y(\omega)$ hebt in jedem Zustand die gesamten Einzahlungen an die Aktionäre derart an, daß sie der Einzahlungscharakteristika einer unversicherten Unternehmung entspricht, die ein Fremdkapitalvolumen in Höhe von B^* aufweist. In Anlehnung an die obigen Ausführungen besteht für die Aktionäre folglich kein Anreiz mehr, statt der Investition I_1 die risikoreichere Investition I_2 durchzuführen.

Wichtig ist in diesem Zusammenhang, daß eine Marktwertsteigerung der Unternehmung nicht unmittelbar durch die Versicherung selbst, sondern durch die versicherungsinduzierte Auswahl des Investitionsprojekts möglich wird. Bei gegebenem Investitionsprojekt erweist sich analog zur obigen Betrachtung die Versicherung als irrelevant für den Marktwert der Unternehmung.[211] Erst durch die Minderung der Informationsasymmetrie im Hinblick auf die Auswahl des Projektes gereicht die Einbeziehung einer Versicherung zum Vorteil.

Hieraus leitet sich ab, daß nur für diejenigen Zustände Versicherungen abgeschlossen werden müssen, in denen die Versicherung auch einen Einfluß auf die Projektauswahl ausübt. Dies bedeutet konkret, daß auf einen Versicherungsabschluß in den Zuständen, in denen die Versicherungsleistung vollständig den Bondhaltern zufällt (= $\omega \in [\omega_0,\omega_{B^*1}]$), und in Zuständen, in denen die Einzahlungen aus I_2 größer sind als aus I_1 (= $\omega \in (\omega_E,\omega_N]$), verzichtet werden kann. Für die Eliminierung des Risikoanreizproblems reicht es aus, wenn für die Zustände $\omega \in (\omega_{B^*1},\omega_E]$ Versicherungen in Höhe von $Y(\omega) \geq B-B^*$ abgeschlossen werden.

Durch die Einbeziehung der Versicherung erhöht sich der Marktwert der Bonds um die Agency-Kosten und den Teil der Versicherungsleistungen, die in den Insolvenzzuständen den Bondhaltern zustehen.[212] Auf das zusätzlich zur Verfügung gestellte Fremdkapital in

---

[211]   Wie sich leicht zeigen läßt, ist $V_i(I_1) = V(I_1)$ und $V_i(I_2) = V(I_2)$.

[212]   Der Einfluß der Versicherung auf den Marktwert der Bonds ist hier ähnlich wie beim Unterinvestitionsproblem, so daß auf explizite formale Ausführungen innerhalb dieser Betrachtung verzichtet wird.

Höhe der Agency-Kosten werden die Aktionäre in dieser Betrachtung nicht (durch eine Verminderung der Bondrückzahlung B) verzichten, weil hier - im Gegensatz zum Unterinvestitionsproblem - auch die Aktionäre Mehrausgaben in Höhe der Versicherungsprämie zu entrichten haben.[212] Es ist naheliegend, daß die Aktionäre das durch den Versicherungsabschluß zusätzlich zur Verfügung gestellte Fremdkapital für die Begleichung der Versicherungsprämien verwenden werden.

2 Ein allgemeinerer Ansatz: Versicherung auf unvollständigen Märkten und das Unterinvestitionsproblem

2.1 Versicherungen, Optionen und Marktvollständigkeit

Bisher ist die Existenz von Versicherungen auf einem vollständigen Markt als gegeben vorausgesetzt worden, und der Zusammenhang zwischen Versicherung und Marktvollständigkeit wurde nicht näher problematisiert. Vor dem Hintergrund unvollständiger Märkte stellt sich die Frage, inwiefern Versicherungen zu einer Vervollständigung des Marktes beitragen können.[214] Unter Marktvervollständigung ist zu verstehen, daß sich das Spektrum der möglichen Konsumpositionen für **alle** Marktteilnehmer vergrößert. Diesbezüglich ist eine gedankliche Dekomposition sinnvoll, indem das reine Angebot von Versicherungen und der getätigte Versicherungsabschluß durch ein versicherungsnachfragendes Unternehmen im Hinblick auf die Marktvollständigkeit differenziert behandelt werden.

■ **Angebot von Versicherungen und Marktvollständigkeit:**

Konkret geht mit dem Angebot von Versicherungen eine Vervollständigung des Marktes einher, wenn dadurch Zahlungsströme erzeugt werden, die vorher auf dem Kapitalmarkt nicht generiert werden konnten. Zur Verdeutlichung dieses Phänomens sei beispielhaft

---

[212] Die Versicherungsleistung fällt teilweise den Aktionären zu, so daß diese auch einen Teil der Versicherungsprämie übernehmen.

[214] Zu einem Überblick zur Versicherungsentscheidung auf unvollständigen Märkten vgl. Doherty/Schlesinger (1983), S. 1045 ff., und Nickel (1995), S. 205 ff.

ein Kapitalmarkt modelliert, auf dem nur ein einziger Finanzierungstitel (FT1) zu einem Preis von 67,5 GE gehandelt wird. Es werden zwei gleichwahrscheinliche zukünftige Umweltzustände unterschieden, wobei in Zustand 1 (=S1) eine Einzahlung von 100 GE und in Zustand 2 (=S2) eine Einzahlung in Höhe von 50 GE erfolgt. Die um 50 GE geringere Einzahlung in S2 sei vollständig auf den Eintritt eines versicherbaren Schadens in Höhe von 50 GE zurückzuführen.[215]

	S1	S2	P
FT1	100	50	67,5

Tabelle 1: Zahlungscharakteristika von FT1.

Dieser Markt ist offensichtlich unvollständig, da die Anzahl der Umweltzustände die Anzahl der auf dem Markt verfügbaren Finanzierungstitel übersteigt. Es besteht nun zusätzlich die Möglichkeit, eine Versicherung (=FT2) abzuschließen, die bei Eintritt des Schadens in S2 eine Einzahlung in Höhe von 50 GE gewährleistet. Es wird eine Versicherungsprämie in Höhe von 22,5 GE unterstellt, die in dem hier gewählten Beispiel dem diskontierten Erwartungswert des Schadens entsprechen soll. Die obige Matrix vervollständigt sich wie folgt:

	S1	S2	P
FT1	100	50	67,5
FT2	0	50	22,5

Tabelle 2: Zahlungscharakteristika von FT1 u. FT2.

Damit das hinzugekommene Angebot von FT2 zu einer Vervollständigung des Marktes führt, müssen zwei notwendige Bedingungen erfüllt sein:

- FT1 und FT2 müssen linear unabhängig sein;

---

[215]   Die Marktpreise P werden als gegeben unterstellt.

■   FT2 muß uneingeschränkt handelbar sein.[216]

Auch ohne rechnerischen Nachweis ist leicht erkennbar, daß das Erfordernis der linearen Unabhängigkeit erfüllt ist. Als problematisch erweist sich hingegen die uneingeschränkte Handelbarkeit von Versicherungsverträgen, die erfordert, daß der Versicherungsvertrag uneingeschränkt auf dem Kapitalmarkt gehandelt werden kann und insbesondere **jeder** Marktteilnehmer die Möglichkeit hat, den Versicherungsvertrag zu erwerben. Dem steht das versicherungsspezifische Charakteristikum der eingeschränkten Marktgängigkeit entgegen, die daraus resultiert, daß Versicherungen individuell zwischen dem Versicherungsunternehmen und dem Versicherungsnehmer abgeschlossen werden und nicht auf dem Markt gehandelt und an Dritte übertragen oder veräußert werden können.[217] Demnach gewährleistet das Angebot des Versicherungsvertrages nur aus der Sicht des potentiellen Versicherungsnehmers (hier: Unternehmen, dessen Finanzierungstitel (FT1) auf dem Markt gehandelt wird) eine Marktvervollständigung. Im Hinblick auf alle übrigen Kapitalmarktteilnehmer vermag das Angebot von Versicherungen aufgrund der fehlenden Marktgängigkeit nicht unmittelbar zu einer Vervollständigung des Marktes beizutragen.[218]

Vor dem Hintergrund der Marktunvollständigkeit und der damit verbundenen Sorge um die praktische Anwendbarkeit des Zustands-Präferenz-Modells hat erstmals ROSS aufgezeigt, daß auf dem Markt zusätzliche Finanzierungstitel geschaffen werden können, die zur Vervollständigung des Marktes führen.[219] Hierbei handelt es sich um derivative Finanzierungstitel, die von den Investoren auf dem Sekundärmarkt generiert werden können.[220] Es ist in Anlehnung an das gewählte Beispiel insbesondere möglich, die

---

[216]   Die Handelbarkeit von FT1 wird als gegeben angenommen und nicht weiter problematisiert.

[217]   "...Versicherungsverträge sind eben **nicht** Finanzierungstitel, die allgemein am Kapitalmarkt gehandelt werden können." Vgl. Breuer (1992), S. 621 f., und Breuer (1994), S. 261 ff.

[218]   Als Grund für die eingeschränkte Marktgängigkeit wird beispielsweise der hohe informationelle Aufwand zwischen Versicherungsunternehmen und Versicherungsnachfragern angeführt, vgl. Breuer (1992), S. 625.

[219]   Vgl. Ross (1976), S. 75 ff.

[220]   Zur praktischen Anwendbarkeit des Zustands-Präferenz-Modells unter besonderer Berücksichtigung der Marktvervollständigung durch Optionen vgl. Wosnitza (1995b), S. 698 ff.

91

Zahlungsstruktur der Versicherung (FT2) durch eine Verkaufsoption (=VO) nach-
zubilden.[221] Eine Verkaufsoption mit dem Basisobjekt FT1 und einem Ausübungspreis
in Höhe von 100 GE führt in beiden Zuständen zu gleich hohen Zahlungen wie der
Versicherungsvertrag FT2. In S1 wird die Verkaufsoption nicht ausgeübt, und in S2
beträgt der Wert der Option 50 GE. Um dem Erfordernis der Arbitragefreiheit zu genügen, müssen der Versicherungsvertrag und die Verkaufsoption aufgrund ihrer identischen Zahlungsstruktur auch den gleichen Preis haben. Für den Kapitalmarkt gilt:

	S1	S2	P
FT1	100	50	67,5
VO1	0	50	22,5

Tabelle 3: Zahlungscharakteristika von FT1 und VO1.

Im Hinblick auf die Marktvollständigkeit ergibt sich durch die Berücksichtigung der
eingeschränkten Marktgängigkeit von Versicherungen ein Dilemma: Wenn der Markt bei
Existenz von Versicherungen vollständig ist, dann ist er es auch ohne Berücksichtigung
der Versicherungsverträge, da die eingeschränkte Marktgängigkeit einer Vervollständigung entgegensteht. Aus dem Angebot von Versicherungen resultiert eine Übervollständigkeit des Marktes. Wenn hingegen die eingeschränkte Marktgängigkeit durch
Optionsgeschäfte geheilt werden kann, dann ist ebenfalls die (zusätzliche) Existenz von
Versicherungen unbegründet. In beiden Fällen ist der Versicherungsvertrag redundant,
und den Marktteilnehmern werden keine neuen Konsumpositionen eröffnet. Dieses
Ergebnis gilt immer dann, wenn von Kosten der Informationsbeschaffung abgesehen und
ausschließlich auf den monetären Schadenausgleich seitens der Versicherung abgestellt
wird. Verbrieft der Versicherungsvertrag über den reinen Schadenausgleich hinaus noch
weitere Versicherungsleistungen wie beispielsweise die Schadenabwicklung oder das
Einklagen von Forderungen für den Geschädigten, dann ist eine unmittelbare Vergleich-

[221] Optionen führen nur dann zu einer Vervollständigung des Marktes, wenn sie nicht in dem Sinne
redundant sind, daß sie durch Kombinationen von anderen am Markt verfügbaren Finanzierungstiteln dupliziert werden können. Zu dieser Problematik vgl. Hirt (1994), S. 15 f.

barkeit von Versicherungen mit Optionen nicht mehr gegeben.[222] Für den potentiellen Versicherungsnehmer können sich dann durch das Angebot von Versicherungsverträgen neue Konsumpositionen eröffnen.

■ **Versicherungsabschluß und Marktvollständigkeit:**

Während das reine individuelle Angebot einer Versicherung unmittelbar nur dem potentiellen Versicherungsnachfrager eine Steigerung seiner Konsumpositionen eröffnen kann, stellt sich weiterführend die Frage, ob der getätigte Versicherungsabschluß durch den Versicherungsnehmer Implikationen für die Vollständigkeit des gesamten Marktes aufweisen kann. Diesbezüglich ist zu konstatieren, daß die Versicherung bei dem Versicherungsnehmer eine Minderung der Variabilität zukünftiger Einzahlungen bewirkt. Mit dieser Risikominderung kann eine "gedankliche" Reduktion zukünftiger Umweltzustände einhergehen, so daß in diesem Sinne der Versicherungsabschluß zu einem höheren Grad an Marktvollständigkeit beitragen kann. Bezogen auf das obige Beispiel bedingt ein Versicherungsabschluß, daß der Finanzierungstitel FT1 in beiden Zuständen eine Einzahlung von 100 GE gewährleistet und die Investition in $FT1_i$ eine sichere Position darstellt.[223]

	S1=S2	P
$FT1_i$	100	90

Tabelle 4: Zahlungscharakteristika der versicherten Unternehmung.

Sofern man unterstellt, daß für den Nutzen der Marktteilnehmer nicht unmittelbar der Umweltzustand, sondern ausschließlich die zustandsbedingte Einzahlungshöhe relevant ist, und die Finanzierungstitel der Versicherungsunternehmung (zunächst) nicht auf dem hier betrachteten Kapitalmarkt gehandelt werden, dann ist eine Differenzierung unter-

---

[222] Bei einigen Unternehmen ist der Versicherungsabschluß ausschließlich durch Serviceleistungen bei der Schadenabwicklung motiviert, vgl. Doherty/Smith (1993), S. 15. Zu den Leistungen von Versicherungen vgl. Skogh (1991), S. 60 f., und ders. (1989), S. 727.

[223] Bei dem Preis von $FT1_i$ sind die Ausgaben für die Versicherung zu berücksichtigen.

schiedlicher Zustände bei gleich hohen Einzahlungen nicht mehr notwendig. Es kann eine "gedankliche" Reduktion der für die Anleger relevanten Zustände vorgenommen werden, die sich ausschließlich in ihrer Einzahlungshöhe unterscheiden. Übertragen auf das obige Beispiel ist für die Konsumposition des Anlegers gedanklich nur noch ein Umweltzustand mit einer Einzahlung in Höhe von 100 GE relevant. Dies läßt sich dahingehend interpretieren, daß die Anzahl der relevanten Zustände der Anzahl der Finanzierungstitel entspricht. Der Abschluß einer Versicherung gewährleistet in diesem Sinne eine Vollständigkeit des Marktes.[224] Im Gegensatz zum üblichen Verständnis von Marktvervollständigung, die in der Regel durch ein zusätzliches Angebot von uneingeschränkt marktgängigen Finanzierungstiteln möglich wird, erfolgt in diesem Szenario eine Vervollständigung durch Dispositionen auf der Ebene der Unternehmung, die sich auf die für die Anleger relevanten Umweltzustände auswirken.

Eine differenziertere Betrachtung ist notwendig, wenn man berücksichtigt, daß oftmals auch die Finanzierungstitel des Versicherungsunternehmens auf dem Kapitalmarkt gehandelt werden. Dies führt dazu, daß versicherungsbedingte Einzahlungserhöhungen beim Versicherungsnehmer genau durch entsprechende Einzahlungsminderungen bei dem Versicherungsunternehmen kompensiert werden. Die Höhe der aggregierten Einzahlungen in den jeweiligen Zuständen ändert sich nicht, und damit erfahren auch die zustandsbedingten Preise keine Änderung. In diesem Szenario bleiben die Konsumpositionen der Marktteilnehmer von dem Versicherungsabschluß unberührt, so daß sich der Versicherungsabschluß nicht auf die Vollständigkeit des Marktes auswirkt.[225]

Zusammenfassend bleibt festzustellen, daß das reine Angebot von Versicherungen nur das individuelle Spektrum möglicher Konsumpositionen erhöht und dies auch nur unter der Voraussetzung, daß nicht schon vorher die Möglichkeit eines adäquaten Optionsgeschäftes bestanden hat. Eine Relevanz im Hinblick auf eine Vervollständigung des

---

[224] Dieser Effekt läßt sich auch an komplexeren Beispielen mit einer höheren Anzahl von Finanzierungstiteln und Umweltzuständen demonstrieren.

[225] Dieses Ergebnis läßt sich auf eine Marktgleichgewichtsbetrachtung im Sinne des CAPM übertragen, in dem Versicherungsverträge überflüssig sind. Zur Herleitung des CAPM auf Grundlage der Arbitragetheorie vgl. erstmals Mossin (1966), S. 768 ff. Zu jüngeren Darstellungen vgl. Franke/Hax (1994), S. 377 ff., und Kruschwitz (1995), S. 181 ff. Zur Redundanz von Versicherungsentscheidungen vor dem Hintergrund des CAPM vgl. Grillet (1993b), S. 19, und Doherty (1985), S. 158 f.

gesamten Marktes kann dem Versicherungsabschluß in dem Sinne zukommen, daß unter den oben genannten Voraussetzungen eine gedankliche Reduktion der Anzahl zukünftig relevanter Umweltzustände möglich wird. Dieser Fall bildet im Rahmen einer Partialbetrachtung die Grundlage für die nachfolgende Untersuchung.

2.2 Kapitalmarkttheoretische Betrachtung unter expliziter Berücksichtigung von reinen und spekulativen Risiken

2.2.1 Modellrahmen und das Bewertungsproblem von Zahlungsströmen im erweiterten Zustandsraum

Die nachfolgende Analyse zeichnet sich im Vergleich zu der bisherigen Modellierung im wesentlichen durch zwei Änderungen aus.[226] Zum einen wird der Betrachtungszeitraum um eine Periode auf drei Zeitpunkte erweitert, die mit $t=-1$, $t=0$ und $t=1$ bezeichnet werden. Das Unternehmen trifft in $t=-1$ und $t=0$ Finanzierungs- und Investitionsentscheidungen, deren monetäre Konsequenzen sich in $t=1$ offenbaren. Zum anderen wird der Zustandsraum Ω dahingehend erweitert, daß er aus der Kombination von zwei unabhängigen Zustandsmengen Ω_G und Ω_S gebildet wird. Der erweiterte Zustandsraum wird mit Ω_E bezeichnet.

Die Erweiterung des Zustandsraumes erfolgt gemäß der Zielsetzung, eine Unabhängigkeit von spekulativen und reinen Risiken zu gewährleisten, um die Absicherung des reinen Risikos mittels Versicherungen explizit hervortreten zu lassen. Die modelltechnische Separierung von reinen und spekulativen Risiken impliziert auch eine Unabhängigkeit im statistischen Sinne. Formal wird diese Trennung dadurch gewährleistet, daß Zahlungen in den Zuständen $\omega_G \in \Omega_G$ von dem Eintritt versicherbarer Schäden unbeeinflußt bleiben, so daß Zahlungsschwankungen über die Zustandsmenge Ω_G ausschließlich das spekulative Risiko abbilden. Hingegen hängt die Höhe des versicherbaren Schadens von dem Eintritt des Zustandes $\omega_S \in \Omega_S$ ab. Eine Kombination von ω_S und ω_G verknüpft beispielsweise eine Einzahlung aus einem Investitionsprojekt mit dem Eintritt eines

---

[226]   Zu den nachfolgenden Ausführungen vgl. MacMinn (1994).

versicherbaren Schadens.[227] Formal gilt:

$$\omega_E \equiv (\omega_G, \omega_S) \in \{\Omega_G \times \Omega_S\} \equiv \Omega_E. \qquad (4.29)$$

Mit:

ω_E = Zustand, der durch eine Kombination von ω_G und ω_S determiniert wird. Die Menge Ω_E besteht aus der Gesamtheit aller Zustände $\omega_E \in [\omega_{E1}, \omega_{EQ}]$.

Das Konzept der Zustandserweiterung läßt sich an der Höhe des Endvermögens (II) der Unternehmung veranschaulichen. Das Endvermögen (II) hängt nicht mehr nur von dem Eintritt eines einzigen Zustandes ω ab, sondern von den Zuständen ω_G und ω_S, die die genaue Höhe der Netto-Einzahlungen ohne versicherbare Schäden (G) und separat davon die Höhe der Versicherungsschäden (S) bestimmen:

$$\Pi(I, \omega_E) = G(I, \omega_G) - S(\omega_S). \qquad (4.30)$$

Etwas allgemeiner läßt sich ω_G auch als Ausprägung eines Konjunktur- oder Markt-indexes interpretieren. Entsprechend kann ω_S als Index für versicherbare Schäden gedeutet werden, wobei mit steigender Indexhöhe der Schaden zunimmt. Bezüglich des hier betrachteten versicherbaren Risikos sei angenommen, daß es sich ausschließlich um unsystematisches Risiko handelt.[228]

Des weiteren wird unterstellt, daß der Markt im Hinblick auf die Zustandsmenge Ω_G vollständig ist, so daß für jeden Zustand ω_G zustandsbedingte Preise $p(\omega_G)$ existieren, die analog zur bisherigen Modellierung ausschließlich bei Eintritt eines bestimmten Zustandes ω_G eine Zahlung von einer Geldeinheit verbriefen.[229] Es wird deutlich, daß die Berücksichtigung von zwei unabhängigen Zustandsmengen ein Bewertungsproblem für

---

[227] In der bisherigen Darstellung wurde der versicherbare Schaden bereits in den Investitionseinzahlungen berücksichtigt.

[228] Es ist empirisch nachgewiesen, daß versicherbare Risiken vornehmlich von unsystematischer Natur sind.

[229] Die ad hoc unterstellte "partielle Vollständigkeit" dient vornehmlich der Didaktik, weil diese Annahme den Zusammenhang zwischen Versicherung und Marktvollständigkeit deutlich hervortreten läßt.

zukünftige Zahlungsströme verursacht, weil jedes beliebige ω_G mit einer unterschiedlich hohen Schadenhöhe einhergehen kann. Wenn der Schadenindex beispielsweise für einen Wertebereich von 0 bis S_{max} definiert ist, kann bei einem gegebenen ω_G das Endvermögen der Unternehmung Werte zwischen $\Pi(I,\omega_G,0)$ und $\Pi(I,\omega_G,S_{max})$ annehmen. Die explizite Berücksichtigung von reinen Risiken impliziert innerhalb dieser Modellierung eine Marktunvollständigkeit, so daß eine Bewertung des zukünftigen Endvermögens auf der Grundlage der zustandsbedingten Preise $p(\omega_G)$ nicht ohne weiteres möglich ist.[230] Graphisch läßt sich dieses Problem folgendermaßen veranschaulichen:

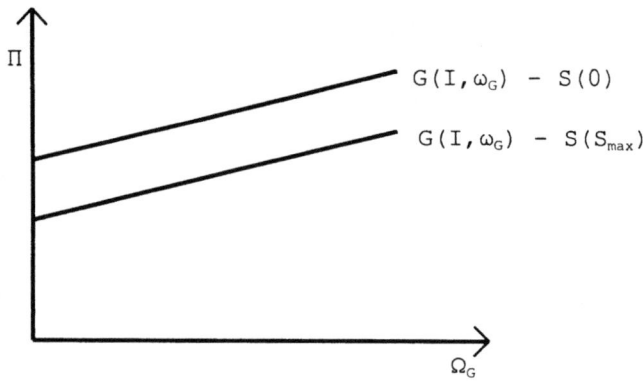

Abbildung 6: Bewertungsproblem bei Marktunvollständigkeit.

2.2.2 Lösungen für das Bewertungsproblem

Eine Bewertung des zukünftigen Endvermögens auf Grundlage der zustandsbedingten Preise $p(\omega_G)$ ist möglich, wenn in jedem Zustand ω_G die Einzahlung sicher ist und sich die Unsicherheit lediglich darauf beschränkt, welcher Zustand genau eintreten wird. Dies kann dadurch erreicht werden, daß die versicherbaren Schäden durch die Anleger oder durch die Unternehmung vollständig abgesichert werden. Voraussetzung für die Absicherung des Schadenrisikos durch die Anleger ist, daß sie über geeignete Absicherungs-

---

[230] Die Anzahl der Zustandskombinationen (ω_G,ω_S) ist größer als die auf dem Markt verfügbaren Finanzierungstitel.

instrumente verfügen und einen Anreiz dazu haben, sich gegen die versicherbaren Risiken abzusichern.

Als Absicherungsinstrumente dienen den Anlegern Kauf- und Verkaufsoptionen, die folgende Eigenschaften aufweisen:

- Die Optionen beziehen sich auf den Kauf/Verkauf der gesamten Aktien der Unternehmung in $t=1$;

- Der Ausübungspreis (A) der Optionen wird in Abhängigkeit der Zustände ω_G festgelegt, d. h. für jeden Umweltzustand gilt ein separater Ausübungspreis (=zustandsbedingter Ausübungspreis);

- Kauf- und Verkaufsoptionen weisen einen identischen Ausübungspreis in Höhe des zustandsbedingten Erwartungswertes des Endvermögens der Unternehmung auf. Es gilt:

$$A(\omega_G) = E(\Pi(\omega_E)|\omega_G)$$

$$= G(\omega_G) - E(S).$$
(4.31)

Der Erwartungswert des Endvermögens in Zustand ω_G setzt sich zusammen aus den zustandsbedingten Einzahlungen ohne Berücksichtigung des reinen Risikos ($G(\omega_G)$) abzüglich des Erwartungswertes der versicherbaren Schäden ($E(S)$);

- Der zustandsbedingte Ausübungspreis $A(\omega_G)$ entspricht zugleich dem Preis eines auf dem Markt verfügbaren Forwards, der im Hinblick auf Underlying und Laufzeit identisch mit den Optionen ist. Diese Annahme gewährleistet, daß aus Gründen der Arbitragefreiheit die zur Verfügung stehenden Kauf- und Verkaufsoptionen denselben Preis haben.[231] Der Identität der Preise von Kauf- und Verkaufsoptionen bei einem Ausübungspreis in Höhe des erwarteten Endvermögens wohnt implizit die Annahme inne, daß das versicherbare Risiko ausschließlich

---

[231] Dies folgt aus der Put-Call-Forward-Parität, vgl. Cox/Rubinstein (1985), S. 61 ff. Zu einem Beweis vgl. Anhang 1.

98

unsystematischer Natur ist und auf dem betrachteten Markt die Möglichkeit der Diversifikation besteht.[232]

Die Kauf- und Verkaufsoptionen gewährleisten den Anlegern in geeigneter Zusammenstellung eine vollständige Absicherung des reinen Risikos. Hierzu sei folgendes Portefeuille betrachtet: Der Anleger hält sämtliche Aktien der Unternehmung, kauft eine Verkaufsoption und verkauft eine Kaufoption. In t=1 erfolgt folgende Zahlung:[233]

$$\Pi(\omega_E) + \max[0, A(\omega_G) - \Pi(\omega_E)] - \max[0, \Pi(\omega_E) - A(\omega_G)] = A(\omega_G)$$

$$= G(\omega_G) - E(S).$$

(4.32)

Dieses Portefeuille gewährleistet unabhängig von der Zustandskombination $(\omega_G, \omega_S) \rightarrow (\omega_E)$ stets eine Einzahlung in Höhe des Ausübungspreises der Optionen $(A(\omega_G))$. Der Anleger erhält mit Sicherheit den zustandsbedingten Erwartungswert des Endvermögens der Unternehmung.

Vor dem Hintergrund der Risikoaversion des Anlegers und der hier geltenden Identität der Preise von Verkaufs- und Kaufoption ist gewährleistet, daß der Anleger bei Verfügbarkeit der Kauf- und Verkaufsoptionen von der aufgezeigten Absicherungsstrategie Gebrauch machen wird. Der Anleger realisiert mit diesem Portefeuille mit Sicherheit den Nutzen des erwarteten Endvermögens U(E(Π)), der bei konkaver Nutzenfunktion höher ist als der Erwartungswert des Nutzens EU(E(Π)), den der Anleger bei Verzicht auf die Absicherung realisiert.[234] Durch dieses Anlegerverhalten wird das Bewertungsproblem gelöst, und der Marktwert der Aktien in t=0 läßt sich folgendermaßen berechnen:

---

[232] Diese Annahme rechtfertigt bei risikoaversen Marktteilnehmern einen Ausübungs- und Forwardpreis in Höhe des Erwartungswertes des Endvermögens. Zur Ermittlung von Forwardpreisen vgl. Hull (1997), S. 45 ff.

[233] Die Annahme, daß der betrachtete Anleger sämtliche Aktien an der Unternehmung hält, dient der Vereinfachung, ohne die ökonomischen Modellimplikationen zu beeinträchtigen.

[234] Dieser Sachverhalt geht auf Jensen's Ungleichung zurück, vgl. Laux (1990), S. 39.

$$SH_0 = \int_{\omega_{G0}}^{\omega_{GM}} p(\omega_G) E(\Pi \mid \omega_G) d\omega_G = \int_{\omega_{G0}}^{\omega_{GM}} p(\omega_G)[(G(\omega_G) - E(S)] d\omega_G. \tag{4.33}$$

Mit:

$\omega_G \in \Omega_G = [\omega_{G0}, \omega_{GM}].$

Um den Marktwert für den Zeitpunkt t=-1 zu bestimmen, muß S_0 mit dem sicheren Zinssatz diskontiert werden. Mit ρ_{-1} als Diskontierungsfaktor, der sich als Summe der zustandsbedingten Zahlungen $p(\omega_G)$ über alle Zustände ω_G berechnen läßt, gilt für SH_{-1}:

$$SH_{-1} = \rho_{-1} \int_{\omega_{G0}}^{\omega_{GM}} p(\omega_G)[(G(\omega_G) - E(S)] d\omega_G. \tag{4.34}$$

Alternativ zu der Absicherungsstrategie der Anleger kann auch auf der Ebene der Unternehmung eine Absicherung erfolgen. Das Unternehmen hat zur Absicherung der reinen Risiken die Möglichkeit, eine Versicherung in t=-1 abzuschließen.[235] Der Marktwert der versicherten Unternehmung beträgt:

$$SH_{-1}^{i} = -VP_{-1} + \rho_{-1} \int_{\omega_{G0}}^{\omega_{GM}} p(\omega_G) G(\omega_G) d\omega_G. \tag{4.35}$$

Das reine Risiko kann sowohl durch die Absicherungsstrategie der Anleger als auch durch den Versicherungsabschluß seitens der Unternehmung vollständig eliminiert werden. Anleger würden daher für die Aktien der versicherten Unternehmung nicht mehr bezahlen als für Aktien der unversicherten Unternehmung, weil sie durch eine selbstfinanzierende Portefeuillezusammenstellung denselben Absicherungseffekt erzielen können. Aus arbitragetheoretischen Überlegungen folgt daraus, daß der Marktwert der versicherten Unternehmung gleich dem Marktwert der unversicherten Unternehmung sein muß.[236] Aus der Identität von SH_{-1} und SH_{-1}^{i} folgt für die Höhe der Versicherungsprämie VP_{-1}:

---

[235] Aufgrund der eingeschränkten Marktgängigkeit können die Versicherungsverträge nicht von den Anlegern/Aktionären erworben werden.

[236] Die Versicherung respektive die Optionen haben zu einer Vervollständigung des Marktes geführt.

$$VP_{-1} = \rho_{-1} \int_{\omega_{G0}}^{\omega_{GN}} p(\omega_G) E(S) d\omega_G$$

$$= \rho_{-1} \rho_0 E(S). \tag{4.36}$$

Bei Existenz der oben spezifizierten Kauf- und Verkaufsoptionen entspricht die Versicherungsprämie dem Barwert des für t=1 erwarteten Schadens. In formaler Hinsicht wird der Erwartungswert des Schadens mit dem sicheren Zins für zwei Perioden diskontiert. Die Diskontierungsfaktoren ρ_{-1} und ρ_0 entsprechen sich in der hier gewählten Modellierung. Die Versicherungsprämie ist damit gleich dem Barwert der "fairen" Prämie.[237] Als wichtiges Zwischenergebnis dieser Partialbetrachtung ist festzustellen, daß der Abschluß einer Versicherung seitens der Unternehmung für den Eigenkapitalgeber eine Vervollständigung des Marktes impliziert, so daß eine Bewertung zukünftiger Zahlungsströme und damit auch die Bestimmung der Versicherungsprämie möglich wird.

Alternativ zu dem Versicherungsabschluß kann das Unternehmen die reinen Risiken auch durch geeignete Optionsgeschäfte eliminieren. Hierzu sei unterstellt, daß auf dem Markt Verkaufsoptionen mit einem zustandsbedingten Ausübungspreis in Höhe von $G(\omega_G)$ verfügbar sind. Der Kauf dieser Optionen führt in t=1 zu einer Einzahlung in Höhe von:[238]

$$\Pi(\omega_E) + \max[0, G(\omega_G) - \Pi(\omega_E)] = G(\omega_G). \tag{4.37}$$

Hieraus folgt für den Marktwert der Unternehmung:

$$SH_{-1} = -VO_{-1} + \rho_{-1} \int_{\omega_{G0}}^{\omega_{GM}} p(\omega_G) G(\omega_G) d\omega_G \tag{4.38}$$

---

[237] Eine Prämie in Höhe des Erwartungswertes des Schadens wird als faire Prämie bezeichnet. Zur Prämienberechnung vgl. Farny (1995), S. 44.

[238] Die Anleger haben auch die Möglichkeit, das reine Risiko durch die hier aufgezeigte Strategie zu eliminieren, und müssen nicht - wie oben dargestellt - Kauf- **und** Verkaufsoptionen verwenden. Der reine Kauf der Verkaufsoptionen würde jedoch die Konsumposition der Anleger in t=-1 verändern, so daß die Anleger ceteris paribus die selbstfinanzierende Absicherungsstrategie wählen.

Die Zahlungscharakteristika von Versicherungen können durch die Verkaufsoption exakt nachgebildet werden. Vor dem Hintergrund der Arbitragefreiheit muß demnach der Preis der Verkaufsoption der Versicherungsprämie entsprechen.[239] Ein Vergleich der Absicherungsstrategien auf der Ebene der Unternehmung mit der selbstfinanzierenden Absicherungsstrategie der Anleger offenbart, daß das Transaktionsvolumen bei der Absicherung durch die Anleger größer ist, als wenn das Unternehmen Absicherung betreibt.[240] Vor diesem Hintergrund ist zu vermuten, daß unter Berücksichtigung von Transaktionskosten die Absicherung auf der Unternehmensebene günstiger sein wird. Hiermit läßt sich eine Vorteilhaftigkeit der Absicherung durch das Unternehmen begründen.[241]

2.2.3 Versicherung und Investitionsentscheidungen

2.2.3.1 Spezifizierung und Sequenz der Finanzierungs- und Investitionsentscheidungen

Die Ausführungen über das Unterinvestitions- und Risikoanreizproblem haben deutlich werden lassen, daß die Versicherungsentscheidung einen Einfluß auf Finanzierungs- und Investitionsentscheidungen der Unternehmung ausüben kann. In der nachfolgenden Analyse wird das Unterinvestitionsproblem erneut aufgegriffen, um in allgemeinerer Form die Interdependenzen zwischen Versicherung, Finanzierung und Investition hervortreten zu lassen. Diese Darstellung unterscheidet sich von den vorherigen Ausführungen zum Unterinvestitionsproblem nicht nur durch die explizite Separation von reinen und spekulativen Risiken, sondern vor allem auch darin, daß im Rahmen einer Mehrperiodenbetrachtung erst in einem Zeitpunkt nach der ursprünglichen Finanzierungs- und Investitionsentscheidung der Anreiz zu suboptimalen Investitionsent-

---

[239] Diese Identität wurde bereits in den Ausführungen zur Marktvollständigkeit und Versicherung hergeleitet.

[240] Das Transaktionsvolumen der Anleger ist in der hier gewählten Modellierung genau doppelt so groß.

[241] Eine Verifizierung dieser Aussage setzt voraus, daß explizit Transaktionskosten in der Analyse berücksichtigt werden.

102

scheidungen evident wird.[242] Konkret werden in den Zeitpunkten t=-1, t=0 und t=1 folgende Entscheidungen getroffen:

- **t=-1:** Das Unternehmen tätigt eine Investition I_{-1}, die ausschließlich durch die Ausgabe von Bonds mit einer Rückzahlung in Höhe von B in t=1 finanziert wird. Simultan wird eine Versicherungsentscheidung getroffen, die in der Festlegung der (absoluten) Selbstbeteiligungshöhe ß ihren Ausdruck findet. Die Fremdkapitalaufnahme in Form von Zero-Bonds und der Versicherungsabschluß bilden zusammen die Finanzierungsentscheidung F mit F(B,ß).

- **t=0 :** Das Unternehmen trifft erneut eine Investitionsentscheidung I_0, die ausschließlich durch die Ausgabe neuer Aktien (= SH^n_0) vollständig eigenfinanziert wird. Es gilt: $I_0=SH^n_0$.

- **t=1 :** Es erfolgen die Rückzahlung der Bonds (B) und die Einzahlungen aus den Investitionen I_{-1} und I_0.

Der Wert von Finanzierungstiteln hängt nicht nur von Entscheidungen ab, die im Zeitpunkt der Emission gefällt werden, sondern wird insbesondere auch von unternehmerischen Entscheidungen determiniert, die während der Laufzeit der Titel erfolgen. Diesem Gesichtspunkt wird dadurch Rechnung getragen, daß die Bonds eine Laufzeit von zwei Perioden aufweisen, innerhalb derer eine erneute Investitionsentscheidung seitens der Unternehmung erfolgt. Es sei unterstellt, daß die Markteilnehmer rationale Erwartungen haben, so daß mögliche Interdependenzen zwischen der Finanzierungsentscheidung F(B,ß) und der Investitionsentscheidung I_0 in die Bewertung der Aktien- und Fremdkapitalmarktwerte einfließen. Als Analyseziel dieser Mehrperiodenbetrachtung gilt es herauszustellen, inwiefern sich die Finanzierungs- und Investitionsentscheidungen gegenseitig beeinflussen, welche Bedeutung der Versicherung im Hinblick auf diese Interdependenzen innewohnt und ob auf der Ebene der Unternehmung ein Anreiz zum Abschluß von Versicherungen besteht.

---

[242] In der Realität dürfte es eher selten sein, daß unmittelbar nach der Fremdkapitalaufnahme suboptimal investiert wird, da diese Investition (im Gegensatz zu den nachfolgenden) für die Fremdkapitalgeber meistens noch beobachtbar ist.

2.2.3.2   Bewertung von Aktien- und Bondmarktwerten und das Unterinvestitionsproblem

Ausgehend von den zu erwartenden Einzahlungen in t=1 werden die Marktwerte der Bonds und der Aktien für den Zeitpunkt t=0 bestimmt. Die Investitionsentscheidungen I_{-1} und I_0 werden dabei zunächst als exogen gegeben unterstellt. Ferner gilt, daß die Bonds ausfallbedroht sind, wobei eine verminderte Rückzahlung ausschließlich auf den Eintritt versicherbarer Schäden zurückzuführen ist. Gegen versicherbare Schäden, die in t=1 mit einer Wahrscheinlichkeit in Höhe von Θ eintreten, schließt das Unternehmen eine Versicherung mit einer absoluten Selbstbeteilung in Höhe von ß ab.[243] Hierbei ist zu berücksichtigen, daß die Selbstbeteiligung ß kleiner ist als die niedrigste Schadenausprägung S_{min} (= ß∈[0,S_{min})).[244] Das für t=1 erwartete Endvermögen der Unternehmung beträgt in t=0:

$$\Pi = G(I,\omega_G) - \Theta\, S(\omega_S) + \Theta\, \max(0, S(\omega_S) - \beta)$$

$$= G(I,\omega_G) - \Theta\, \beta. \tag{4.39}$$

Graphisch stellen sich die Einzahlungscharakteristika in t=1 folgendermaßen dar:

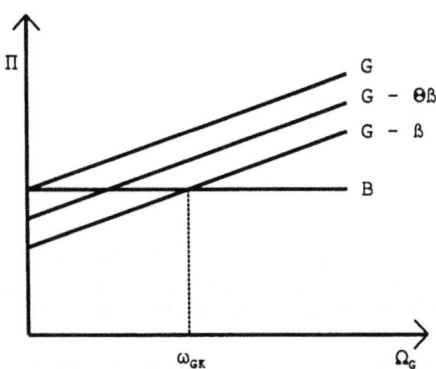

Abbildung 7: Einzahlungscharakteristika bei Fremdfinanzierung und Versicherung.

---

[243]   Die zustandsbedingten Schäden $S(\omega_S)$ treten mit einer zustandsunabhängigen Wahrscheinlichkeit Θ auf. Lediglich die Schadenhöhe sei zustandsabhängig.

[244]   Diese unkritische Annahme erleichtert den Formalismus.

Die Menge der Insolvenzzustände besteht aus $\omega_G \in [\omega_{G0}, \omega_{GK}]$ mit $G(I, \omega_{GK}) - \beta - B = 0$. In den Zuständen $\omega_G \geq \omega_{GK}$ ist die Bondrückzahlung in Höhe von B sichergestellt. In den Insolvenzzuständen hingegen ist die Höhe der Rückzahlung von dem Eintritt versicherbarer Schäden abhängig. Die Rückzahlung hat in diesen Zuständen einen Erwartungswert in Höhe von $(1-\Theta)B + \Theta(G(I, \omega_G) - \beta)$. Die risikoaversen Inhaber der Bonds haben einen Anreiz dazu, durch geeignete Optionsgeschäfte diesen Erwartungswert zukünftiger Einzahlungen in den Insolvenzzuständen sicherzustellen.[245] Folglich gilt für den Marktwert der Bonds in t=0:

$$D_0 = \int_{\omega_{G0}}^{\omega_{GK}} p(\omega_G)[(1-\Theta)B + \Theta(G(I,\omega_G) - \beta)]d\omega_G + \int_{\omega_{GK}}^{\omega_{GM}} p(\omega_G)\, B\, d\omega_G. \qquad (4.40)$$

Die erwarteten Einzahlungen für die Aktionäre sind gleichfalls davon abhängig, ob ein Insolvenz- oder Solvenzzustand in t=1 eintritt. Im Fall der Insolvenz gehen die Aktionäre bei Eintritt eines Schadens leer aus, während sie eine Einzahlung in Höhe von $(G(I,\omega_G) - B)$ realisieren, wenn in diesen Zuständen kein Schaden auftritt. In den Solvenzzuständen $\omega_G \in (\omega_{GK}, \omega_{GM}]$ beträgt der Erwartungswert ihrer Einzahlungen $G(I,\omega) - \Theta\beta - B$.[246] Analog zu den Bondhaltern werden die Aktionäre durch geeignete Optionsgeschäfte den Erwartungswert zukünftiger Einzahlungen sicherstellen, so daß für den Marktwert der Aktien gilt:[247]

$$SH_0 = \int_{\omega_{G0}}^{\omega_{GK}} p(\omega_G)(1-\Theta)(G(I,\omega_G) - B)d\omega_G$$

---

[245] Analog zu den obigen Ausführungen, können die Bondhalter durch den Kauf von Verkaufsoptionen und den Verkauf von Kaufoptionen den Erwartungswert der Bondzahlungen in den Insolvenzzuständen sicherstellen. Der Ausübungspreis der Optionen muß gleich dem Erwartungswert der Einzahlungen in den Insolvenzuzuständen ($=(1-\Theta)B+\Theta(G-\beta)$) sein. Jensen's Ungleichung stellt sicher, daß risikoaverse Fremdkapitalgeber diese selbstfinanzierende Hedgingstrategie verfolgen werden, so daß eine Bewertung des Bondmarktwertes möglich ist.

[246] Dieser Erwartungswert errechnet sich aus $(1-\Theta)(G-B) + \Theta(G-\beta-B)$.

[247] Bei dieser Absicherungsstrategie ist zu beachten, daß für Insolvenz- und Solvenzzustände Optionen mit unterschiedlichen Ausübungspreisen ge- und verkauft werden müssen, weil die Erwartungswerte sich unterscheiden (Insolvenzzustände: $A= (1-\Theta)(G-B)$; Solvenzzustände: $A= G-\Theta\beta-B$).

$$+ \int_{\omega_{GK}}^{\omega_{GM}} p(\omega_G)(G(I,\omega_G) - \Theta\beta - B)d\omega_G. \tag{4.41}$$

Beide Marktwerte hängen maßgeblich von den Investitionsentscheidungen und der Finanzierungsentscheidung in t=-1 ab. Bei gegebenen Investitionsprojekten ist festzustellen, daß der Marktwert der Unternehmung unabhängig von dem Verschuldungsgrad ist. Nach geeignetem Umformen ergibt sich:

$$SH_0 + D_0 = \int_{\omega_{G0}}^{\omega_{GM}} p(\omega_G)(G(I,\omega_G) - \Theta\beta)d\omega_G. \tag{4.42}$$

Der rechte Ausdruck entspricht dem Marktwert der Aktien bei vollständiger Eigenfinanzierung.[248]

Die Unternehmung trifft in t=0 eine Investitionsentscheidung, die vollständig durch die Ausgabe neuer Aktien finanziert wird. Der Marktwert der Aktien (SH_0) beinhaltet damit den Marktwert der alten und der neuen Aktien ($SH_0 = SH^a_0 + SH^n_0$). Wegen $SH^n_0 = I_0$ gilt für den Marktwert der "alten" Aktien in t=0:

$$SH_0^a(I) = -I_0 + \int_{\omega_{G0}}^{\omega_{GK}} p(\omega_G)(1-\Theta)(G(I,\omega_G) - B)d\omega_G$$

$$+ \int_{\omega_{GK}}^{\omega_{GM}} p(\omega_G)(G(I,\omega_G) - \Theta\beta - B)d\omega_G. \tag{4.43}$$

Die Investitionsentscheidung in t=0 wird das - im Sinne der Aktionäre handelnde - Management der Unternehmung so wählen, daß der Marktwert der alten Aktien maximiert wird. Die Bedingung erster Ordnung für das optimale Investitionsvolumen I_0 lautet:[249]

---

[248]   Zur Irrelevanz der Kapitalstruktur vgl. Modigliani/Miller (1958), S. 261 ff.

[249]   Die Integrationsgrenze ω_{GK} ist implizit von den Investitionsvolumina I_{-1} und I_0 abhängig, so daß bei dieser Ableitung die Leibniz-Regel zur Anwendung kommt, vgl. Chiang (1992), S. 28 ff. Im Hinblick auf die Erfüllung der Bedingung zweiter Ordnung kann man sich nicht ausschließlich auf die Konkavität der Investitionsfunktion berufen. Eine Erhöhung des Investitionsvolumens ver-

$$\frac{\partial SH_0^{\,a}}{\partial I_0} = -1 + \int_{\omega_{G0}}^{\omega_{GK}} p(\omega_G)(1-\Theta)\frac{\partial G}{\partial I_0}d\omega_G + \int_{\omega_{GK}}^{\omega_{GM}} p(\omega_G)\frac{\partial G}{\partial I_0}d\omega_G$$

$$= -1 + \int_{\omega_{G0}}^{\omega_{GM}} p(\omega_G)\frac{\partial G}{\partial I_0}d\omega_G - \Theta \int_{\omega_{G0}}^{\omega_{GK}} p(\omega_G)\frac{\partial G}{\partial I_0}d\omega_G =! \ 0. \tag{4.44}$$

Um Aussagen über das Investitionsvolumen machen zu können, ist dieser Optimierungs-kalkül zu vergleichen mit dem Kalkül, der bei Maximierung des Aktien- und Bondmarkt-wertes zugrunde liegt. Hierfür gilt:

$$\frac{\partial(SH_0^{\,a} + D_0)}{\partial I_0} = -1 + \int_{\omega_{G0}}^{\omega_{GM}} p(\omega_G)\frac{\partial G}{\partial I_0}d\omega_G = 0. \tag{4.45}$$

Aus dem Vergleich der beiden Optimierungskalküle wird vor dem Hintergrund der Konkavität der Investitionsfunktion deutlich, daß bei ausschließlicher Maximierung des Marktwertes der "alten" Aktien weniger investiert wird als bei Maximierung des ge-samten Marktwertes der Unternehmung. Das Unternehmen neigt zur Unterinvestition.[250]

2.2.3.3 Interdependenzen zwischen Finanzierungs- und Investitionsentschei-dungen

Das Ausmaß der Unterinvestition wird maßgeblich von der Höhe der Bondforderungen und dem Versicherungsumfang, also von der Finanzierungsentscheidung F(B,ß) in t=-1, determiniert. Um modellendogen die Interdependenzen zwischen F(B,ß) und I_0 aufzeigen zu können, ist eine Funktion I_0(B,ß) zu ermitteln, anhand derer die Auswirkungen einer Veränderung der Fremdkapitalaufnahme und des Versicherungsumfanges auf das

---

mindert ω_{GK}, was sich ceteris paribus positiv auf die zweite Ableitung auswirkt. Die zweite Ableitung ist nur dann negativ, wenn der Einfluß des Investitionsvolumens auf die Insolvenz-zustände gering ist. Vgl. ausführlich dazu Anhang 2.

[250] Auf Investitionen, deren Erträge ausschließlich den Bondhaltern zufließen, wird verzichtet. Zu einer eingehenden Analyse des Unterinvestitionsproblems wird an dieser Stelle verzichtet und auf den ersten Abschnitt innerhalb dieses Kapitels verwiesen.

Investitionsvolumen untersucht werden können. Hierzu wird eine Funktion H definiert, die der linken Seite der Bedingung erster Ordnung gem. Formel (4.44) entspricht:

$$H(B,\beta,I_0) \equiv -1 + \int_{\omega_{G0}}^{\omega_{GK}} p(\omega_G)(1-\Theta)\frac{\partial G}{\partial I_0}d\omega_G + \int_{\omega_{GK}}^{\omega_{GM}} p(\omega_G)\frac{\partial G}{\partial I_0}d\omega_G.$$

(4.46)

Bei Existenz einer Funktion $I_0(B,\beta)$ lassen sich alle Kombinationen von B und ß ermitteln, die zu einem optimalen Investitionsvolumen I_0 führen. Dann gilt:

$$H = H(B,\beta,I_0(B,\beta)) = 0.$$

(4.47)

Die Existenz von $I_0(B,\beta)$ läßt sich aus dem Theorem der impliziten Funktionen ableiten.[251] Die Anwendung dieses Theorems stellt zwei Anforderungen an die Funktion H. Zum einen muß H hinsichtlich I_0, ß und B stetig differenzierbar sein. Zum anderen muß gelten: $\partial H/\partial I_0 \neq 0$. Während die Anforderung der stetigen Differenzierbarkeit unproblematisch ist, kann nicht generell ausgeschlossen werden, daß $\partial H/\partial I_0$ einen Wert in Höhe von Null annehmen kann. Bei $\partial H/\partial I_0$ handelt es sich um die hinreichende Bedingung zweiter Ordnung für ein optimales Investitionsvolumen, die, wie bereits ausgeführt, kleiner Null ist, wenn sich eine marginale Änderung des Investitionsvolumens nur geringfügig auf die Anzahl der Insolvenzzustände auswirkt.[252] Unter Berücksichtigung dieser Prämisse ist $\partial H/\partial I_0 \neq 0$ erfüllt, und die Anwendung des Theorems der impliziten Funktionen stellt im Hinblick auf $\partial H/\partial I_0 \neq 0$ keine höheren Anforderungen an H als die unterstellte Erfüllung der hinreichenden Bedingung für ein optimales Investitionsvolumen. Aus dem Theorem der impliziten Funktionen läßt sich dann die Existenz von $I_0(B,\beta)$ begründen, und sie weist folgende Eigenschaften auf:

$$\frac{\partial I_0}{\partial B} = -\frac{\frac{\partial H}{\partial B}}{\frac{\partial H}{\partial I_0}}$$

---

[251]   Zum Theorem der impliziten Funktionen vgl. Chiang (1984), S. 206.

[252]   Vgl. die Ausführungen in Fußnote 249.

$$= - \frac{(1-\Theta)\dfrac{\partial G(I,\omega_{GK})}{\partial I_0}p(\omega_{GK})\dfrac{\partial \omega_{GK}}{\partial B} - \dfrac{\partial G(I,\omega_{GK})}{\partial I_0}p(\omega_{GK})\dfrac{\partial \omega_{GK}}{\partial B}}{\dfrac{\partial H}{\partial I_0}}$$

$$= \frac{\Theta\dfrac{\partial G(I,\omega_{GK})}{\partial I_0}p(\omega_{GK})\dfrac{\partial \omega_{GK}}{\partial B}}{\dfrac{\partial H}{\partial I_0}} < 0. \tag{4.48}$$

Und zudem:[253]

$$\frac{\partial I_0}{\partial \beta} = -\frac{\dfrac{\partial H}{\partial \beta}}{\dfrac{\partial H}{\partial I_0}}$$

$$= \frac{\Theta\dfrac{\partial G(I,\omega_{GK})}{\partial I_0}p(\omega_{GK})\dfrac{\partial \omega_{GK}}{\partial \beta}}{\dfrac{\partial \beta}{\partial I_0}} < 0. \tag{4.49}$$

Die partiellen Ableitungen lassen die Interdependenzen zwischen dem Investitionsvolumen, der Höhe der Bondforderungen und der Höhe der Selbstbeteiligung offensichtlich werden. Je höher die Bondforderungen und je niedriger der Versicherungsumfang ist, desto geringer ist das in t=0 gewählte optimale Investitionsvolumen. Von maßgeblicher Bedeutung für dieses Ergebnis ist die Tatsache, das mit zunehmender Fremdfinanzierung und abnehmendem Versicherungsschutz die Anzahl der Insolvenzzustände zunimmt und das Unterinvestitionsproblem in seiner Relevanz steigt ($\partial\omega_{GK}/\partial B > 0$ und $\partial\omega_{GK}/\partial\beta > 0$). Die Zustandsmenge, in der ausschließlich die Fremdkapitalgeber von einer zusätzlichen Investition in t=0 profitieren, wird größer, so daß eine höhere Abweichung

---

[253] Auf die explizite Formulierung des zweiten Rechenschrittes wird verzichtet, vgl. analog dazu die vorhergehenden Umformungen.

von dem für alle Kapitalgeber optimalen Investitionsvolumen zum Tragen kommt. Rationale Bondhalter müssen den Zusammenhang zwischen Versicherung, Verschuldungsgrad und Investitionsvolumen kennen, weil er von großer Bedeutung für die Preisbildung der Bonds ist.

In Kenntnis über den funktionalen Zusammenhang zwischen der Investitionsentscheidung in t=0, des Versicherungsvolumens in t=-1 und der Fremdkapitalrückzahlung in t=1 (=$I_0(B,\beta)$), stellt sich die Frage, welche Kombination von B und ß aus der Sicht der Aktionäre optimal ist. Formal lautet der Optimierungskalkül der Aktionäre in t=-1:

$$SH_{-1}^{a} = -VP_{-1} + \rho_{-1} SH_0^{a} \rightarrow MAX!$$

(4.50)

Unter Beachtung der Nebenbedingung:

$$D_{-1}(B,\beta) = I_{-1}.$$

(4.51)

Der Marktwert der Aktien muß durch die geeignete Wahl der Bondrückzahlung (B) und der Selbstbeteiligungshöhe (ß) ein Maximum erreichen, wobei das zur Verfügung gestellte Fremdkapital für die Durchführung der exogen gegebenen Investition I_{-1} auszureichen hat. Aus der Lösung dieses bedingten Maximierungsproblems kann implizit der hier im Vordergrund stehende optimale Versicherungsumfang ermittelt werden. Hierzu wird zunächst aus der Nebenbedingung die Existenz einer Funktion B(ß) hergeleitet und deren Eigenschaften charakterisiert. Anschließend wird B(ß) in die Zielfunktion eingesetzt und SH$^a_{-1}$(B(ß),ß) über den Selbstbeteiligungsumfang ß optimiert.[254]

Um aus der Nebenbedingung auf die Existenz von B(ß) zu schließen, wird die Nebenbedingung als eine Funktion J(B,ß) definiert:

$$J(B,\beta) \equiv D_{-1}(B,\beta) - I_{-1} = 0$$

---

[254] Das bedingte Optimierungsproblem wird in eine Maximierung ohne Nebenbedingungen überführt.

110

$$= \rho_{-1}[\int_{\omega_{G0}}^{\omega_{GK}} p(\omega_G)((1-\Theta)B+\Theta(G(I(B,\beta),\omega_{GK})-\beta))d\omega_G$$

$$+ \int_{\omega_{GK}}^{\omega_{GM}} p(\omega_G)B \ d\omega_G]-I_{-1} = 0.$$

(4.52)

Es sei angenommen, daß der Marktwert der Bonds in t=-1 (=D_{-1}) ceteris paribus mit steigender Bondrückzahlung (B) in t=1 zunimmt:[255]

$$\frac{\partial J}{\partial B} = \frac{\partial D_{-1}}{\partial B} > 0$$

(4.53)

Damit sind die Bedingungen für die Anwendung des Theorems der impliziten Funktionen gegeben, und aus der Funktion J(B,ß) läßt sich die Existenz von B(ß) begründen, die folgende Eigenschaft aufweist:

$$\frac{\partial B}{\partial \beta} = -\frac{\dfrac{\partial J}{\partial \beta}}{\dfrac{\partial J}{\partial B}}$$

$$= -\frac{\rho_{-1}(\int_{\omega_{G0}}^{\omega_{GK}} p(\omega_G)(\Theta\dfrac{\partial G}{\partial I_0}\dfrac{\partial I_0}{\partial \beta}-\Theta)d\omega_G)}{\dfrac{\partial J}{\partial B}} > 0.$$

(4.54)

Das Investitionsvolumen I_0 sinkt mit zunehmender Selbstbeteiligung ($\partial I_0/\partial \beta < 0$), so daß $\partial B/\partial \beta$ insgesamt positiv ist. Als Ergebnis ist festzustellen, daß bei positiver Insolvenzwahrscheinlichkeit ($\omega_{GK} > \omega_{G0}$) eine Erhöhung der Selbstbeteiligung mit einer Erhöhung der Bond-rückzahlung (B) einhergeht. Dies ist ursächlich darauf zurückzuführen, daß die Ausfallwahrscheinlichkeit der Bondrückzahlung mit abnehmendem Versicherungsschutz

---

[255] Die Steigerung des Marktwertes mit zunehmender Rückzahlung ist rein intuitiv plausibel, vor dem Hintergrund des Unterinvestitionsproblems ist mit höherer Bondrückzahlung aber auch eine höhere Abweichung vom optimalen Investitionsvolumen verbunden. Dies kann einer Marktwertsteigerung entgegenstehen.

steigt und die Fremdfinanzierung dadurch teurer wird.[256] Sind die Bondforderungen hingegen nicht ausfallbedroht, dann ist die Rückzahlungshöhe des Fremdkapitals unabhängig von dem Versicherungsvolumen.

Die Existenz von B(ß) ermöglicht es, die Zielfunktion der Aktionäre in ausschließlicher Abhängigkeit von der Selbstbeteiligungshöhe zu formulieren:[257]

$$SH_{-1}^{a}(B(\beta),\beta) \ \rightarrow \ MAX! \tag{4.55}$$

Wobei gilt:[258]

$$SH_{-1}^{a}(B(\beta),\beta) = -VP_{-1}(\beta) + \rho_{-1}SH_{0}^{a}(B(\beta),\beta)$$

$$= -VP_{-1}(\beta) - \rho_{-1}I_{0}(B(\beta),\beta) + \rho_{-1}\int_{\omega_{G0}}^{\omega_{GK}}p(\omega_{G})(1-\Theta)[G(I(B(\beta),\beta),\omega_{G}) - B(\beta)]d\omega_{G}$$

$$+\rho_{-1}\int_{\omega_{GK}}^{\omega_{GM}}p(\omega_{G})[G(I(B(\beta),\beta),\omega_{G}) - \Theta\beta - B(\beta)]d\omega_{G}. \tag{4.56}$$

Die Bedingung erster Ordnung für das optimale Versicherungsvolumen lautet:[259]

$$\frac{dSH_{-1}^{a}}{d\beta} = \rho_{-1}[\rho_{0}\Theta - \int_{\omega_{GK}}^{\omega_{GM}}p(\omega_{G})\Theta \ d\omega_{G} - \int_{\omega_{G0}}^{\omega_{GK}}p(\omega_{G})(1-\Theta)\frac{\partial B}{\partial\beta} \ d\omega_{G} - \int_{\omega_{GK}}^{\omega_{GM}}\frac{\partial B}{\partial\beta} \ d\omega_{G}] = 0. \tag{4.57}$$

Das optimale Versicherungsvolumen steht in unmittelbarer Interdependenz zur ver-

---

[256] Die Interdependenz zwischen Versicherungsschutz und Kosten des Fremdkapitals wird empirisch belegt, vgl. Kidwell/Sorensen/Wachowicz (1987), S. 299 ff.

[257] Die Nebenbedingung wird implizit durch die Funktion B(ß) berücksichtigt.

[258] Zum Marktwert der "alten" Aktien in t=0 (S$^{a}_{0}$) vgl. Formel (4.43).

[259] Zur Herleitung vgl. Anhang 3.

bleibenden Insolvenzwahrscheinlichkeit der Unternehmung. Um diesen Sachverhalt herauszustellen und daraus allgemeine Aussagen über den optimalen Versicherungs-umfang ableiten zu können, werden separat voneinander die optimalen Versicherungs-volumina bei einer Insolvenzwahrscheinlichkeit von Null und bei einer Insolvenzwahr-scheinlichkeit von größer als Null betrachtet.

■ **Szenario 1:** **Insolvenzwahrscheinlichkeit beträgt Null:**

Gegeben sei eine Selbstbeteiligung $\beta^{*0} \geq 0$, bei dem es sich um den kleinsten Versiche-rungsumfang handelt, der eine vollständige Eliminierung der Insolvenzgefahr sicher-stellt.[260] An der Stelle β^{*0} gilt:

$$\frac{SH_{-1}^{a}}{d\beta}\Big|_{\beta=\beta^{*0}} = -\rho_{-1}\int_{\omega_{G0}}^{\omega_{GM}} p(\omega_G)\frac{\partial B}{\partial \beta}d\omega_G = 0. \tag{4.58}$$

Führt die Einbeziehung einer Versicherung mit einer Selbstbeteiligung in Höhe von β^{*0} zu einer Eliminierung der Insolvenzwahrscheinlichkeit, dann bleibt der Marktwert der Aktien von einer zusätzlichen Verminderung der Selbstbeteiligung unberührt.[261] Für dieses Ergebnis ist entscheidend, daß die Bondrückzahlung B bei einer Insolvenzwahr-scheinlichkeit von Null unabhängig von dem Selbstbeteiligungsumfang ß ist $(\partial B/\partial \beta = 0)$.[262]

---

[260] Die Bondforderungen sind innerhalb dieser Betrachtung ausschließlich aufgrund des Eintretens versicherbarer Schäden ausfallbedroht, so daß die Existenz eines $\beta^{*0} \geq 0$ sichergestellt ist.

[261] Bei zusätzlicher Verminderung der Selbstbeteiligung (=zunehmender Versicherungsschutz) bleibt weiterhin die Insolvenzwahrscheinlichkeit gleich Null, so daß Gleichung (4.58) für alle Werte $\beta \leq \beta^{*0}$ gilt.

[262] Vgl. Formel (4.54).

113

■ **Szenario 2:**   **Insolvenzgefahr ist größer als Null ($\omega_{GK} \geq \omega_{G0}$):**

Bei einem Selbstbeteiligungsniveau, das nicht zu einer Eliminierung der Insolvenzgefahr führt, gilt:[263]

$$\frac{dSH_{-1}^{a}}{d\beta}\Big|_{\beta>\beta^{*0}} < \rho_{-1}[\int_{\omega_{G0}}^{\omega_{GK}} p(\omega_G)\Theta \ d\omega_G - \int_{\omega_{G0}}^{\omega_{GK}} p(\omega_G)\Theta \ d\omega_G] = 0. \tag{4.59}$$

Bei positiver Insolvenzgefahr erfährt der Marktwert der Aktien durch eine Erhöhung des Versicherungsumfanges eine Marktwertsteigerung. Aus diesen beiden Szenarien wird deutlich, daß die Zunahme des Versicherungsvolumens solange vorteilhaft für die Vermögens-position der Aktionäre ist, wie dadurch die Insolvenzwahrscheinlichkeit vermindert werden kann.[264] Im Optimum führt der Versicherungsumfang zu einer Elimi-nierung der Insolvenzwahrscheinlichkeit. Die nunmehr sichere Bondrückzahlung B ergibt sich aus dem mit dem sicheren Zins für zwei Perioden aufdiskontierten Betrag D_{-1}, der zwecks Durchführung von I_{-1} in t_{-1} zur Verfügung gestellt wird:

$$B = \frac{D_{-1}}{\rho_{-1}\rho_0}. \tag{4.60}$$

Die Marktwertsteigerung der Aktien ist teilweise darauf zurückzuführen, daß in Folge der versicherungsbedingten Reduzierung der Insolvenzgefahr das Unterinvestitions-problem abgemildert und im Optimum vollständig beseitigt wird. Die Fremdkapitalgeber antizipieren das suboptimale Investitionsverhalten der Unternehmung, so daß sich die Kosten für das Fremdkapital durch die Einbeziehung einer Versicherung im Optimum auf das Niveau des sicheren Zinses verringern. In der damit verbundenen Marktwert-steigerung der Aktien findet die Reduzierung der Agency-Kosten ihren Ausdruck, die durch die optimale Einbeziehung der Versicherung vollständig beseitigt werden.[265]

---

[263]   Zur Herleitung vgl. Anhang 3.

[264]   Jeder höhere Versicherungsumfang hat einen Barwert von Null.

[265]   Die Verminderung der Insolvenzwahrscheinlichkeit trägt neben der Reduzierung der Agency-Kosten dazu bei, daß die Rückzahlung der Bonds sicherer wird, was sich zusätzlich zu der Minderung von Agency-Kosten vorteilhaft auf die Vermögensposition der Aktionäre auswirkt.

3   Zusammenfassung und Schlußfolgerungen

Bei der Berücksichtigung von Interessenkonflikten zwischen Fremd- und Eigenkapitalgebern hat der Versicherungsabschluß realwirtschaftliche Implikationen im Hinblick auf
Investitionsvolumina und Projektauswahl der Unternehmung. Durch die versicherungsbedingte Verminderung der Insolvenzwahrscheinlichkeit können bestenfalls die Proble-
me der Unterinvestition und des Risikoanreizes vermieden werden, so daß im Sinne des
Marktwertes der Unternehmung weder zu wenig noch zu risikoreich investiert wird. Ein
wichtiges Ergebnis dieser Betrachtung besteht darin, daß die Eigenkapitalgeber von der
Reduktion der Agency-Kosten profitieren, so daß diese auch einen Anreiz zu einem
Versicherungsabschluß haben. Wird von Kreditgebern beispielsweise der Abschluß von
Versicherungen im Kreditvertrag festgeschrieben, so darf das von den Aktionären nicht
als ein aufoktroyierter Akt einer übertriebenen Kreditbesicherung verstanden werden, der
ausschließlich dem Schutz der Fremdkapitalgeber dient. Im Gegenteil, bei Verzicht auf
eine vorgeschriebene Versicherungspflicht kann es vor dem Hintergrund dieser Modellergebnisse ratsam sein, daß die Aktionäre auf den Abschluß von Versicherungen
hinwirken.[266] Im Grenzfall ermöglicht der Versicherungsabschluß, daß die Fremdkapitalgeber auf eine zusätzliche Überwachung (=*monitoring*) des Kapitalnehmers verzichten
können, weil zwischen den Entscheidungen seitens der Aktionäre und den Zielen der
Fremdkapitalgeber Einmütigkeit besteht.[267] Mit dem Versicherungsabschluß geht damit
eine Informationsübermittlung an die Fremdkapitalgeber einher: Durch die versicherungsbedingte Sicherheit der Bondrückzahlung haben die Fremdkapitalgeber die Information, daß seitens der Aktionäre ausschließlich (für sämtliche Kapitalgeber) marktwertmaximale Investitionsprojekte durchgeführt werden.

Die Aneignung der eingesparten Agency-Kosten durch die Aktionäre ist in Abschnitt 3 dieses
Kapitels für den Zwei-Zeitpunkte-Fall ausführlich dargestellt worden.

[266]   Für dieses Ergebnis ist die Rationalität der Fremdkapitalgeber eine unabdingbare Voraussetzung.
In empirischen Studien wird belegt, daß die Fremdkapitalkosten bei Einbeziehung einer Versicherung in stärkerem Maße sinken, als an Versicherungsprämie zu entrichten ist. Hierin können sich
vor dem Hintergrund dieser Modellergebnisse Einsparungen informationsbedingter Agency-
Kosten widerspiegeln, vgl. Kidwell/Sorensen/Wachowicz (1987).

[267]   Bei Berücksichtigung von der hier vernachlässigten Agency-Beziehung zwischen Versicherungsunternehmen und Versicherungsnehmer würde sich aus diesem Ergebnis unmittelbar ergeben, daß
die Überwachung von den Fremdkapitalgebern auf das Versicherungsunternehmen delegiert wird.
Vgl. hierzu Rajan/Winton (1995), Berlin/Loeys (1988) und (allgemein) Diamond (1984).

115

Die Interessenkonflikte zwischen Eigen- und Fremdkapitalgeber induzieren eine Interdependenz zwischen Finanzierungs-, Investitions- und Versicherungsentscheidung der Unternehmung. Dabei ist die Kenntnis der Zusammenhänge zwischen Investitionsvolumen, Versicherungsumfang und Fremdkapitalrückzahlung eine Voraussetzung dafür, daß auf der Grundlage des Optimierungskalküls der Aktionäre endogen der optimale Versicherungs- und Fremdkapitalumfang ermittelt werden kann. Aus der Mehrperiodenbetrachtung läßt sich ableiten, daß der Versicherungsabschluß nicht nur Investitionsentscheidungen beeinflußt, die unmittelbar nach der Fremdkapitalaufnahme erfolgen, sondern auf sämtliche Investitionsentscheidungen während der Laufzeit der Fremdkapitalüberlassung Einfluß hat. Ohne die Versicherung müßten die Fremdkapitalgeber alle Investitionsvorhaben der Unternehmung kennen, um eine rationale Preisbildung des Fremdkapitals zu ermöglichen. Die Versicherung entlastet sie von der Einholung dieser Informationen und impliziert für Fremd- und Eigenkapitalgeber eine Marktwertsteigerung. Eine entscheidende Voraussetzung für diese Modellergebnisse besteht darin, daß der Eintritt der Insolvenz ausschließlich auf versicherbare Schäden zurückzuführen ist. Kann die Insolvenz nicht in allen Zuständen abgewendet werden, dann verbleibt für die Fremdkapitalgeber die Unsicherheit über das Investitionsverhalten der Unternehmung in verminderter Form, und die Aktionäre können eine aus der Informationsasymmetrie resultierende Marktwertminderung ihrer Vermögensposition durch die Einbeziehung einer Versicherung nicht vollständig vermeiden.[268]

Die Auswahl eines geeigneten Risikoabsicherungsinstrumentes hängt entscheidend von der Art des abzusichernden Risikos ab. Während sich zur Absicherung spekulativer Risiken Forwards oder Futures eignen, gewährleisten Versicherungen vornehmlich einen Schutz gegen reine Risiken.[269] Diesem Gesichtspunkt wird durch die Separation von reinen und spekulativen Risiken im Rahmen einer allgemeineren Darstellung explizit Rechnung getragen. Im Hinblick auf die Absicherung reiner Risiken wird deutlich, daß der Versicherungsvertrag exakt durch eine Verkaufsoption nachgebildet werden kann. Damit beeinträchtigt die eingeschränkte Marktgängigkeit von Versicherungsverträgen

---

[268] In diesem Fall ist zu prüfen, ob zusätzlich zur Versicherung weitere Risikoabsicherungsinstrumente eingesetzt werden sollten. Zur Vermeidung des Unterinvestitionsproblems durch die Einbeziehung von Forwards vgl. Bessembinder (1991).

[269] Zum Hedging mit Futures vgl. Duffy (1989), S. 201 ff.

nicht die Möglichkeit der Investoren, den unternehmerischen Versicherungsabschluß zu duplizieren. Bei symmetrischer Information ist folglich auch unter Berücksichtigung der eingeschränkten Marktgängigkeit der Versicherungsabschluß irrelevant für den Marktwert der Unternehmung. Hingegen können die aufgezeigten realwirtschaftlichen Konsequenzen eines Versicherungsabschlusses bei asymmetrischer Informationsverteilung zwischen Fremd- und Eigenkapitalgebern nicht durch individuelle Portefeuilledispositionen seitens der Aktionäre herbeigeführt werden. In diesem Szenario ergibt sich eine Vorteilhaftigkeit des Versicherungsabschlusses auf der Ebene der Unternehmung.

Die im dritten und vierten Kapitel gewählte kapitalmarkttheoretische Konzeption liefert vor dem Hintergrund der Identität von Optionen, Versicherungen und (allgemein) zustandsbedingten Ansprüchen keine Begründung für die Motivation eines Versicherungsangebotes. Diese Redundanz ist primär darauf zurückzuführen, daß die versicherbaren Risiken für alle Marktteilnehmer kostenlos beobachtet werden können. Es bedarf insbesondere keines Versicherungsunternehmens zur Beschaffung versicherungstechnisch relevanter Informationen, so daß jeder Marktteilnehmer ein versicherungsadäquates Optionsgeschäft anbieten kann. Wichtig ist im Hinblick auf die Zielsetzung dieser Analyse, die ausschließlich auf den Einfluß des Versicherungsabschlusses auf den Marktwert der Unternehmung abstellt, daß die Absicherung durch Optionen nicht kostengünstiger erfolgen kann als durch Versicherungsverträge. Dies ist durch das Postulat der Arbitragefreiheit sichergestellt, so daß sich der gewählte Modellrahmen für die hier im Mittelpunkt stehende Problemstellung als geeignet erweist.

117

Anhang 1: **Preise von Kauf- und Verkaufsoptionen bei Geltung der Put-Call-Forward-Parität**

Hinsichtlich der Hedgingstrategie der Investoren wird implizit unterstellt, daß die Preise für Kauf- und Verkaufsoptionen gleich hoch sind. Ein formaler Beweis für dieses Preisverhältnis erfordert die Annahme, daß auf dem betrachteten Kapitalmarkt neben diesen beiden Optionstypen zusätzlich Forwards gehandelt werden, die folgende Eigenschaften haben:

- Fälligkeit in t=1.
- Preis des Forwards (A_F) entspricht dem Erwartungswert des Endvermögens in t=1 und ist damit gleich dem Ausübungspreis der Optionen ($A_F=A=E(\Pi_f)$).

Für die zustandsbedingten Zahlungen der Verkaufs- und Kaufoptionen und der Forwards gilt (jeweils *long positions*):[270]

	Preis[271]	$\Pi>A$	$\Pi<A$
Put	P	0	A-Π
Call	C	Π-A	0
Forward	0	Π-A	Π-A

Wie einfach gezeigt werden kann, gewährleisten folgende Strategien gleich hohe zustandsbedingte Zahlungen:

Strategie 1: Kauf eines Calls und Verkauf eines Forwards;
Strategie 2: Kauf eines Puts.

---

[270] Zu einem ähnlichen Beispiel vgl. Cox/Rubinstein (1985), S. 61 ff.

[271] Der zu entrichtende Preis für den Erwerb des Forwards ist gleich Null (=Wert des Forwards), vgl. Stephan (1989), S. 58.

	Preis	II>A	II<A
Strategie 1	C	0	A-II
Strategie 2	P	0	A-II

Konsequenz:

Ist der Ausübungspreis der Optionen gleich dem Forwardpreis, dann müssen aus Gründen der Arbitragefreiheit die Preise für Kauf- und Verkaufsoptionen gleich hoch sein (C=P).

Anhang 2: **Optimierung des Investitionsvolumens I_0 aus der Sicht der Aktionäre in t=0**

Die Bedingung erster Ordnung für das optimale Investitionsvolumen I_0 lautet:

$$\frac{\partial SH_0^a}{\partial I_0} = -1 + p(\omega_{GK})(1-\Theta)(G(I,\omega_{GK})-B)\frac{\partial \omega_{GK}}{\partial I_0} - p(\omega_{GK})(G(I,\omega_{GK})-\Theta\beta-B)\frac{\partial \omega_{GK}}{\partial I_0}$$

$$+ \int_{\omega_{G0}}^{\omega_{GK}} p(\omega_G)(1-\Theta)\frac{\partial G}{\partial I_0}d\omega_G + \int_{\omega_{GK}}^{\omega_{GM}} p(\omega_G)\frac{\partial G}{\partial I_0}d\omega_G = 0. \tag{4.61}$$

Die 2. und 3. Summanden addieren sich wegen $G(\omega_K)$-ß-B=0 zu Null, so daß gilt:

$$\frac{\partial SH_0^a}{\partial I_0} = -1 + \int_{\omega_{G0}}^{\omega_{GK}} p(\omega_G)(1-\Theta)\frac{\partial G}{\partial I_0}d\omega_G + \int_{\omega_{GK}}^{\omega_{GM}} p(\omega_G)\frac{\partial G}{\partial I_0}d\omega_G$$

$$= -1 + \int_{\omega_{G0}}^{\omega_{GM}} p(\omega_G)\frac{\partial G}{\partial I_0}d\omega_G - \Theta\int_{\omega_{G0}}^{\omega_{GK}} p(\omega_G)\frac{\partial G}{\partial I_0}d\omega_G = 0. \tag{4.62}$$

(q.e.d)

Die hinreichende Bedingung für ein Maximum lautet:

$$\frac{\partial^2 SH_0^a}{\partial^2 I_0} = -\Theta\frac{\partial G}{\partial I_0}p(\omega_{GK})\frac{\partial \omega_{GK}}{\partial I_0} + \int_{\omega_{G0}}^{\omega_{GK}} p(\omega_{GK})(1-\Theta)\frac{\partial^2 G}{\partial^2 I_0}d\omega_G$$

$$+ \int_{\omega_{GK}}^{\omega_{GM}} p(\omega_{GK})\frac{\partial^2 G}{\partial^2 I_0}d\omega_G < 0. \tag{4.63}$$

Durch die Eigenschaft der Konkavität sind die zweiten und dritten Summanden negativ

$(\partial^2 G/\partial^2 I_0 < 0)$. Der erste Summand ist positiv, weil mit zunehmendem Investitionsvolumen die Insolvenzzustände abnehmen $(\partial\omega_{GK}/\partial I_0 < 0)$. Die hinreichende Bedingung für eine Maximum ist folglich nur dann erfüllt, wenn der Einfluß des Investitionsvolumens auf die Ausfallwahrscheinlichkeit gering ist und der obige Term insgesamt negativ ist.

Anhang 3: **Herleitung des optimalen Versicherungsvolumens aus dem Optimie-**
rungskalkül der Aktionäre

Der Optimierungskalkül der Aktionäre lautet:

$$SH^a_{-1}(B(\beta),\beta) \;\to\; MAX!$$

(4.64)

Wobei gilt:[272]

$$SH^a_{-1}(B(\beta),\beta) \;=\; -VP_{-1}(\beta) - \rho_{-1}I_0(B(\beta),\beta)$$

$$+\rho_{-1}\int_{\omega_{G0}}^{\omega_{GK}} p(\omega_G)(1-\Theta)[G(I(B(\beta),\beta),\omega_G)-B(\beta)]d\omega_G$$

$$+\rho_{-1}\int_{\omega_{GK}}^{\omega_{GN}} p(\omega_G)[G(I(B(\beta),\beta),\omega_G)-\Theta\beta-B(\beta)]d\omega_G.$$

(4.65)

Für die notwendige Bedingung erster Ordnung gilt:

$$\frac{dSH^a_{-1}}{d\beta} = -\frac{dVP_{-1}}{d\beta} - \rho_{-1}[\frac{\partial I_0}{\partial B}\frac{\partial B}{\partial \beta} + \frac{\partial I_0}{\partial \beta}]$$

$$+\rho_{-1}(1-\Theta)[G(I(B(\beta),\beta),\omega_{GK})-B(\beta)]p(\omega_{GK})\frac{d\omega_{GK}}{d\beta}$$

$$+\rho_{-1}\int_{\omega_{G0}}^{\omega_{GK}}(1-\Theta)[\frac{\partial G}{\partial I_0}(\frac{\partial I_0}{\partial B}\frac{\partial B}{\partial \beta} + \frac{\partial I_0}{\partial \beta}) - \frac{\partial B}{\partial \beta}]d\omega_G$$

---

[272]   Wegen $G(I(B(\beta),\omega_{GK})-\beta-B=0$ ist die Integrationsgrenze ω_{GK} auch von $B(\beta)$ und β abhängig. Aus Gründen der formalen Übersichtlichkeit wird auf die Schreibweise $\omega_{GK}(B(\beta),\beta)$ verzichtet.

$$-\rho_{-1}[G(I(B(\beta),\beta),\omega_{GK})-\Theta\beta-B(\beta)]p(\omega_{GK})\frac{d\omega_{GK}}{dd}$$

$$+\rho_{-1}\int_{\omega_{GK}}^{\omega_{GM}}p(\omega_G)[\frac{\partial G}{\partial I_0}(\frac{\partial I_0}{\partial B}\frac{\partial B}{\partial \beta}+\frac{\partial I_0}{\partial \beta})-\Theta-\frac{\partial B}{\partial \beta}]d\omega_G = 0. \tag{4.66}$$

Die Summanden in der zweiten und vierten Zeile addieren sich zu Null. Die verbleibenden Ausdrücke lassen sich folgendermaßen zusammenfassen:

$$=-\frac{dVP_{-1}}{d\beta}+\rho_{-1}[\frac{\partial I_0}{\partial B}\frac{\partial B}{\partial \beta}+\frac{\partial I_0}{\partial \beta}][-1+\int_{\omega_{G0}}^{\omega_{GK}}p(\omega_G)(1-\Theta)\frac{\partial G}{\partial I_0}d\omega_G+\int_{\omega_{GK}}^{\omega_{GM}}p(\omega_G)\frac{\partial G}{\partial I_0}d\omega_G]$$

$$-\rho_{-1}\int_{\omega_{G0}}^{\omega_{GK}}p(\omega_G)(1-\Theta)\frac{\partial B}{\partial \beta}d\omega_G - \rho_{-1}\int_{\omega_{GK}}^{\omega_{GM}}p(\omega_G)(\Theta+\frac{\partial B}{\partial \beta})d\omega_G = 0. \tag{4.67}$$

Bei dem letzten Faktor innerhalb des zweiten Summanden handelt es sich um die Bedingung erster Ordnung für das optimale Investitionsvolumen I_0, die im Optimum gleich Null sein muß.[273] Nach Vereinfachung gilt:[274]

$$\frac{dSH_{-1}^a}{d\beta}=\rho_{-1}[\rho_0\Theta-\int_{\omega_{GK}}^{\omega_{GM}}p(\omega_G)\Theta d\omega_G-\int_{\omega_{G0}}^{\omega_{GK}}p(\omega_G)(1-\Theta)\frac{\partial B}{\partial \beta}d\omega_G-\int_{\omega_{GK}}^{\omega_{GM}}p(\omega_G)\frac{\partial B}{\partial \beta}d\omega_G]=0. \tag{4.68}$$

Bei einer Insolvenzwahrscheinlichkeit von Null beträgt diese Ableitung:

$$\frac{\partial SH_{-1}^a}{d\beta} = -\rho_{-1}\int_{\omega_{G0}}^{\omega_{GM}}p(\omega_G)\frac{\partial B}{\partial \beta}d\omega_G = 0. \tag{4.69}$$

---

[273] Vgl. Formel (4.62).

[274] Die Versicherungsprämie in t=-1 verändert sich bei Zunahme der Selbstbeteiligung um eine Einheit um $dVP_{-1}/d\beta = -\rho_{-1}\rho_0\Theta$.

Dieses Ergebnis folgt daraus, daß bei vollständiger Eliminierung der Insolvenzgefahr eine Veränderung des Versicherungsvolumens keinen Einfluß auf die Höhe der Bondrückzahlung (B) hat.

Um zu zeigen, daß bei einer positiven Insolvenzgefahr der Marktwert der Aktien mit zunehmender Selbstbeteiligung sinkt, wird eine Konstante a' eingeführt, die in einem bestimmten Verhältnis zu $\partial B/\partial \beta$ steht. Zur Erinnerung $\partial B/\partial \beta$ beträgt:

$$\frac{\partial B}{\partial \beta} = -\frac{\rho_{-1}(\int_{\omega_{G0}}^{\omega_{GK}} p(\omega_G)(\Theta \frac{\partial \Pi}{\partial I_0}\frac{\partial I_0}{\partial \beta} - \Theta)d\omega_G)}{\rho_{-1}[\int_{\omega_{G0}}^{\omega_{GK}} p(\omega_G)((1-\Theta)+\Theta \frac{\partial G}{\partial I_0}\frac{\partial I_0}{\partial B})d\omega_G + \int_{\omega_{GK}}^{\omega_{GM}} p(\omega_G)\ d\omega_G]} > 0 \qquad (4.70)$$

Für die Konstante a' gilt:[275]

$$a' \equiv -\frac{\int_{\omega_{G0}}^{\omega_{GK}} p(\omega_G)(-\Theta)\ d\omega_G}{\int_{\omega_{G0}}^{\omega_{GK}} p(\omega_G)(1-\Theta)d\omega_G + \int_{\omega_{GK}}^{\omega_{GM}} p(\omega_G)d\omega_G} < \frac{\partial B}{\partial \beta}. \qquad (4.71)$$

---

[275] Der Zähler (Nenner) von a' ist kleiner (größer) als von $\partial B/\partial \beta$, so daß die Ungleichung erfüllt ist.

Damit gilt für dSH$_{-1}$ª/dß:

$$
\frac{\partial SH_{-1}^{a}}{\partial d\beta} < \rho_{-1}[\rho_0\Theta - \int_{\omega_{GK}}^{\omega_{GM}}p(\omega_G)\Theta \ d\omega_G \ -a'(\int_{\omega_{G0}}^{\omega_{GK}}p(\omega_G)(1-\Theta)d\omega_G + \int_{\omega_{GK}}^{\omega_{GM}}p(\omega_G)d\omega_G)]
$$

$$
= \rho_{-1}[\int_{\omega_{G0}}^{\omega_{GK}}p(\omega_G) \ \Theta \ d\omega_G - \int_{\omega_{G0}}^{\omega_{GK}}p(\omega_G) \ \Theta \ d\omega_G] = 0.
$$

$$(4.72)$$

Ergebnis:

Bei positiver Insolvenzwahrscheinlichkeit steigt der Marktwert der Aktien mit zunehmendem Versicherungsvolumen (q.e.d).

Kapitel 5: Versicherung und Informationsasymmetrie zwischen Kapitalgeber und Manager

1 Moral Hazard, Adverse Selection und Versicherung

1.1 LEN-Modell unter Einbeziehung versicherbarer Risiken

1.1.1 Grundlagen

Nachdem die grundsätzliche Eignung der Versicherung zur Minderung von Interessen-konflikten zwischen Eigen- und Fremdkapitalgebern herausgestellt wurde, richtet sich die Prinzipal-Agenten-Betrachtung nachfolgend auf die Relevanz der Versicherung für Interessenkonflikte zwischen Manager und Kapitalgeber einer Unternehmung. Hierzu sei unterstellt, daß ein risikoneutraler Kapitalgeber einem risikoaversen Unternehmer Kapital in Form von Eigen- und/oder Fremdkapital für eine Periode zur Verfügung stellt. Der Kapitalgeber wird im weiteren als Prinzipal und der Unternehmer als Agent bezeich-net, der seine Unternehmerfunktion auch als angestellter Geschäftsführer wahrnehmen kann. Die Annahme der Risikoneutralität läßt sich auf die Existenz eines Kapitalmarktes zurückführen, auf dem der Prinzipal sein Vermögen hinreichend diversifiziert anlegt, so daß er für die Übernahme von unsystematischen Einzahlungsrisiken keine Risikoprämie einfordert. Dem Agenten bleiben mangels sonstigen Vermögens die Möglichkeiten der Diversifikation verwehrt. Das aufzuteilende Gesamtergebnis (y) der unternehmerischen Tätigkeit hängt vom Arbeitseinsatz des Agenten (Z), von der Höhe versicherbarer Schä-den (S) und von einer weiteren Zufallsvariablen (θ) ab.[276] Es gilt:

$$\tilde{y} = \tilde{y}(Z, \tilde{S}, \tilde{\theta}). \tag{5.1}$$

Kennzeichnend für die Prinzipal-Agenten-Beziehung ist die Tatsache, daß der Prinzipal die den Output determinierenden Komponenten (Z, S, θ) nicht im einzelnen beobachten kann. Es ist dem Prinzipal insbesondere nicht möglich, vom Gesamtergebnis auf den Arbeitseinsatz des Agenten zu schließen. Dieser Tatbestand impliziert eine nachver-

---

[276] Die Zufallsvariable θ kann als Ausprägung einer nicht versicherbaren Risikokomponente interpretiert werden.

tragliche Informationsasymmetrie zwischen Agent und Prinzipal im Hinblick auf den Arbeitseinsatz des Agenten.

Sofern das Gesamtergebnis vollständig dem Prinzipal zusteht, kann y als Vermögen des Prinzipals interpretiert werden, dessen Höhe durch den Arbeitseinsatz des Agenten determiniert wird.[277] Der Agent steht einem höheren Arbeitseinsatz eher widerwillig gegenüber, d.h. ein zunehmender Arbeitseinsatz ist mit positiven Grenzkosten verbunden. Diese Einstellung zur Arbeit induziert das Problem eines Moral Hazard zwischen Agent und Prinzipal, wobei das opportunistische Verhalten des Agenten in einer für den Prinzipal nicht beobachtbaren Verminderung des Arbeitseinsatzes Z seinen Ausdruck findet.

Die formalen Ausführungen basieren auf dem LEN-Modell, das folgende Eigenschaften aufweist:[278]

L: Das Gesamtergebnis y ist eine lineare Funktion des Arbeitseinsatzes (Z), des versicherbaren Schadens (S) und der zusätzlichen Zufallsvariable (θ). Die Entlohnungsfunktion des Agenten ist ebenfalls linear.

E: Die Nutzenfunktion U des Agenten ist exponentiell.

N: Der Schaden S und die Zufallsvariable θ sind normalverteilt.[279]

Der Schaden S resultiert ausschließlich aus der Existenz von reinen Risiken. Diese weisen die idealtypischen Merkmale von versicherbaren Risiken auf, so daß deren

---

[277] Bei y handelt es sich nicht um das Gesamtvermögen, sondern nur um einen Teil des Vermögens des Prinzipals.

[278] Zur ausführlichen Darstellung des LEN-Modells vgl. Spremann (1987b), S. 3 ff. und in kürzerer Form vgl. Franke/Hax (1994), S. 431 ff.

[279] Der Schaden S ist nur für positive Werte definiert, so daß hier eine gestutzte Normalverteilung angenommen wird, die für den Wertebereich von [0;∞] definiert ist. Formal kann so verfahren werden, als ob eine herkömmliche Normalverteilung vorliegt, vgl. Hartung (1992), S. 150. Unter der Annahme, daß der versicherbare Schaden aus einer hinreichend großen Menge versicherbarer Einzelschäden besteht, wird die Normalverteilung der Gesamtschadenverteilung empirisch belegt, vgl. hierzu Farny (1995), S. 35.

Versicherbarkeit gewährleistet wird.[280] Die Zufallsvariable θ stellt hingegen die monetäre Ausprägung eines Störterms dar, dem ein nicht versicherbares Risiko innewohnt.[281] Der Erwartungswert von θ beträgt Null, und es sei außerdem unterstellt, daß S und θ stochastisch unabhängig voneinander sind. Die stochastische Unabhängigkeit in Verbindung mit den Annahmen der Linearität und der Normalverteilung gewährleisten, daß das Vermögen des Prinzipals und das Residuum des Agenten normalverteilt sind.

Für das Gesamtergebnis y gilt:

$$\tilde{y} = Z - \tilde{S} + \tilde{\theta}. \tag{5.2}$$

Mit:

$Z \in [0, 1/2].$[282]

Die Modellergebnisse und insbesondere die Aufteilung des Gesamtergebnisses zwischen Agent und Prinzipal sind abhängig davon, ob der Prinzipal oder der Agent die Initiative zur Vertragsgestaltung ergreift. Bei der Interpretation des Agenten als Unternehmer ist es naheliegend, daß dieser erfolgversprechende Transaktionen ausfindig macht und für die Realisierung auf die Bereitstellung von Kapital durch den Prinzipal angewiesen ist. Der über das Mindestniveau hinausgehende Ertrag kann als Unternehmergewinn interpretiert werden, der für den Agenten einen grundlegenden Anreiz für das Auffinden von lohnenden Projekten darstellt. In diesem Szenario übernimmt der Agent die Rolle des aktiven Verhandlungspartners.[283] Denkbar ist aber auch die Interpretation des Agenten als angestellter Geschäftsführer, der von den Kapitalgebern mit der Geschäftsführung eines bestehenden Unternehmens beauftragt wird. Innerhalb dieses Szenarios ist es naheliegend, daß der Prinzipal die aktive Vertragsverhandlung übernimmt.[284]

---

[280] Zu den Merkmalen versicherbarer Risiken vgl. die Ausführungen in Kapitel 2.

[281] Zu einem Überblick über unterschiedliche Risikodefinitionen vgl. Vaughan (1992), S. 8.

[282] Im weiteren Verlauf dieser Analyse wird gezeigt, daß Z höchstens einen Wert von 1/2 annehmen kann.

[283] Diese Sichtweise des Unternehmers ist maßgeblich von Schumpeter geprägt worden, vgl. Schumpeter (1952), S. 111.

[284] Dies ist die typische Beziehung zwischen Aktionären und dem angestellten Management.

128

Im Hinblick auf die Relevanz der Versicherung im Rahmen einer Prinzipal-Agenten-Beziehung ist es unerheblich, ob sich der Agent oder der Prinzipal in der aktiven Verhandlungsposition befindet. Die Zuweisung der aktiven Verhandlungsposition ist lediglich relevant dafür, wer von den beiden Vertragspartnern ausschließlich seinen Reservationsnutzen realisiert und welcher Partner einen vollständigen Anspruch auf die Quasi-Rente aus der unternehmerischen Tätigkeit hat. Der aktive Verhandlungspartner maximiert seinen erwarteten Nutzen unter den Nebenbedingungen, daß der passive Partner ebenfalls Nutzenmaximierung betreibt und ihm mindestens seinen Reservationsnutzen zugestanden werden muß.[285]

Die folgende Modelldarstellung beschränkt sich auf den Fall, daß der Prinzipal der Verhandlungsführer ist und sich der Agent in der Rolle eines angestellten Geschäftsführers befindet. Diese Festlegung der Verhandlungspositionen erfolgt vor allem im Hinblick auf eine Self-Selection-Modellierung, in der der Prinzipal als Anbieter von unterschiedlichen Verträgen die aktive Verhandlungsposition übernimmt.[286]

1.1.2 Vermögen und Entlohnung des Agenten

Das Vermögen des Agenten setzt sich aus der Entlohnung und den Kosten für seinen Arbeitseinsatz zusammen. Die Entlohnung besteht aus einem Fixum (f) und einem variablen Anteil (x) am Gesamtergebnis (y). Die Kosten des Agenten betragen Z^2. Sie sind eine quadratische Funktion seines Arbeitseinsatzes, so daß das Erfordernis positiver Grenzkosten erfüllt ist. Das Vermögen des Agenten beträgt:

$$w_A(Z,f,x)=f+x\cdot y-Z^2.$$

(5.3)

Mit:

w_A = Vermögen des Agenten;

[285] Das opportunistische Verhalten spiegelt sich darin wider, daß Prinzipal und Agent jeweils ihren individuellen Erwartungsnutzen maximieren, vgl. Franke/Hax (1994), S. 430.

[286] Innerhalb von Self-Selection-Modellen ergreift stets der schlechter Informierte (= Prinzipal) die Initiative, vgl. Kreps (1990), S. 638 ff., und Rothschild /Stiglitz (1976), S. 634 ff.

f   = Fixum;

x   = Anteil des Agenten am Gesamtergebnis y.

Der Nutzen des Agenten wird durch den Erwartungswert und die Varianz seines Vermögens determiniert. Das Sicherheitsäquivalent findet durch folgende Präferenzfunktion seinen Ausdruck:[287]

$$\phi_A = E(w_A) - \frac{1}{2}\alpha \ var(w_A).$$

(5.4)

Mit:

α = Maß für die absolute Risikoaversion des Agenten.

Die Eigenschaften der Linearität und Normalverteilung gewährleisten, daß der Nutzen eine monoton steigende Funktion des Sicherheitsäquivalentes ist, so daß es legitim ist, wenn im folgenden nicht vom Sicherheitsäquivalent, sondern nur kurz vom Nutzen die Rede ist.[288]

Für den Nutzen des Agenten gilt:[289]

$$\phi_A = f + x \cdot [Z - E(S)] - Z^2 - \frac{1}{2}\alpha x^2 (\sigma_S^2 + \sigma_\theta^2).$$

(5.5)

Mit:

σ_S^2 = Varianz des versicherbaren Schadens;

σ_θ^2 = Varianz der nicht versicherbaren Einzahlungskomponente.

---

[287]   Die Präferenzfunktion weist die Schwäche auf, daß die Risikoaversion unabhängig vom Vermögen des Entscheidungssubjekts ist, und sie wird daher häufig als realitätsfern kritisiert. Sie eignet sich aber aufgrund ihrer formalen Struktur zur Verwendung in modelltheoretischen Analysen. Vgl. Neus (1989a), S.50, und Pratt (1964), S.125 ff.

[288]   Unter den hier gegebenen Voraussetzungen ist die Vereinbarkeit des μ-σ-Prinzips mit dem Bernoulli-Prinzip gewährleistet, d.h. die Vereinbarkeit der Maximierung dieser Präferenzfunktion mit der Erwartungsnutzenmaximierung ist sichergestellt, vgl. Schneeweiß (1967), S. 149.

[289]   Der Einfachheit halber sei innerhalb dieses Grundmodells unterstellt, daß eine sichere Anlage/Verschuldung kostenfrei möglich ist. Das Sicherheitsäquivalent muß folglich nicht diskontiert werden, und auch auf die Indizierung verschiedener Zeitpunkte kann verzichtet werden.

Aus der Nutzenposition des Agenten läßt sich einfach der optimale Arbeitseinsatz ableiten:[290]

$$\frac{\partial \phi_A}{\partial Z} = x - 2Z = 0$$

$$<=> \quad Z^* = \frac{x}{2}.$$

(5.6)

Der Arbeitseinsatz des Agenten ist ausschließlich von dem ihm zustehenden Anteil x am Gesamteinkommen abhängig und hängt nicht unmittelbar vom versicherbaren Risiko ab.[291] Der Arbeitseinsatz steigt mit zunehmender variabler Vergütung und erreicht sein Maximum in Höhe von 1/2, wenn das Gesamteinkommen vollständig dem Agenten zusteht. Erhält der Agent hingegen keinen Anteil am Gesamtergebnis, dann hat er unabhängig von der Höhe des Fixums auch keinen Anreiz zu arbeiten.

Der Agent wird nur einen Vertrag mit dem Prinzipal schließen, wenn er durch die ihm gewährte Entlohnung seinen Reservationsnutzen in Höhe von m erhält, der hier vor dem Hintergrund alternativer Betätigungsmöglichkeiten exogen vorgegeben wird. Der Prinzipal wird dem Agenten jedoch nicht mehr als seinen Reservationsnutzen zubilligen.[292] Setzt man den optimalen Arbeitseinsatz Z* in die Nutzenfunktion des Agenten ein, dann lautet dessen Partizipationsbedingung:

$$\phi_A(Z^*,f,x) = f + \frac{x^2}{4}[1 - 2\alpha(\sigma_s^2 + \sigma_\theta^2)] - xE(S) = m.$$

(5.7)

Das Fixum beträgt unter Beachtung der Partizipationsbedingung mindestens:

---

[290] Die Bedingung zweiter Ordnung ist erfüllt.

[291] In den nachfolgenden Ausführungen wird ersichtlich, daß sich eine mittelbare Abhängigkeit über den Anteil x am Gesamtergebnis ergibt.

[292] Die gesamte Quasi-Rente fällt dem Prinzipal zu.

$$f = m - \frac{x^2}{4}[1 - 2\alpha(\sigma_s^2 + \sigma_\theta^2)] + xE(S). \tag{5.8}$$

Es sei angemerkt, daß das Fixum nicht ausschließlich für positive Werte von f definiert ist. Bei geringer Risikoaversion des Agenten, geringem Erwartungswert des Schadens oder geringem Reservationsnutzen nimmt das Fixum kleine Werte an und kann durchaus auch negativ sein. Ein negatives Fixum stellt eine Zahlung von dem Agenten an den Prinzipal für die Bereitstellung von Kapital dar.[293] Wie noch zu zeigen sein wird, nimmt die Relevanz der Versicherung mit steigender Risikoaversion des Agenten zu. In Anlehnung an das Untersuchungsziel ist von eher hohen Werten für die Risikoaversion des Agenten auszugehen, so daß in dieser speziellen Betrachtungsweise das Fixum ausschließlich positive Werte annehmen kann.[294]

Der risikoaverse Agent verlangt dafür, daß er teilweise durch einen Anteil am unsicheren Gesamtergebnis entlohnt wird, eine Risikoprämie. Die Risikoprämie errechnet sich als Differenz zwischen dem Erwartungswert seines Vermögens E(w) und dem Sicherheitsäquivalent $\phi_A(Z,f,x)$:[295]

$$RP = E(w_A) - \phi_A(Z^*,f,x)$$

$$= \frac{1}{2}\alpha x^2(\sigma_s^2 + \sigma_\theta^2). \tag{5.9}$$

Es ist ersichtlich, daß die Risikoprämie mit zunehmender Streuung des versicherbaren Schadens um seinen Erwartungswert steigt.

Im Hinblick auf die fixe und variable Vergütung stellt sich die Frage, ob eine Verminderung des Fixums durch eine Erhöhung der leistungsorientierten Vergütung auszuglei-

---

[293] Die Zahlung an den Prinzipal läßt sich anschaulich als Zins- und Tilgungszahlung für die Bereitstellung von Fremdkapital interpretieren.

[294] Diese Annahme ist für die Modellergebnisse keine "conditio sine qua non", erleichtert aber die nachfolgenden Modellinterpretationen.

[295] Zur Berechnung der Risikoprämie vgl. Laux (1995), S. 197 ff.

chen ist. Diese Hypothese ist nur innerhalb eines bestimmten Wertebereiches für die Risikoaversion des Agenten und die Höhe der Risikokomponenten erfüllt. Es gilt:

$$\frac{\partial f}{\partial x} = -\frac{1}{2}x[1 - 2\alpha(\sigma_S^2 + \sigma_\theta^2)] + E(S).$$

(5.10)

Eine Verifizierung der Hypothese setzt voraus, daß der obige Ausdruck negativ ist. Es muß also gelten:

$$2\alpha(\sigma_S^2 + \sigma_\theta^2) + \frac{2}{x}E(S) < 1.$$

(5.11)

Der Agent fordert tendentiell nur dann für eine Kürzung des Fixums einen höheren Anteil am Gesamtergebnis, wenn

- die Risikoaversion des Agenten und die Varianzen der versicher- und unversicherbaren Risikokomponenten niedrig sind

    und/oder

- der Erwartungswert des Schadens gering ist.

Die Erhöhung der leistungsorientierten Vergütung durch eine Steigerung von x läßt sich in 3 Partialeffekte zerlegen:[296]

1. Effekt: Der höhere Anteil am Gesamtergebnis y gewährleistet dem Agenten ceteris paribus eine Steigerung des zu erwartenden Vermögens $E(w_A)$.

2. Effekt: Der Arbeitseinsatz des Agenten steigt, so daß er einerseits von einem höheren Gesamtergebnis y profitiert und andererseits einen Mißnutzen durch den höheren Arbeitseinsatz in Kauf zu nehmen hat.

3. Effekt: Der Agent verlangt eine höhere Risikoprämie, weil er ein höheres Risiko trägt.

---

[296]   Diese Effekte werden innerhalb der Analyse der Versicherungsentscheidung erneut aufgegriffen.

133

Wenn die nutzensteigernden Effekte in Form eines höheren Anteils an einem gestiegenen erwarteten Gesamtergebnis größer sind als die Nutzenminderung durch zusätzliches Arbeitsleid und einer Steigerung der Risikoprämie, dann ist eine Verminderung der fixen Vergütung durch eine Erhöhung des variablen Anteils auszugleichen.

1.1.3 Vermögen des Prinzipals

Das Vermögen des Prinzipals setzt sich zusammen aus dem Gesamtergebnis y abzüglich der Entlohnung für den Agenten:

$$w_P = y - (f + xy)$$

$$= (1-x)(Z - \tilde{S} + \tilde{\theta}) - f.$$ (5.12)

Der Nutzen des Prinzipals ist aufgrund der unterstellten Risikoneutralität gleich dem Erwartungswert des Vermögens $(E(w_P))$:[297]

$$\phi_P = (1-x)[Z - E(S)] - f.$$ (5.13)

Unter Beachtung des optimalen Arbeitseinsatzes Z* ergibt sich:[298]

$$\phi_P = (1-x)[\frac{x}{2} - E(S)] - f.$$ (5.14)

Das Fixum f und der Anteil des Agenten am Gesamtergebnis x werden so gewählt, daß der Agent genau seinen Reservationsnutzen m realisiert. Setzt man die nach f aufgelöste Partizipationsbedingung (5.08) des Agenten in (5.14) ein, folgt für den Nutzen des Prinzipals:

---

[297] Analog zur Vorgehensweise bei dem Agenten wird bei dem Prinzipal ausschließlich sein Sicherheitsäquivalent betrachtet.

[298] In der Berücksichtigung des optimalen Arbeitseinsatzes des Agenten im Optimierungskalkül des Prinzipals kommt zum Ausdruck, daß der Prinzipal dem Agenten opportunistisches Verhalten unterstellt.

$$\phi_P = (1-x)[\frac{x}{2} - E(S)] - m + \frac{x^2}{4}[1 - 2\alpha(\sigma_s^2 + \sigma_\theta^2) - xE(S)].$$

(5.15)

Der Nutzen ist ausschließlich eine Funktion von x.[299] Der Anteil des Agenten am Gesamtergebnis, der das Vermögen des Prinzipals maximiert, kann nun einfach bestimmt werden:[300]

$$x^* = \frac{1}{1 + 2\alpha(\sigma_S^2 + \sigma_\theta^2)}$$

(5.16)

Für das optimale Fixum f* und den optimalen Arbeitseinsatz Z* gilt unter Berücksichtigung von x*:[301]

$$f^* = m - \frac{1 - 2\alpha(\sigma_S^2 + \sigma_\theta^2)}{4(1 + 2\alpha(\sigma_S^2 + \sigma_\theta^2))^2} + \frac{1}{1 + 2\alpha(\sigma_S^2 + \sigma_\theta^2)} E(S)$$

(5.17)

und

$$Z^* = \frac{x^*}{2}$$

$$= \frac{1}{2[1 + 2\alpha(\sigma_S^2 + \sigma_\theta^2)]}$$

(5.18)

Der optimale Anteil am Gesamtergebnis (x*) und der optimale Arbeitseinsatz (Z*) werden nicht durch den Erwartungswert des Schadens beeinflußt. Lediglich die fixe Entlohnung f* ist positiv von dem erwarteten Schaden abhängig.

Für den Nutzen des Prinzipals folgt aus (5.15) und (5.16):

---

[299] Bei den übrigen Variablen handelt es sich um exogene Größen.

[300] Hierzu wird die erste Ableitung von Gleichung (5.15) gleich Null gesetzt (= Bedingung erster Ordnung) und nach x aufgelöst. Die hinreichende Bedingung für ein Optimum ist erfüllt.

[301] Für die Bestimmung des optimalen Fixums f* ist x* in (5.8) einzusetzen und für die Bestimmung des optimalen Arbeitseisatzes ist x* in (5.6) zu substituieren.

$$\phi_P = \frac{1}{4}x^* - E(S) - m$$

(5.19)

Unter Berücksichtigung des optimalen Arbeitseinsatzes gilt:

$$\phi_P = \frac{1}{2}Z^* - E(S) - m$$

(5.20)

Da dem Prinzipal die gesamte Quasi-Rente zufällt, mindert sich das Vermögen des Prinzipals vollständig in Höhe des versicherbaren erwarteten Schadens, d.h., daß ausschließlich der Prinzipal eine Vermögensminderung durch den Erwartungswert des Schadens in Kauf zu nehmen hat. Der Agent erfährt durch den Erwartungswert des versicherbaren Schadens keine Vermögensminderung, weil die geforderte fixe Vergütung f die Minderung des Gesamtergebnisses durch den Erwartungswert des Schadens genau ausgleicht, um ihm seinen Reservationsnutzen m zu gewährleisten. Die Streuung des Schadens um seinen Erwartungswert mindert aufgrund der Risikoneutralität des Prinzipals zumindest nicht unmittelbar sein Vermögen. Mittelbar wird die Vermögensposition des Prinzipals dadurch beeinflußt, daß sich die geforderte Risikoprämie des Agenten durch die Varianz versicherbarer Schäden erhöht, was sich ceteris paribus negativ auf den Anteil des Agenten am Gesamtergebnis und auf seinen Arbeitseinsatz auswirkt.

1.1.4 Agency-Kosten

Für die Bewertung alternativer Vertragsdesigns innerhalb einer Prinzipal-Agenten Beziehung spielen Agency-Kosten eine maßgebliche Rolle, die im Sinne von JENSEN/MECKLING[302] definiert werden als

■   Kosten für die Überwachung (Monitoring) des Agenten durch den Prinzipal;

■   Kosten für Selbstbindungsverpflichtungen des Agenten;

---

[302]   Vgl. Jensen/Meckling (1976), S. 308 ff.

■ Residualkosten in Form des immer noch nicht ausgeschöpften Wohlfahrtspotentials.

Agency-Kosten können interpretiert werden als ein Maß, das die Abweichung zwischen first-best-Lösung, die bei symmetrischer Information erreicht wird, und second-best-Lösung bei asymmetrischer Information mißt.[303] Bei symmetrischer Information wird der Arbeitseinsatz des Agenten ex ante genau festgelegt, und der Agent hat keinen diskretionären Handlungsspielraum, in dem er sich opportunistisch zu Lasten des Prinzipals verhalten kann. Im Szenario der asymmetrischen Information muß der Prinzipal den Opportunismus des Agenten in seinem Entscheidungskalkül berücksichtigen. Er mildert den damit verbundenen Vermögensnachteil durch Gewährung einer anreizkompatiblen Vergütung ab. Es besteht eine Interdependenz zwischen Arbeitseinsatz und Entlohnung. In der Regel ist der Arbeitseinsatz bei asymmetrischer Information geringer als bei symmetrischer Information, und es liegt eine second-best-Lösung vor.[304]

Etwas anschaulicher können Agency-Kosten auch als entscheidungstheoretischer Informationswert vollständiger Information charakterisiert werden. Dies bedeutet, daß der schlechter Informierte niemals mehr als die Höhe der Agency-Kosten für die Beseitigung der Informationsasymmetrie (= für die Erlangung vollständiger Information) ausgeben wird. Folglich bilden Agency-Kosten implizit eine Obergrenze für Monitoring-Kosten. Nachfolgend wird die Relevanz von versicherbaren Risiken im Hinblick auf Agency-Kosten aufgezeigt.

■ **First-best Lösung**

Sofern der Prinzipal den Arbeitseinsatz des Agenten beobachten kann, können theoretisch beide Parteien jeden möglichen Arbeitseinsatz unabhängig von einer bestimmten

---

[303] Zur Aussagekraft von Agency-Kosten im kapitalmarkttheoretischen Zusammenhang vgl. Neus (1989b).

[304] Zu einer first-best-Lösung bei asymmetrischer Information kommt es, wenn entweder Prinzipal und Agent risikoneutral sind, oder der Prinzipal risikoavers und der Agent risikoneutral ist. Dem Agenten steht im letzteren Fall vollständig das Gesamtergebnis y zu, und die optimale Risikoallokation ist mit dem maximalen Arbeitsanreiz des Agenten vereinbar.

Entlohnung festlegen.[305] Die Entlohnung erfolgt in diesem Szenario ausschließlich unter dem Gesichtspunkt einer optimalen Risikoallokation und hat nicht die Aufgabe, für einen Arbeitsanreiz des Agenten zu sorgen. Der Prinzipal wird unter diesen Umständen mit dem Agenten einen Vertrag aushandeln, der den höchst möglichen Arbeitseinsatz des Agenten vorsieht und in dem aufgrund der Risikoaversion des Agenten eine ausschließlich fixe Vergütung festgelegt wird, die dem Agenten genau seinen Reservationsnutzen zubilligt. Das Gesamtergebnis y steht vollständig dem Prinzipal zu. Bei der first-best-Lösung gilt für Z^{fb}, f^{fb} und x^{fb}:[306]

$$Z^{fb} = \frac{1}{2},$$

$$f^{fb} = m,$$

$$x^{fb} = 0.$$

Das Vermögen des Prinzipals beträgt:

$$V_P^{fb} = \frac{1}{4} - E(S) - m$$

(5.21)

- **Second-best-Lösung und Agency-Kosten**

Bei nachvertraglicher Informationsasymmetrie bezüglich des Arbeitseinsatzes des Agenten müssen hinsichtlich der Entlohnung zwei Aspekte beachtet werden: Zum einen die Risikoteilung zwischen Agent und Prinzipal, zum anderen der Leistungsanreiz für den Agenten. Im Vergleich zur first-best-Lösung resultieren aus der Doppelfunktion der Entlohnung eine suboptimale Risikoallokation und aus der Sicht des Prinzipals ein suboptimaler Arbeitseinsatz. Diese Abweichungen führen zu Agency-Kosten, die bei aktiver Vertragsgestaltung durch den Prinzipal auch von diesem getragen werden.[307]

---

[305]   Das Verhandlungsergebnis setzt selbstverständlich das Einverständnis von Prinzipal und Agent voraus.

[306]   fb bedeutet first-best.

[307]   Der Agent erhält seinen Reservationsnutzen unabhängig von der Höhe der Agency-Kosten.

Die Agency-Kosten lassen sich aus der Differenz zwischen dem Nutzen des Prinzipals bei Informationsasymmetrie (5.20) und dem Nutzen bei der first-best-Lösung berechnen:

$$AC = \phi_P^{fb} - \phi_P$$

$$= \frac{2\alpha(\sigma_S^2 + \sigma_\theta^2)}{4[1 + 2\alpha(\sigma_S^2 + \sigma_\theta^2)]}$$

$$= \frac{\alpha(\sigma_S^2 + \sigma_\theta^2)}{2 + 4\alpha(\sigma_S^2 + \sigma_\theta^2)}. \tag{5.22}$$

Die Höhe der Agency-Kosten wird determiniert durch die Risikoaversion des Agenten und durch die Varianzen der versicherbaren und unversicherbaren Risikokomponenten. Der Erwartungswert des Schadens hat keinen Einfluß auf die Höhe der Agency-Kosten.

Der Einfluß der Varianz des Schadens auf die Höhe der Agency-Kosten läßt sich folgendermaßen veranschaulichen:

$$\frac{\partial AC}{\partial \sigma_S^2} = \frac{2\alpha}{[2\alpha(\sigma_S^2 + \sigma_\theta^2) + 1]^2} > 0. \tag{5.23}$$

Bei Risikoaversion des Agenten steigen die Agency-Kosten mit zunehmender Streuung des Schadens um seinen Erwartungswert. Zudem ist festzustellen, daß der positive Einfluß der Varianz auf die Agency-Kosten mit zunehmender Risikoaversion des Agenten steigt. Aus der Sicht des Prinzipals ist es im Hinblick auf die Agency-Kosten vorteilhaft, einem möglichst wenig risikoscheuen Agenten die Unternehmensführung anzuvertrauen. Sofern Prinzipal und Agent risikoneutral sind, entstehen keine Agency-Kosten.

Agency-Kosten können andererseits auch dadurch gesenkt werden, daß der Prinzipal versucht, das versicherbare und unversicherbare Risiko zu senken. Im Hinblick auf die Reduzierung des unversicherbaren Risikos ließe sich prüfen, ob durch Terminmarktinstrumente wie Optionen oder Futures eine Senkung der Agency-Kosten erreicht

139

werden kann. Innerhalb der nachfolgenden Modellerweiterung wird im Hinblick auf die Reduzierung des versicherbaren Risikos die Wirkungsweise einer Versicherung aufgezeigt.

1.2   LEN-Modell unter Einbeziehung einer Versicherung

1.2.1   Versicherungsprämie und Selbstbeteiligung

Prinzipal und Agent haben in der weiteren Modellbetrachtung die Möglichkeit, für die versicherbaren Risiken eine Versicherung abzuschließen. Die zu entrichtende Versicherungsprämie (VP) setzt sich aus der fairen Prämie (E(S)) und einem Sicherheitszuschlag (λ) zusammen und hängt zudem von der Höhe der relativen Selbstbeteiligung (ß) ab, die der Prinzipal wählt.[308] Der Sicherheitszuschlag kann als Deckungsbeitrag für mögliche Überschäden interpretiert werden. Er ist für jede Einheit des von der Versicherung übernommenen Risikos gleich hoch und damit unabhängig vom Versicherungsumfang (1-ß):[309]

$$VP = (1-\beta)(1+\lambda)E(S). \tag{5.24}$$

Zur Finanzierung der Versicherungsprämie stellt der Prinzipal am Anfang der Periode zusätzliches Kapital bereit, das aus den mit der unternehmerischen Tätigkeit verbundenen Rückflüssen zurückgezahlt wird.[310]

---

[308]   Im Gegensatz zum vierten Kapitel wird die Selbstbeteiligung ß als relative Größe definiert, deren Ausprägungen im Intervall [0,1] liegen. Befinden sich Optima links (rechts) von diesem Intervall, dann ist die Randlösung 0 (1) maßgeblich. Dies ist auf die Monotonie der hier maßgeblichen Funktionen zurückzuführen. Im Gegensatz zu den Ausführungen im vorherigen Abschnitt wird die Versicherungsprämie hier nicht endogen hergeleitet. Der Gleichgewichtspreis in Höhe des Erwartungswertes des Schadens kann in diesem Szenario beispielsweise deswegen überschritten werden, weil keine vollständige Konkurrenz auf dem Versicherungsmarkt herrscht.

[309]   Zur Prämienberechnung vgl. Farny (1995), S. 44.

[310]   Durch die zusätzliche Kapitalbereitstellung wird sichergestellt, daß das dem Agenten zur Verfügung gestellte Kapital für unternehmerische Tätigkeit unabhängig vom dem Abschluß einer Versicherung ist.

Es gilt:[311]

$$\tilde{y}_i = -VP + Z - \tilde{S} - \tilde{\theta} + (1-\beta)\tilde{S}.$$

(5.25)

Die Schmälerung des Gesamtergebnisses (y) in Höhe der Versicherungsprämie (VP) wird teilweise durch die Versicherungsleistung ((1-ß)S) kompensiert.

1.2.2 Nutzen des Agenten und des Prinzipals

Die Veränderung des Gesamtergebnisses induziert eine Vermögensänderung des Agenten:

$$\tilde{w}_i(Z,f,x,\beta) = f + x[-VP + Z - \tilde{S} - \tilde{\theta} + (1-\beta)\tilde{S}] - Z^2.$$

(5.26)

Bei positivem Prämienaufschlag verringert sich die Vermögensposition des Prinzipals. Betrachtet man hingegen den Nutzen des Agenten, so ist nicht nur die Auswirkung der Versicherung auf das Gesamtergebnis y, sondern auch die Nutzensteigerung durch die partielle Übertragung des Risikos auf das Versicherungsunternehmen zu berücksichtigen. Diese Nutzensteigerung resultiert aus einer Verminderung der vom Agenten geforderten Risikoprämie. Der Nutzen des Agenten beträgt:

$$\phi_{Ai} = f + x[-VP + Z - E(S) + (1-\beta)E(S)] - Z^2 - \frac{1}{2}\alpha x^2(\beta^2\sigma_S^2 + \sigma_\theta^2).$$

(5.27)

Unter Berücksichtigung der Versicherungsprämie gemäß (5.24) ergibt sich:

$$\phi_{Ai} = f + x[-(1+(1-\beta)\lambda)E(S) + Z] - Z^2 - \frac{1}{2}\alpha x^2(\beta^2\sigma_S^2 + \sigma_\theta^2).$$

(5.28)

---

[311]   Der Index "i" kennzeichnet die Einbeziehung einer Versicherung.

Wie sich leicht zeigen läßt, hat die Versicherung ceteris paribus zwei gegenläufige Auswirkungen auf den Nutzen des Agenten:

$$\frac{\partial \phi_{Ai}}{\partial \beta} = x\lambda E(S) - x^2\alpha\beta\sigma_S^2.$$

(5.29)

Der Agent erfährt mit zunehmendem Versicherungsschutz (1-ß) insgesamt eine Steigerung seines Nutzens, sofern die mit dem Versicherungsabschluß verbundene marginale Verminderung der Risikoprämie ($x^2\alpha\beta\sigma_S^2$) größer ist als die marginale Nutzenminderung durch den anteiligen Prämienzuschlag ($x\lambda E(S)$).[312] Hierbei ist zu berücksichtigen, daß der Agent als passiver Verhandlungspartner ausschließlich seinen Reservationsnutzen (m) realisiert und ihm eine etwaige Nutzensteigerung durch den Versicherungsabschluß nicht zugute kommt.[313]

Der optimale Arbeitseinsatz beträgt unter Einbeziehung einer Versicherung unverändert:

$$Z^* = \frac{x}{2}.$$

(5.30)

Der Arbeitseinsatz wird mittelbar durch die Versicherung beeinflußt, wenn sie den Anteil des Agenten am Gesamtvermögen (x) verändert. Unter Berücksichtigung des optimalen Arbeitseinsatzes ergibt sich für den Nutzen des Agenten:

$$\phi_{Ai} = f + \frac{x^2}{4}[1 - 2\alpha(\beta^2\sigma_s^2 + \sigma_\theta^2)] - x[1 + (1-\beta)\lambda]E(S) = m.$$

(5.31)

Hieraus folgt für die fixe Vergütung f:

$$f = m - \frac{x^2}{4}[1 - 2\alpha(\beta^2\sigma_S^2 + \sigma_\theta^2)] + x[1 + (1-\beta)\lambda]E(S).$$

(5.32)

---

[312] Ein zunehmender Versicherungsschutz geht mit einer Verminderung von ß einher.

[313] Der Prinzipal wird im Falle einer Nutzensteigerung die Entlohnung des Agenten derart abändern, daß der Agent weiterhin seinen Reservationsnutzen (m) erhält und ausschließlich der Prinzipal von der Nutzensteigerung profitiert.

Da in diesem Modellrahmen ausschließlich der Prinzipal von einem Versicherungsabschluß profitieren kann, ist für die eigentliche Versicherungsentscheidung der Einfluß
der Versicherung auf das Vermögen und den Nutzen des Prinzipals maßgeblich. Der
Nutzen des Prinzipals beträgt unter Einbeziehung einer Versicherung:

$$\phi_{Pi}=(1-x)[-(1+(1-\beta)\lambda)E(S)+Z]-f.$$

(5.33)

Nach Substitution von f gemäß (5.32) folgt:

$$\phi_{Pi}=(1-x)Z-(1+(1-\beta)\lambda)E(S)-m+\frac{x^2}{4}[1-2\alpha(\beta^2\sigma_S^2+\sigma_\theta^2)].$$

(5.34)

Um die versicherungsbedingten Änderungen der Nutzenposition des Prinzipals transparent werden zu lassen, sind die Auswirkungen der Versicherung auf die Entlohnung
und den Arbeitseinsatz des Agenten zu verdeutlichen.

1.2.3 Versicherung, Entlohnung, Arbeitseinsatz und optimaler Versicherungs-
umfang

Die Versicherung beeinflußt simultan die optimale Entlohnung und den optimalen
Arbeitseinsatz des Agenten. Hieraus ergeben sich Implikationen für die Interpretation
des optimalen Versicherungsumfanges.

■   **Versicherung, variable Vergütung und Arbeitseinsatz:**

Satz 1:
Im Optimum bedingt die Einbeziehung einer Versicherung eine Steigerung der variablen
Entlohnungskomponente x und führt dadurch zu einer Steigerung des Arbeitseinsatzes Z.

Beweis:

Für den optimalen Anteil (x*) des Agenten am Gesamtergebnis gilt:[314]

$$x^* = \frac{1}{1+2\alpha(\beta^2\sigma_S^2+\sigma_\theta^2)}.$$

(5.35)

Wie leicht gezeigt werden kann, bedingt der Versicherungsabschluß eine Steigerung des optimalen Anteils x*:

$$\frac{dx^*}{d\beta} = -\frac{4\alpha\beta\sigma_S^2}{[1+2\alpha(\beta^2\sigma_S^2+\sigma_\theta^2)]^2}.$$

(5.36)

Dieser Ausdruck ist stets negativ, so daß mit abnehmender Selbstbeteiligung, d.h. mit zunehmendem Versicherungsumfang, stets ein höherer Anteil x am Gesamtergebnis y einhergeht. Damit steigt die variable Vergütung. Die Steigerung von x wiederum führt im Optimum bei Einbeziehung einer Versicherung zu einem höheren Arbeitseinsatz (Z*=x*/2). (q.e.d.)

- **Optimaler Versicherungsumfang:**

Satz 2:

Der Abschluß einer Versicherung ist aus der Sicht des Prinzipals vorteilhaft, wenn die damit verbundene Minderung der Risikoprämie des Agenten größer ist als der in der Versicherungsprämie enthaltene Prämienzuschlag. Hieraus folgt, daß eine Versicherungsprämie in Höhe der fairen Prämie im Optimum eine vollständige Absicherung der versicherbaren Risiken impliziert.

Beweis:

Unter Berücksichtigung des optimalen Arbeitseinsatzes und des optimalen Anteils des

---

[314] Gleichung (5.34) ist unter Berücksichtigung von Z=x/2 über x zu optimieren. Die Bedingung zweiter Ordnung ist erfüllt.

Agenten am Gesamtergebnis gilt für den Nutzen des Prinzipals:[315]

$$\phi_{Pi} = \frac{1}{4}x^* - (1 + (1 - \beta^*)\lambda)E(S) - m. \tag{5.37}$$

Die Bedingung erster Ordnung für die optimale Selbstbeteiligung lautet:[316]

$$\frac{d\phi_{Pi}}{d\beta} = \frac{\partial\phi_{Pi}}{\partial x} \cdot \frac{dx}{d\beta} + \frac{\partial\phi_{Pi}}{\partial\beta} = 0$$

$$<=> -\frac{1}{4}\frac{4\alpha\beta\sigma_S^2}{(1 + 2\alpha(\beta\sigma_S^2 + \sigma_\theta^2))^2} + \lambda E(S) = 0. \tag{5.38}$$

Unter Berücksichtigung von x* gemäß (5.35) folgt daraus:

$$x^{*2}\alpha\beta\sigma_S^2 = \lambda E(S). \tag{5.39}$$

Bei dem Ausdruck $x^{*2}\alpha\beta\sigma_s^2$ handelt es sich um die Veränderung der vom Agenten geforderten Risikoprämie durch eine marginale Zunahme der Selbstbeteiligung. Der Versicherungsabschluß ist folglich solange vorteilhaft für den Prinzipal, wie die damit verbundene Minderung der Risikoprämie größer ist als der Prämienzuschlag $\lambda E(S)$. Das Optimum ist erreicht, wenn bei einer marginalen Zunahme des Versicherungsumfanges die Verminderung der Risikoprämie genau durch den zusätzlich zu entrichtenden Prämienzuschlag ausgeglichen wird. Entspricht die Versicherungsprämie der fairen Prämie (λ=0), dann führt ein vollständiger Versicherungsschutz zu einer Maximierung des Nutzens des Prinzipals. (q.e.d.)

---

[315] In die Nutzenposition des Prinzipals (5.34) sind x* und Z* einzusetzen. Nach geeignetem Umformen ergibt sich (5.37).

[316] Wie leicht nachgewiesen werden kann, ist die Bedingung zweiter Ordnung ($d^2\phi_P/d^2\beta < 0$) erfüllt.

145

- **Versicherung bei Konstanz der variablen und fixen Vergütung:**

In der unternehmerischen Realität ist zu beobachten, daß die Versicherungsentscheidung häufig unabhängig von der Entlohnung des Agenten getroffen wird.[317] Erfolgt die Versicherungsentscheidung **nachdem** der Prinzipal die fixe und variable Vergütung mit dem Agenten festgelegt hat und ohne daß der Prinzipal Interdependenzen zwischen der Entlohnung und Versicherung berücksichtigt, dann bewirkt der Versicherungsabschluß stets eine Nutzenminderung für den Prinzipal.[318] Es gilt:[319]

$$\phi_{PI} = (1-\underline{x})[-(1+(1-\beta)\lambda)E(S)+Z]-\underline{f}$$

(5.40)

und

$$\frac{d\phi_{Pi}}{d\beta} = (1-\underline{x})\lambda E(S).$$

(5.41)

Die Nutzeneinbuße in Höhe des Anteils des Prinzipals $(1-\underline{x})$ am Prämienaufschlag resultiert daraus, daß der Prinzipal lediglich an den Versicherungskosten beteiligt wird, ohne daß er mittel- oder unmittelbar von dem Versicherungsabschluß profitiert. Eine unmittelbare Vorteilhaftigkeit ist nicht gegeben, weil der Prinzipal risikoneutral ist und das Risiko selbst am kostengünstigsten übernehmen kann. Eine mittelbare Vorteilhaftigkeit durch die mit der Versicherung verbundene Verminderung der Risikoprämie des Agenten gereicht dem Prinzipal ebenfalls nicht zum Vorteil, weil die Entlohnung und damit auch der Arbeitseinsatz des Agenten unverändert bleiben.[320] Lediglich im Falle einer fairen Prämie $(\lambda=0)$ ist der Prinzipal indifferent bezüglich des Versicherungsumfanges.

---

[317] Beispielhaft sei auf die Managementvergütung in vielen Aktiengesellschaften verwiesen, die in der Regel nicht an ein bestimmtes Versicherungs- und Absicherungsniveau gebunden ist. Auch auf den Hauptversammlungen gibt ein veränderter Versicherungs- und Absicherungsumfang keinen Anstoß dazu, daß über die Vergütung des Vorstandes neu verhandelt wird. Dies gibt Anlaß dazu, in diesem Szenario dem Prinzipal eine gewisse Naivität zu unterstellen.

[318] Zu einem Versicherungsabschluß seitens des Agenten kommt es nur dann, wenn er dadurch seinen Nutzen über den Reservationsnutzen hinaus steigern kann.

[319] Konstante Größen sind durch einen Querbalken gekennzeichnet.

[320] Der konstante Anteil des Agenten am Gesamtergebnis bedingt, daß sich auch der Arbeitseinsatz des Agenten nicht ändert.

Schließt der Agent im Rahmen der laufenden Geschäftstätigkeit eigenständig Versicherungen ab, dann wird er im Optimum folgende Selbstbeteiligung wählen:

$$\frac{\phi_{Ai}}{d\beta} = \underline{x}\lambda E(S) - \beta \underline{x}^2 \alpha \sigma_S^2 \overset{!}{=} 0$$

$$<=> \quad \beta^* \underline{x}^2 \alpha \sigma_S^2 = \underline{x}\lambda E(S). \tag{5.42}$$

Der Agent steigert solange den Versicherungsumfang, wie die marginale Verminderung
seiner Risikoprämie ($\beta \underline{x}^2 \alpha \sigma_S^2$) größer ist als der vom Agenten zu tragende marginale
Prämienaufschlag ($\underline{x}\lambda E(S)$). Aus einem Vergleich mit dem optimalen Versicherungsschutz aus Sicht des Prinzipals gemäß (5.39) wird deutlich, daß der Agent im Optimum
einen höheren Versicherungsschutz wählt.[321] Als wichtige Konsequenz folgt daraus, daß
eine Delegation der Versicherungsentscheidung an den Agenten (bei dieser "naiven"
Sichtweise) stets mit einer Übersicherung der versicherbaren Risiken einhergeht.

Mangels Neuverhandlungen über die Entlohnung erfährt der Prinzipal durch den (gesamten) Versicherungsabschluß eine Nutzeneinbuße in Höhe von:[322]

$$\phi_{Pi} - \phi_P = -(1 - \underline{x})(1 - \beta^*)\lambda E(S). \tag{5.43}$$

Der Nutzen des Prinzipals vermindert sich in Höhe des mit dem Anteil am Gesamtergebnis (1-$\underline{x}$) und mit dem optimalen Versicherungsumfang (1-ß*) gewichteten Prämienaufschlags. Bei positivem Prämienaufschlag und konstanter Entlohnung ist eine Delegation der Versicherungsentscheidung auf den Agenten nicht im Sinne des Prinzipals, da
dies zu einer Verringerung seiner Quasi-Rente führt.

---

[321] Dies hängt damit zusammen, daß der Agent nur anteilig in Höhe von $\underline{x}$ an der Versicherungsprämie beteiligt wird.

[322] Würde auf der Grundlage des optimalen Versicherungsschutzes aus der Sicht des Prinzipals die
Versicherungsentscheidung in der Entlohnung berücksichtigt und an den Agenten delegiert, dann
würde der Prinzipal ausschließlich aufgrund der aufgezeigten Übersicherung eine Nutzeneinbuße
erleiden.

Innerhalb dieses Szenarios erreicht der Agent durch den Versicherungsabschluß einen Nutzen, der seinen Reservationsnutzen übersteigt. Dies ist dadurch bedingt, daß die Versicherungsentscheidung von der Festlegung der Entlohnung entkoppelt ist. In einem ersten Schritt erhält der Agent im Zuge der Festlegung der fixen und variablen Entlohnung seinen Reservationsnutzen m. Anschließend wählt der Agent einen Versicherungsumfang, der seinen Nutzen über das Reservationsniveau hinaus steigert.

- **Versicherung und fixe Vergütung:**

Bei der fixen Vergütung des Agenten ist zu beachten, daß diese sowohl mittelbar über den Anteil am Gesamtergebnis (x) als auch unmittelbar von der Höhe der Selbstbeteiligung ß abhängt. Es gilt:[323]

$$\frac{df}{d\beta} = \frac{\partial f}{\partial x} \cdot \frac{dx}{d\beta} + \frac{\partial f}{\partial \beta}$$

$$= [-\frac{x}{2}(1 - 2\alpha(\beta^2\sigma_S^2 + \sigma_\theta^2)) + (1 + (1-\beta)\lambda)E(S)] \cdot \frac{dx}{d\beta}$$

$$+ x^2\alpha\beta\sigma_S^2 - x\lambda E(S). \tag{5.44}$$

Satz 3:
Steigt ceteris paribus der Nutzen des Agenten mit zunehmendem Anteil x am Gesamtergebnis y ($\partial\phi_{Ai}/\partial x > 0$), dann ist das eine hinreichende Bedingung dafür, daß im Optimum die fixe Vergütung mit zunehmendem Versicherungsschutz sinkt.

Beweis:
Die fixe Vergütung f sinkt mit zunehmendem Versicherungsschutz, wenn df/dß > 0 ist. Wie bereits gezeigt wurde, steigt der Anteil x mit zunehmendem Versicherungsschutz, so daß dx/dß < 0 ist. Weiterhin gilt, daß $\partial f/\partial \beta$ im Optimum ausschließlich positive Werte annimmt. Dies folgt aus der Bedingung für den optimalen Versicherungsumfang aus der Sicht des Prinzipals.

---

[323]   Zur fixen Vergütung vgl. Formel (5.32).

Im Optimum gilt:[324]

$$x^{*2}\alpha\beta\sigma_s^2 - \lambda E(S) = 0 \tag{5.45}$$

Folglich ist im Optimum:

$$\frac{\partial f}{\partial \beta} = x^{*2}\alpha\beta\sigma_S^2 - x^*\lambda E(S) > x^{*2}\alpha\beta\sigma_S^2 - \lambda E(S) = 0$$

$$<=> \quad \frac{\partial f}{\partial \beta} > 0. \tag{5.46}$$

Im Optimum sinkt ceteris paribus die fixe Vergütung mit zunehmendem Versicherungs-schutz. Aus dx/dß < 0 und ∂f/∂ß >0 folgt, daß insgesamt die fixe Vergütung mit steigen-der Versicherung sinkt, wenn ceteris paribus das Fixum mit steigendem Anteil x am Gesamtergebnis sinkt (∂f/∂x < 0). Es gilt:

$$\frac{\partial f}{\partial x} = -[\frac{1}{2}x(1-2\alpha(\beta^2\sigma_S^2+\sigma_\theta^2))-(1+(1-\beta)\lambda)E(S)]$$

$$= -\frac{\partial \phi_{Ai}}{\partial x}. \tag{5.47}$$

Steigt ceteris paribus der Nutzen des Agenten mit steigendem variablen Anteil x am Gesamtergebnis y, dann sinkt das Fixum f mit zunehmendem x. Dies ist eine hinreichen-de Bedingung dafür, daß im Optimum die Einbeziehung einer Versicherung zu einer Verringerung der fixen Vergütung führt.[325] (q.e.d.)

Dieses Ergebnis ist auch intuitiv sehr einsichtig. Die Einbeziehung einer Versicherung bedingt einen höheren Anteil des Agenten (x) am Gesamtergebnis (y). Wenn diese Erhöhung der variablen Vergütung zu einer Nutzensteigerung des Agenten führt, dann ist

---

[324]   Vgl. Formel (5.39).

[325]   Der Nutzen des Agenten steigt mit zunehmendem Anteil x, wenn der dadurch bedingte höhere Anteil am Erwartungswert des gestiegenen Gesamtergebnisses y größer ist als die damit verbun-dene Zunahme der Risikoprämie zuzüglich der gestiegenen Arbeitskosten des Agenten. Vgl. hierzu ausführlich die drei Partialeffekte in Abschnitt 1.1.2 innerhalb dieses Kapitels.

das Fixum zu reduzieren, um den Agenten wieder auf seinen Reservationsnutzen in Höhe von m zurückzuführen.

1.2.4 Agency-Kosten und Versicherung

Unter Berücksichtigung einer Versicherung betragen die Agency-Kosten:

$$AC = \phi_P^{fb} - \phi_{P_i}$$

$$= [\frac{1}{4} - E(S) - m] - [\frac{1}{4}x^* - (1 + (1-\beta)\lambda)E(S) - m].$$

(5.48)

Nach Substitution des optimalen Anteils x^* gemäß (5.35), erhält man:

$$AC = \frac{\alpha(\beta^2\sigma_S^2 + \sigma_\theta^2)}{2 + 4\alpha(\beta^2\sigma_S^2 + \sigma_\theta^2)} + (1-\beta)\lambda E(S)$$

(5.49)

Da mit der optimalen Einbeziehung der Versicherung eine Minimierung der Agency-Kosten einhergeht, läßt sich die Bedingung für den optimalen Versicherungsumfang auch aus der versicherungsbedingten Minimierung der Agency-Kosten herleiten. Es gilt:[326]

$$\frac{dAC}{d\beta} = \frac{4\alpha\beta\sigma_S^2}{[2 + 4\alpha(\beta^2\sigma_S^2 + \sigma_\theta^2)]^2} - \lambda E(S) \overset{!}{=} 0$$

$$<=> \ x^{*^2}\alpha\beta\sigma_S^2 = \lambda E(S)$$

(5.50)

Erwartungsgemäß entspricht die Optimierungsbedingung für die Minimierung der Agency-Kosten der Bedingung für den optimalen Versicherungsumfang gemäß (5.39), die aus der Vermögensposition des Prinzipals hergeleitet wurde. Damit wird formal bestätigt, daß die Einbeziehung einer Versicherung stets zu einer Minimierung der

---

[326] Die hinreichende Bedingung für ein Minimum ist erfüllt.

Agency-Kosten führt. Andernfalls sieht der Prinzipal von einem Versicherungsabschluß ab.

1.2.5 Entlohnung, Versicherung und Finanzierungsweise

Für die hier relevante Betrachtungsweise, in der der Prinzipal Kapitalgeber und der Agent Unternehmer oder ein angestellter Geschäftsführer ist, läßt sich die Entlohnung mit unterschiedlichen Finanzierungsweisen interpretieren.[327]

■ **Beteiligungs- und Kreditfinanzierung**

Die first-best-Lösung impliziert, daß der Agent ausschließlich ein Fixum erhält (f>0) und nicht am Gesamtergebnis y beteiligt wird (x=0). Diese Entlohnung läßt auf eine reine Beteiligungsfinanzierung schließen, bei der dem Prinzipal als Beteiligungsgeber das gesamte Residuum abzüglich des fixen Gehalts für den Unternehmer zufließt. Reine Beteiligungsfinanzierung kann auch dann vorliegen, wenn das Fixum positiv ist und der Anteil des Agenten am Gesamtergebnis positiv und kleiner als Eins ist (0<x<1). In diesem Fall ist danach zu differenzieren, ob der Agent selbst in der Lage ist, eine Kapitaleinlage zu leisten, oder ob der Agent vollständig auf das Kapital des Prinzipals angewiesen ist. Verfügt der Agent selbst über Kapital, dann ist es möglich, daß Agent und Prinzipal Inhaber von Beteiligungstiteln sind. Ist der Agent hingegen vollständig auf das Kapital des Prinzipals angewiesen, dann hält der Prinzipal die gesamten Beteiligungstitel, und der Anteil x ist als eine Erfolgsbeteiligung zu interpretieren.

Wird abweichend von den obigen Modellannahmen unterstellt, daß der Agent risikoneutral und der Prinzipal risikoavers ist, kann die Entlohnung unabhängig davon, ob Informationsasymmetrie vorliegt oder nicht, als das Ergebnis einer reinen Kreditfinanzierung verstanden werden.[328] Der Agent trägt entsprechend seiner Risikoeinstellung das

---

[327] Zu den folgenden Ausführungen vgl. Franke/Hax (1994), S. 431 f.

[328] Die Entlohnung gemäß der optimalen Risikoallokation gewährleistet gleichzeitig den maximalen Arbeitseinsatz des Agenten, so daß die Lösung bei Informationsasymmetrie der first-best-Lösung entspricht.

gesamte Risiko und erhält vollständig das Gesamtergebnis (x=1) abzüglich des an den Prinzipal zu entrichtenden Fixums (f<0), auf das er als Fremdkapitalgeber einen Anspruch hat.[329]

Eine Mischung aus Beteiligungs- und Kreditfinanzierung liegt vor, wenn das Fixum negativ ist und der Anteil des Agenten am Gesamtergebnis zwischen 1 und 0 liegt (0<x<1). Das negative Fixum kann als Zins- und Tilgungszahlungen an den Kapitalgeber interpretiert werden, der darüber hinaus einen Anspruch auf das Residuum in Höhe von (1-x) hat. Diese Konstellation kann bei Risikoneutralität des Prinzipals und Risikoaversion des Agenten auftreten. In dem hier relevanten Szenario ist es ohne weitere Einschränkungen nicht möglich, auf eine bestimmte Finanzierungsweise zu schließen. In den obigen Ausführungen wird im Hinblick auf die Relevanz der Versicherung von einer hohen Risikoaversion des Agenten ausgegangen. Dies bedingt einen positiven Einfluß auf die Höhe der fixen Vergütung und gibt dazu Anlaß, ein positives Fixum zu vermuten. Folglich läßt die Entlohnung in dieser hier maßgeblichen Betrachtungsweise auf eine reine Beteiligungsfinanzierung schließen.[330]

■ Versicherung und Finanzierungsweise

Der Versicherungsabschluß beeinflußt die fixe und variable Vergütung des Agenten, und bei simultaner Festlegung der Finanzierungsweise und der Entlohnung läßt sich unter speziellen Annahmen eine Interdependenz zwischen Eigentümerverhältnissen der Unternehmung und Versicherung herstellen. Die Einbeziehung einer Versicherung wirkt sich in einer Steigerung des variablen Anteils x und tendenziell in einer Verminderung des Fixums f aus. Sofern Agent und Prinzipal vereinbaren, daß der Agent in Höhe des Anteils x am Gesamtergebnis y eine Unternehmensbeteiligung hält, impliziert die Versicherung eine höhere Beteiligungsquote des Agenten.[331] Dies setzt voraus, daß das Vermögen des Agenten noch ausreicht, um die Anteilssteigerung zu finanzieren. Die

---

[329]   Das Fremdkapital ist im LEN-Modell nicht ausfallbedroht, dessen Bereitstellung also risikolos.

[330]   Diese Annahme ist für den Modellhergang nicht zwingend notwendig, erleichtert aber das intuitive Verständnis der Modellergebnisse.

[331]   Diese Vereinbarung ist nicht zwingend. Der Agent kann einen Anteil x am Gesamtergebnis als Erfolgsprämie erhalten, ohne eine Kapitaleinlage leisten zu müssen.

Versicherung bewirkt im Hinblick auf die Eigentümerstruktur, daß sich der Anteil des Prinzipals verkleinert und der des Agenten vergrößert. Inhaltlich steht hinter dieser Überlegung, daß die mit dem Versicherungsabschluß verbundene Verminderung des Risikos dazu führt, daß sich die Risikoprämie des Agenten vermindert. Der Agent kann insgesamt einen höheren Anteil am Gesamtergebnis y tragen, was sich positiv auf seinen Arbeitseinsatz und auf den Nutzen des Prinzipals auswirkt. Die Entlohnung hat sich durch die Einbeziehung der Versicherung weniger an der optimalen Risikoallokation zu orientieren, da ein Teil des Risikos auf das Versicherungsunternehmen transferiert wird, und sie wird in höherem Maße der Zielsetzung gerecht, einen möglichst hohen Arbeitseinsatz des Agenten sicherzustellen. Das Abweichen von der optimalen Risikoallokation wird durch die Einbeziehung der Versicherung billiger.[332]

1.3 LEN-Modell und Self-Selection

1.3.1 Das Problem

Die Vertragsverhandlung zwischen Prinzipal und Agent kann dadurch erschwert werden, daß der Prinzipal nicht nur nachvertragliche, sondern auch vorvertragliche Informationsasymmetrien in seinem Entscheidungskalkül zu berücksichtigen hat. Im Rahmen des opportunistischen Verhaltens des Agenten liegt es nahe, daß der Agent seine persönlichen Eigenschaften derart gegenüber dem Prinzipal präsentiert, daß er den größtmöglichen Nutzen davon hat. Der Prinzipal muß stets mit der Möglichkeit rechnen, daß er vom Agent getäuscht wird. Von gravierender Bedeutung für die Festlegung der Entlohnung ist die Kenntnis der Risikoeinstellung des Agenten, die in den bisherigen Ausführungen als bekannt vorausgesetzt wurde. Der nachfolgenden Betrachtung liegt die Annahme zugrunde, daß der Prinzipal über die genaue Ausprägung der Risikoeinstellung des Agenten nicht informiert ist.

Eine Lösungsmöglichkeit für dieses Problem stellt das Modell der Self-Selection dar, bei dem der schlechter informierte Vertragspartner dem besser informierten Partner unter-

---

[332] Die Interdependenz zwischen Finanzierung und Versicherung wird ausführlich im sechsten Kapitel analysiert.

schiedliche Vertragstypen anbietet und von der Auswahl des Vertrages auf das verdeckte Merkmal, in diesem Fall also auf die Risikoeinstellung des Agenten, schließen kann.[333] In diesem Sinne möchte der Prinzipal durch seine Vertragsgestaltung informationsbedingte Wohlfahrtsverluste mindern, indem er bei seinen Vertragsangeboten die Risikoeinstellung der Agenten berücksichtigt. Zur Überwindung der Informationsasymmetrie bezüglich der Risikoeinstellung des Agenten ist es erforderlich, daß der Prinzipal die Verträge derart gestaltet, daß jeder Agent entsprechend seiner Risikoeinstellung den für ihn vorgesehenen Vertrag auswählt. Gelingt ihm dies, dann stellt sich ein Separating-Gleichgewicht auf dem Markt ein, und die Vertragsauswahl offenbart glaubhafte Informationen über die Risikoeinstellung der Agenten. Wählen hingegen alle Agenten trotz unterschiedlicher Risikoeinstellungen denselben Vertrag, dann impliziert die Vertragsgestaltung keine erfolgreiche Selbstwahl und es resultiert ein Pooling-Gleichgewicht.

1.3.2 Modellrahmen

Die Verträge zwischen Agenten und Prinzipal werden nachfolgend nicht mehr individuell ausgehandelt, sondern über einen Markt koordiniert, auf dem ein risikoneutraler Prinzipal risikoaversen und risikoneutralen Agenten Verträge offeriert. Die Agenten unterscheiden sich ausschließlich in ihrer Risikoeinstellung voneinander.[334] Der Prinzipal kann den Anteil der risikoneutralen Agenten (p) und damit auch den Anteil der risikoaversen Agenten (1-p) richtig einschätzen, eine genaue Zuordnung ist ihm allerdings nicht möglich. Die risikoaversen Agenten haben alle eine identische Risikoaversion in Höhe von α. Um die Eignung der Versicherung für eine effiziente Vertragsgestaltung deutlich hervorzuheben, wird in Abwandlung der bisherigen Ausführungen der Grenzfall der vollständigen Versicherbarkeit der hier relevanten Risiken unterstellt.[335] In den angebotenen Verträgen werden die fixe und variable Entlohnungskomponente des Agenten festgelegt, und sie haben in Anlehnung an die obige LEN-Modellierung allgemein die

---

[333] Zur Self-Selection auf dem Versicherungsmarkt vgl. Rothschild/Stiglitz (1976), 634 ff.

[334] Die Agenten haben insbesondere einen identischen Reservationsnutzen in Höhe von m, und der Arbeitseinsatz ist mit einem gleich hohen Arbeitsleid verbunden.

[335] Zur Problematik der vollständigen Versicherbarkeit vgl. Meyer (1989),S. 198 f.

154

Form:[336]

$$x(\alpha)=\frac{1}{1+2\alpha\sigma_S^2},$$

$$f(\alpha,m,x)=m-\frac{x^2}{4}(1-2\alpha\sigma_S^2)+xE(S).$$ (5.51)

1.3.3 Pooling-Gleichgewicht

Bei Kenntnis der genauen Risikoeinstellung der Agenten bietet der Prinzipal den risiko-neutralen Agenten Vertrag V1 und den risikoaversen Agenten Vertrag V2 an, wobei dafür jeweils gilt:

$$x_1=1$$

Vertrag V1:

$$f_1=m-\frac{1}{4}+E(S);$$

$$x_2=\frac{1}{1+2\alpha\sigma_S^2}$$

Vertrag V2:

$$f_2=m-\frac{x^2}{4}(1-2\alpha\sigma_S^2)+xE(S).$$

Die Verträge V1 und V2 sind in Anlehnung an die vorherige LEN-Modellierung so konstruiert, daß jeder Agententyp bei Auswahl des entsprechend der Risikoeinstellung vorgesehenen Vertrages den Reservationsnutzen in Höhe von m realisiert.

---

[336] Bei (5.51) handelt es sich um den optimalen Anteil x am Gesamtergebnis y und das optimale Fixum in Anlehnung an (5.16) und (5.17).

Kann der Prinzipal hingegen die Risikoeinstellung der Agenten nicht beobachten, dann impliziert dieses Vertragsangebot keine erfolgreiche Selbstwahl. Wählen risikoneutrale Agenten Vertrag V2 statt des vorgesehenen Vertrages V1, dann erreichen Sie ein Nutzenniveau in Höhe von

$$\phi_{A(\alpha=0,V_2)} = m + \frac{\alpha\sigma_S^2}{2(1+2\alpha\sigma_S^2)^2}$$

(5.52)

und stellen sich besser, als wenn sie Vertrag V1 auswählen würden. Es gilt:

$$\phi_{A(\alpha=0,V_1)} = m < \phi_{A(\alpha=0,V_2)}$$

(5.53)

Vertrag V2 gewährleistet den risikoneutralen Agenten ein Nutzenniveau, daß den Reservationsnutzen übersteigt. Sie eigenen sich durch die Wahl dieses Vertrages einen Teil der Quasi-Rente an, indem ihnen vom Prinzipal eine Risikoprämie zugestanden wird, die sie aufgrund ihrer Risikoeinstellung nicht verlangen dürften.

Risikoaverse Agenten haben hingegen keinen Vorteil, wenn sie nicht den für sie vorgesehenen Vertrag V2, sondern Vertrag V1 wählen:

$$\phi_{A(\alpha>0,V_1)} = m - \frac{\alpha\sigma_S^2}{2}$$

(5.54)

und

$$\phi_{A(\alpha>0,V_2)} = m > \phi_{A(\alpha>0,V_1)}$$

(5.55)

Folglich wählen sowohl risikoneutrale als auch risikoaverse Agenten Vertrag V2. Der Prinzipal kann von der Vertragsauswahl nicht auf die Risikoeinstellung der Agenten schließen, und auf dem Markt stellt sich ein Pooling-Gleichgewicht ein.

Durch die Vertragswahl der risikoneutralen Agenten erfährt der Prinzipal eine Min-

156

derung seines Erwartungsnutzens in Höhe von:[337]

$$E(\phi_{P(V_1,V_2)}) - \phi_{P(V_2)} = p\frac{\alpha\sigma_S^2}{2+4\alpha\sigma_s^2}.$$

(5.56)

Die erwartete Nutzeneinbuße entspricht den mit dem Anteil p gewichteten Agency-Kosten, die der Prinzipal im Pooling-Gleichgewicht zusätzlich zu tragen hat, und sie stellen für den Prinzipal informationsbedingte Wohlfahrtsverluste dar. Hintergrund dieser Nutzeneinbuße ist die Tatsache, daß im Pooling-Gleichgewicht im Hinblick auf die risikoneutralen Agenten eine first-best-Lösung verhindert wird. Die Wahl von Vertrag V1 würde zu einer optimalen Risikoallokation und einem maximalen Arbeitseinsatz seitens der risikoneutralen Agenten führen. Die mit der Abweichung vom Optimum verbundenen Agency-Kosten mindern demzufolge die Nutzenposition des Prinzipals. Diese Nutzeneinbuße veranlassen den Prinzipal dazu, das Vertragsangebot derart zu modifizieren, daß eine erfolgreiche Selbstwahl der Agenten und eine Nutzensteigerung des Prinzipals erreicht wird.

1.3.4 Separating-Gleichgewichte

Dem Prinzipal bieten sich zwei Vertragsalternativen an, die jeweils zu einem Separating-Gleichgewicht auf dem betrachteten Markt führen.

■ **Vertrag mit vollständigem Versicherungsschutz:**

Der Prinzipal modifiziert den Vertrag V2 dahingehend, daß er die versicherbaren Schäden vollständig versichert. Das Problem der asymmetrischen Information bleibt trotz der vollständigen Versicherung bestehen, weil er diesen Vertrag nur für die risikoaversen Agenten vorsieht. Damit die risikoneutralen Agenten nicht auch den Vertrag mit vollständiger Versicherung wählen, darf dieser nicht mit einem höheren Nutzen verbunden sein wie Vertrag V1. Die Entlohnung des neuen Vertrages beträgt:

---

[337] Die Nutzeneinbuße ergibt sich als Differenz zwischen dem Erwartungswert des Nutzens bei "richtiger" Vertragswahl der Agenten und dem Nutzen des Prinzipals im Pooling-Gleichgewicht. Zur Berechnung vgl. Anhang. Der mit den Anteilen p und 1-p gewichtete Nutzen des Prinzipals wird als Erwartungswert $E(\phi_P)$ formuliert.

157

$$x_3 = 1$$

Vertrag V3:

$$f_3 = m - \frac{1}{4} + (1+\lambda)E(S).$$

Die Einbeziehung der Versicherung gewährleistet, daß risikoneutrale Agenten durch die Wahl von Vertrag V3 statt Vertrag V1 keinen Vermögensvorteil realisieren:

$$\phi_{A(\alpha=0,V_3)} = \phi_{A(\alpha=0,V_1)} = m \qquad (5.57)$$

Der Prinzipal kann durch eine kleine Erhöhung des Fixums des Vertrages V1 sicherstellen, daß risikoneutrale Agenten den Vertrag V1 strikt gegenüber Vertrag V3 vorziehen. Die risikoaversen Agenten erzielen durch die Auswahl von Vertrag V3 genau ihren Reservationsnutzen m und haben weiterhin keinen Anreiz, Vertrag V1 zu wählen. Der Prinzipal kann durch die Auswahl des Vertrages seitens der Agenten auf deren Risikoeinstellung schließen. Das Vertragsangebot gewährleistet eine erfolgreiche Selbstwahl der Agenten, und auf dem Markt stellt sich ein Separating-Gleichgewicht ein.

Maßgeblich für das Angebot von Vertrag V3 ist die Vorteilhaftigkeit für den Prinzipal.[338]

Satz 4:
Bei hoher Risikoaversion der Agenten und/oder hoher Varianz versicherbarer Schäden und geringem Prämienaufschlag impliziert das Angebot von Vertrag V1 und Vertrag V3 einen höheren Erwartungsnutzen des Prinzipals als das Angebot von Vertrag V1 und V2. Auch gegenüber dem alleinigen Angebot von V3 für risikoneutrale und risikoaverse Agenten ist das kombinierte Angebot von Vertrag V1 und V3 vorzuziehen.

Beweis:
Die Überprüfung der Vorteilhaftigkeit ist an die in Satz 4 enthaltenen zwei Bedingungen geknüpft. Es reicht nicht aus, daß sich der Prinzipal durch das Angebot von V1 und V3 im Separating-Gleichgewicht besser stellt als durch das Angebot von V1 und V2 im

---

[338] Als aktiver Verhandlungspartner wird der Prinzipal Vertrag V3 nur anbieten, wenn ihm dieser zum Vorteil gereicht.

158

Pooling-Gleichgewicht. Die Verträge V1 und V3 müssen darüber hinaus auch besser sein als das alleinige Angebot von V3, weil andernfalls der Prinzipal ausschließlich V3 anbietet und wiederum ein gepoolter Markt entsteht.

Das Angebot von V1 und V3 führt bei dem Prinzipal zu einem Erwartungsnutzen in Höhe von:

$$E(\phi_{P(V_1,V_3)}) = p[\frac{1}{4} - E(S) - m] + (1-p)[\frac{1}{4} - (1+\lambda)E(S) - m]$$

$$= \frac{1}{4} - E(S) - m - (1-p)\lambda E(S).$$

(5.58)

Bei dem Angebot von V2 auf dem gepoolten Markt gilt:

$$\phi_{P(V_2)} = \frac{1}{4(1+2\alpha\sigma_S^2)} - m - E(S).$$

(5.59)

Als Differenz ergibt sich:

$$E(\phi_{P(V_1,V_3)}) - \phi_{P(V_2)} = \frac{\alpha\sigma_S^2}{2+4\alpha\sigma_S^2} - (1-p)\lambda E(S).$$

(5.60)

Das Angebot von Vertrag V1 und Vertrag V3 ist vorteilhaft, wenn der mit (1-p) gewichtete Prämienaufschlag geringer ist als die Agency-Kosten ($\alpha\sigma^2/(2+4\alpha\sigma^2)$), die der Prinzipal bei dem Angebot von Vertrag V2 auf dem gepoolten Markt zu tragen hat. Das Angebot eines Vertrages mit vollständigem Versicherungsschutz impliziert, daß dem Prinzipal sowohl bei den risikoaversen als auch bei den risikoneutralen Agenten keine Agency-Kosten entstehen. Bei den risikoaversen Agenten wird das Risiko vollständig auf die Versicherung transferiert, und die Beteiligung erfolgt alleinig unter dem Gesichtspunkt des maximalen Arbeitsanreizes. Die risikoneutralen Agenten tragen durch die Wahl von Vertrag V1 das Risiko in vollem Umfang selbst. Die optimale Risikoallokation führt zugleich zu einem maximalen Arbeitseinsatz, so daß auch in diesem Fall dem Prinzipal keine Agency-Kosten entstehen.[339] Durch den Versicherungsabschluß werden die Agency-Kosten durch den in der Versicherungsprämie enthaltenen Prämienaufschlag substituiert. Ist die Versicherungsprämie geringer als die Minderung der Agency-Kosten, dann ist das Angebot von V1 und V3 gegenüber der Pooling-Lösung vorteilhaft. Die Vorteilhaftigkeit wird determiniert durch die Risikoaversion der Agenten, die Varianz der versicherbaren Schäden und durch die Höhe des Prämienzuschlags. Bei hoher Risikoaversion und Varianz der Schäden und niedrigem Prämienzuschlag ist davon auszugehen, daß die Einbeziehung der Versicherung vorteilhaft ist.

Aufgrund der Tatsache, daß die risikoneutralen Agenten das Risiko kostenlos, d.h. ohne Einforderung einer Risikoprämie, übernehmen, folgt, daß es für den Prinzipal vorteilhaft ist, den risikoneutralen Agenten weiterhin Vertrag V1 und nicht allen Agenten ausschließlich Vertrag V3 anzubieten. Dadurch, daß die risikoneutralen Agenten Vertrag V1 und nicht Vertrag V3 wählen, erwartet der Prinzipal Einsparungen in Höhe des mit p gewichteten Prämienzuschlags. Formal gilt:

$$E(\phi_{P(V_1,V_3)}) - \phi_{P(V_3)} = p\lambda E(S)$$

(5.61)

Das Angebot von Vertrag V1 und V3 ist dem Angebot von V1 und V2 und dem alleinigen Angebot von V3 unter Berücksichtigung eines niedrigen Prämienaufschlags, einer hohen Risikoaversion und einer hohen Varianz des versicherbaren Schadens vorzuziehen. (q.e.d.)

Wie bereits angemerkt wurde, sind bei der obigen Ausgestaltung der Verträge V1 und V3 die risikoneutralen Agenten indifferent zwischen Vertrag V1 und V3. Der Prinzipal wird den risikoneutralen Agenten eine Zuzahlung gewähren müssen, damit sie den Vertrag V1 strikt gegenüber V3 vorziehen. Diese Zuzahlung darf höchstens so hoch sein wie der mit p gewichtete Prämienzuschlag, andernfalls würde sich der Prinzipal schlechter stellen als bei dem alleinigen Angebot von V3.[340]

---

[339] Vertrag V_1 gewährleistet eine first-best-Lösung.

[340] Eine geringe Zuzahlung ist ausreichend, so daß die Obergrenze in Höhe des Prämienzuschlags nur bei sehr niedrigen Prämienzuschlägen relevant ist.

■ Vertrag ohne Versicherung

Der Prinzipal hat alternativ zum Vertrag mit Versicherung die Möglichkeit, den risikoneutralen Agenten einen Vertrag V4 mit folgenden Eigenschaften anzubieten:

$$x_4 = 1$$

Vertrag V4:

$$f_4 = m - \frac{1}{4} + E(S) + \frac{\alpha \sigma_S^2}{2(1 + 2\alpha \sigma_s^2)^2}.$$

Der Vertrag V4 ist eine Modifikation von Vertrag V1. Das Fixum von Vertrag V1 wurde
um das Ausmaß der Nutzensteigerung erhöht, die die risikoneutralen Agenten im
Pooling-Gleichgewicht bei Auswahl des Vertrages V2 über ihren Reservationsnutzen
hinaus realisieren. Das neue Vertragsangebot läßt sich dahingehend interpretieren, daß
modellendogen ein neuer Reservationsnutzen m_0 der risikoneutralen Agenten festgelegt
wird. Der Nutzen der risikoneutralen Agenten bei Auswahl des Vertrags V4 beträgt:

$$\phi_{A(\alpha=0,V_4)} = m + \frac{\alpha \sigma_s^2}{2(1 + 2\alpha \sigma_s^2)^2} =: m_0.$$

(5.62)

Die risikoneutralen Agenten sind indifferent zwischen Vertrag V4 und Vertrag V2, so
daß der Prinzipal auch in diesem Fall das Fixum von Vertrag V4 ein wenig erhöhen
muß, um sicherzustellen, daß die risikoneutralen Agenten Vertrag V4 wählen.

Die risikoaversen Agenten stellen sich weiterhin besser, wenn sie Vertrag V2 und nicht
Vertrag V4 wählen:

$$\phi_{A(\alpha>0,V_4)} = m + \frac{\alpha \sigma_s^2}{2(1 + 2\alpha \sigma_s^2)} - \frac{\alpha \sigma_s^2}{2} < m = \phi_{A(\alpha>0,V_2)}.$$

(5.63)

Das Vertragsangebot V2 und V4 impliziert ebenfalls eine erfolgreiche Selbstwahl und
führt zu einem Separating-Gleichgewicht auf dem betrachteten Markt.

Der Vertrag 4 wird - in Analogie zu Vertrag 3 - nur angeboten, wenn der Prinzipal seinen Erwartungsnutzen durch dieses Vertragsangebot im Vergleich zum Angebot von Vertrag V1 und V2 steigern kann. Das Angebot von Vertrag V4 für die risikoneutralen und V2 für die risikoaversen Agenten impliziert einen Erwartungsnutzen in Höhe von:

$$E(\phi_{P(V_4,V_2)}) = p[\frac{1}{4} - E(S) - m - \frac{\alpha\sigma_S^2}{2(1+2\alpha\sigma_S^2)^2}]$$

$$+(1-p)[\frac{1}{4(1+2\alpha\sigma_S^2)} - m - E(S)].$$

(5.64)

Gegenüber der Pooling-Situation, in der alle Agenten Vertrag V2 wählen, erreicht der Prinzipal eine Steigerung seines Erwartungsnutzens in Höhe von:

$$E(\phi_{P(V_4,V_2)}) - \phi_{P(V_2)} = p\frac{(\alpha\sigma_S^2)^2}{(1+2\alpha\sigma_S^2)^2} > 0.$$

(5.65)

Die Nutzenveränderung aufgrund der Vertragsmodifikation ist in jedem Fall positiv, so daß das Angebot von Vertrag 4 den Erwartungsnutzen des Prinzipals im Vergleich zur Pooling-Lösung erhöht.

■ **Vergleich der Vertragsalternativen**

Ein Vergleich der vorgestellten Vertragsmodifikationen zielt darauf ab, die Vorteilhaftigkeit der beiden Alternativen anhand des Erwartungsnutzens des Prinzipals zu untersuchen. Hierbei wird die erwartete Nutzensteigerung durch das Angebot von Vertrag V1 und V3 mit der erwarteten Steigerung durch das Angebot von Vertrag V4 und V2 verglichen. Die Vertragsform mit vollständiger Versicherung ist vorteilhaft, wenn gilt:

$$\frac{\alpha\sigma_s^2}{2+4\alpha\sigma_s^2} - (1-p)[\lambda E(S)] > p\frac{(\alpha\sigma_s^2)^2}{(1+2\alpha\sigma_s^2)^2}.$$

(5.66)

Eine wichtige Determinante bei diesem Vergleich ist der Prämienaufschlag λ. Bei einer fairen Versicherungsprämie ist die Ungleichung stets erfüllt und der Vertrag V3 mit Versicherung wird gegenüber dem Vertrag V4 vorgezogen. In diesem Fall wird das Problem der Informationsasymmetrie vollständig beseitigt und der Prinzipal wird für risikoneutrale und risikoaverse Agenten ausschließlich Vertrag V3 anbieten. Der Prinzipal kann in diesem Fall kostenlos die Agency-Kosten auf Null reduzieren. Beinhaltet die Versicherungsprämie hingegen einen positiven Prämienaufschlag, dann gilt als kritische Obergrenze:

$$\lambda E(S) < \frac{(2p-2)(\alpha\sigma_s^2)^2 + \alpha\sigma_s^2}{(2p-2)(1+2\alpha\sigma_S^2)^2}.$$

(5.67)

Diese Ungleichung stellt eine notwendige Bedingung für die Vorteilhaftigkeit der Versicherung dar. Je kleiner hierbei der Anteil der risikoneutralen Agenten ist, desto größer kann der Prämienaufschlag sein, der die Ungleichung gerade noch erfüllt. Dies läßt sich einfach zeigen, indem der rechte Ausdruck der Ungleichung - er sei mit F bezeichnet - nach p abgeleitet wird:

$$\frac{\partial F}{\partial p} = -\frac{2(1+2\alpha\sigma_S^2)^2(\alpha\sigma_S^2)}{[(2p-2)(1+2\alpha\sigma_S^2)^2]^2} < 0.$$

(5.68)

Folglich ist die Vorteilhaftigkeit der Einbeziehung einer Versicherung um so wahrscheinlicher, je höher der Anteil der risikoaversen Agenten ist.

2   Zusammenfassung und Schlußfolgerungen

Bei vor- und nachvertraglicher Informationsasymmetrie zwischen Manager und Kapitalgeber können Versicherungsverträge bedeutsam für die Formulierung effizienter Verträge sein. Im Hinblick auf nachvertragliche Informationsasymmetrie ist der Zusammenhang zwischen Entlohnung, Arbeitseinsatz und Versicherung von zentraler Bedeutung. Der Prinzipal muß aus Anreizerwägungen bei der Vertragsgestaltung von der optimalen Risikoallokation abweichen und sich den Arbeitseinsatz des Agenten durch Zahlung einer Risikoprämie "erkaufen", indem er ihn am Residuum beteiligt. Die Einbeziehung einer Versicherung wird evident, wenn diese das Risiko günstiger tragen kann als der

Agent. In diesem Fall verbilligt sich das Abweichen von der optimalen Risikoallokation, der Agent wird in höherem Maße beteiligt und der damit einhergehende höhere Arbeitseinsatz gewährleistet dem Prinzipal eine Verbesserung seiner Vermögensposition.

Eine günstigere Risikoübernahme durch die Versicherung erscheint plausibel, wenn sie gegenüber dem Agenten über Diversifikationsvorteile verfügt. Hat der Agent beispielsweise kein eigenes Vermögen, dann ist sein gesamtes Kapital in Form von Humankapital in der Unternehmung gebunden und die Übernahme von Risiken wird er sich recht hoch bezahlen lassen.[341] In diesem Szenario liegt die Vorteilhaftigkeit der Versicherung nahe, wenn sie ein Portefeuille von möglichst unabhängigen Einzelrisiken hält. Bei den aufgezeigten Zusammenhängen ist zu bedenken, daß von einem expliziten Moral Hazard zwischen Versicherungsunternehmen und Versicherungsnehmer abstrahiert wurde.[342] Erhöht sich in praxi durch den Versicherungsabschluß der Erwartungswert des Schadens, weil der Agent weniger Sorgfalt walten läßt, dann steigen damit auch die Versicherungskosten, was sich zu Lasten der Vorteilhaftigkeit der Versicherung auswirkt.[343]

Aus kapitalmarkttheoretischer Sicht ergeben sich aus den obigen Ausführungen bedeutsame Konsequenzen, wenn man den risikoneutralen Prinzipal als Gesamtheit der Aktionäre der Unternehmung interpretiert, die allesamt diversifizierte Portefeuilles halten.[344] Ist der Agent vom Zugang zum Kapitalmarkt ausgeschlossen oder mangelt es ihm an eigenem Vermögen, dann ist für ihn mangels Diversifikation die Übernahme von unsystematischen Risiken bewertungsrelevant. Wie empirisch belegt wird, handelt es sich bei versicherbaren Risiken vornehmlich um unsystematische Risiken, so daß es unter den hier gegebenen Modellvoraussetzungen auch aus der Sicht von Inhabern diversifizierter

---

[341]   Ein solcher Agententyp wird eine hohe Risikoaversion aufweisen.

[342]   Im Modell sind der Erwartungswert des Schadens und das versicherbare Risiko (unabhängig von dem Arbeitseinsatz des Agenten) exogen gegeben.

[343]   Der Moral Hazard zwischen Versicherungsunternehmen und Versicherung läßt sich in das obige Modell integrieren, wenn man unterstellt, daß das Versicherungsunternehmen durch ein perfektes Monitoring eine Erhöhung des Schadenserwartungswertes verhindert und sich diese Kosten in Form des Prämienaufschlages abgelten läßt.

[344]   Diese Interpretation ist nur möglich, wenn das Fixum positiv ist und die Entlohnung insgesamt auf eine reine Eigenfinanzierung durch den Prinzipal zurückgeführt werden kann. Hinreichend diversifizierte Aktionäre sind indifferent gegenüber unternehmensspezifischen Risiken.

Portefeuilles sinnvoll sein kann, daß auf Unternehmensebene diese unsystematischen Risiken abgesichert werden. Die Absicherung mindert tendenziell das dem Agenten zustehende Fixum und trägt durch die höhere Beteiligung zu einem höheren Arbeitseinsatz bei.[345] Von beiden Effekten profitieren die Aktionäre aber nur dann, wenn sich die Absicherung in der vereinbarten Entlohnung der Manager widerspiegelt und die Versicherungsentscheidung nicht auf die Agenten delegiert wird. Eine Delegation an den Agenten impliziert eine Übersicherung, weil in höherem Maße Versicherungen abgeschlossen werden, als für die Aktionäre optimal ist.[346]

Die Bedeutung der Versicherung ergibt sich primär daraus, daß die Diversifikationsnachteile des Agenten durch den Versicherungsabschluß ausgeglichen werden, indem die unsystematischen, versicherbaren Risiken auf ein Versicherungsunternehmen übertragen werden, das ein diversifiziertes Portefeuille derartiger Risiken hält. Ein weiteres wichtiges Charakteristikum ist die Tatsache, daß die Übernahme der versicherbaren Risiken nicht mit einer Beteiligung des Versicherungsunternehmens an der hier betrachteten Unternehmung einhergeht. Wenn dies nicht gewährleistet wäre, ergäbe sich auch nicht für den Agenten durch den Versicherungsabschluß der aufgezeigte Spielraum für eine vorteilhafte höhere Beteiligung. Insgesamt ergibt sich aus der Interdependenz zwischen Absicherungsvolumen und Entlohnung, daß jede Änderung des Absicherungsniveaus mit neuen Vergütungsverhandlungen zwischen Managern und Aktionären einherzugehen hat. Andernfalls erleiden die Aktionäre eine Vermögensminderung. Dabei kann die hier speziell auf Versicherungen ausgerichtete Modellierung allgemein auf die Absicherung unsystematischer Risiken mittels Optionen, Futures, Forwards, etc. übertragen werden.[347] Die Verfügbarkeit dieser Instrumente gereicht unter den gegebenen Umständen auch Aktionären mit vollständig diversifizierten Portefeuilles zu einer Verbesserung ihrer Vermögenspositionen, weil sich ihr Einsatz positiv auf Risikoallokation und Arbeitsein-

---

[345] Zur Entlohnung und Versicherung vgl. Han (1996), 383 ff., und Campbell/Kracaw (1987), S. 316. Eine Interdependenz zwischen Entlohnung und Absicherung mittels Derivaten im Marktzusammenhang zeigen Smith/Stulz (1985), S. 402 f. Allgemein zu effizienten Anreizverträgen vgl. Gillenkirch/Velthuis (1997), S. 122 ff., Gibbons/Murphy (1992), S. 30 ff. und Holstrom (1982).

[346] Zur Über- und Untersicherung vgl. Campbell/Kracaw (1987).

[347] Unter diesem Gesichtspunkt läßt sich auch die Vorteilhaftigkeit von Fusionen für die Aktionäre herleiten, vgl. Campbell/Kracaw (1987).

165

satz auswirken kann.[348]

Der Prinzipal ist durch den versicherungsbedingten Risikotransfer dazu in der Lage, die aus der asymmetrischen Informationsverteilung resultierenden Agency-Kosten zu reduzieren. Genaugenommen findet (partiell) eine Substitution von Agency-Kosten durch Versicherungskosten in Höhe des Prämienzuschlages statt.[349] Aus der Tatsache heraus, daß die Agency-Kosten positiv mit der Risikoaversion des Agenten und der Höhe des versicherbaren Risikos korreliert sind, folgt unmittelbar, daß die Einbeziehung einer Versicherung um so vorteilhafter ist, je größer das Verhältnis zwischen diesen beiden Determinanten und dem Prämienzuschlag ist. Der Prinzipal ist bei positivem Prämienaufschlag bestrebt, nur risikoaversen Agenten einen Vertrag mit Versicherungen anzubieten, weil risikoneutrale Agenten das versicherbare Risiko kostenlos (und damit günstiger) übernehmen können als die Versicherung. Wenn es gelingt, daß den risikoneutralen Agenten durch die Auswahl des Vertrages mit Versicherungsschutz nicht mehr als ihr Reservationsnutzen zugebilligt wird, dann erreicht der Prinzipal bei vorvertraglicher Informationsasymmetrie eine erfolgreiche Selbstwahl von risikoneutralen und risikoaversen Agenten. Seine Vermögensposition verbessert sich um die Agency-Kosten gewichtet mit dem Anteil der risikoneutralen Agenten an der Gesamtheit der auf dem Markt befindlichen Agenten.

Interpretiert man die Höhe der Agency-Kosten als Gradmesser für das Ausmaß der asymmetrischen Informationsverteilung, dann spiegelt sich der informationstheoretische Wert der Versicherung in der Senkung der Agency-Kosten wider. Bei vorvertraglicher Informationsasymmetrie findet eine versicherungsbedingte Informationsproduktion im Hinblick auf die nicht beobachtbare Risikoeinstellung der Agenten statt, und nachvertraglich gewährleistet sie eine Minderung des Konfliktes zwischen optimaler Risikoteilung und optimaler Anreizwirkung, so daß eine Annäherung der second-best Lösung an die first-best Lösung möglich wird.

---

[348] Zu empirischen Studien über Managementvergütung und Absicherung vgl. Mehran (1995) und Lypny (1993).

[349] Die Versicherungsprämie in Höhe des Erwartungswertes des Schadens hat einen Barwert von Null und ist damit für die Bewertung der Vorteilhaftigkeit hier nicht relevant.

Anhang: **Nutzen der Agenten und des Prinzipals im Self-Selection-Modell**

Anhand der Verträge V1 und V2 werden exemplarisch die Nutzenpositionen der Agenten und des Prinzipals berechnet. Für alle anderen Vertragsangebote gilt das gleiche Berechnungsschema. Der Nutzen der Agenten beträgt:

$$\phi_A = f + \frac{x^2}{4}[1 - 2\alpha\beta^2(\sigma_S^2)] - x[(1 + (1 - \beta)\lambda)E(S)].$$
(5.69)

Bei Auswahl von Vertrag V1 durch einen risikoneutralen Agenten gilt:[350]

$$\phi_{A(\alpha=0,V_1)} = m - \frac{1}{4} + E(S) + \frac{1}{4} - E(S)$$

$$= m.$$
(5.70)

Wählt ein risikoneutraler Agent Vertrag V2, beträgt sein Nutzen:

$$\phi_{A(\alpha=0,V_2)} = m - \frac{1 - 2\alpha\sigma_S^2}{4(1 + 2\alpha\sigma_S^2)^2} + \frac{E(S)}{1 + 2\alpha\sigma_S^2} + \frac{1}{4(1 + 2\alpha\sigma_S^2)} - \frac{E(S)}{1 + 2\alpha\sigma_S^2}$$

$$= m + \frac{\alpha\sigma_S^2}{2(1 + 2\alpha\sigma_S^2)^2}.$$
(5.71)

Ein risikoaverser Agent kann bei diesem Vertragsangebot bestenfalls seinen Reservationsnutzen in Höhe von m erreichen. Bei Wahl von Vertrag V2 gilt:

$$\phi_{A(\alpha>0,V_2)} = m - \frac{1 - 2\alpha\sigma_S^2}{4(1 + 2\alpha\sigma_S^2)^2} + \frac{E(S)}{1 + 2\alpha\sigma_S^2} + \frac{1 - 2\alpha\sigma_S^2}{4(1 + 2\alpha\sigma_S^2)^2} - \frac{E(S)}{1 + 2\alpha\sigma_S^2}$$

$$= m.$$
(5.72)

---

[350] Für x und f sind die entsprechenden Werte gemäß Vertrag V1 in den Nutzen des Agenten einzusetzen.

Die Nutzenposition des Prinzipals beträgt allgemein:

$$\phi_P = \frac{1}{4}x - (1 + (1 - \beta)\lambda)E(S) - m. \tag{5.73}$$

Der Prinzipal kann die Risikoeinstellung der Agenten nicht beobachten, so daß er bei dem Angebot von Vertrag V1 und V2 davon ausgeht, daß risikoneutrale und risikoaverse Agenten Vertrag V2 wählen. Der Nutzen des Prinzipals beträgt:

$$\phi_{P(V_2, V_2)} = \frac{1}{4(1 + 2\alpha\sigma_S^2)} - E(S) - m. \tag{5.74}$$

Wählt hingegen jeder Agent den für ihn vorgesehenen Vertrag, dann ist die jeweilige Nutzenposition mit dem Anteil der risikoneutralen (p) und risikoaversen (1-p) Agenten zu gewichten.[351] Es gilt:

$$E(\phi_{P(V_1, V_2)}) = p(\frac{1}{4} - E(S) - m) + (1-p)(\frac{1}{4(1 + 2\alpha\sigma_S^2)} - E(S) - m). \tag{5.75}$$

Die erwartete Nutzeneinbuße entspricht:

$$E(\phi_{P(V_1, V_2)}) - \phi_{P(V_2, V_2)} = p\frac{\alpha\sigma_S^2}{2 + 4\alpha\sigma_S^2}. \tag{5.76}$$

---

[351] Dieses Szenario ist maßgeblich, wenn der Prinzipal die Risikoeinstellung der Agenten beobachten kann und beide Vertragstypen auf dem Markt anbietet.

Kapitel 6: Versicherung, Beteiligungsfinanzierung und Investitionsvolumen bei symmetrischer und asymmetrischer Information

1 Investitionsentscheidung bei symmetrischer Information

1.1 Das Problem

Die versicherungsbedingte Reallokation des Risikos von dem Unternehmer und seinen Kapitalgebern auf das Versicherungsunternehmen kann sich auf realwirtschaftliche Entscheidungen der Unternehmung auswirken. Dies ist bereits im Rahmen der Analyse des Unterinvestitions- und Risikoanreizproblems im vierten Kapitel dieser Arbeit gezeigt worden, in dem die Existenz von ausfallbedrohtem Fremdkapital zu einem suboptimalen Investitionsverhalten geführt hat. Aber auch wenn von dem Vorliegen einer risikobehafteten Fremdfinanzierung abgesehen wird, läßt sich sowohl bei symmetrischer als auch asymmetrischer Informationsverteilung zwischen Kapitalgebern und einem in diesem Kapitel betrachteten Einzelunternehmer ein Zusammenhang zwischen Versicherung, Risikoallokation und Investitionsvolumen nachweisen. Diese Interdependenzen werden nachfolgend auf der Grundlage der LEN-Modellierung des vorherigen Kapitels aufgezeigt.[352]

Aus finanzierungstheoretischer Sicht steht Risikoallokation in einem engen Verhältnis zur Beteiligungsfinanzierung, deren Höhe und Aufteilung erheblich von der Eigenkapitalausstattung der Unternehmung geprägt wird.[353] In der öffentlichen wirtschaftspolitischen Diskussion wird indirekt häufig auf den Zusammenhang zwischen Eigenkapitalausstattung und Investitionsvolumen hingewiesen, indem insbesondere bei kleinen und mittelständischen Unternehmen eine mangelnde Bereitstellung oder Verfügbarkeit

---

[352] Die Anknüpfung an das modelltheoretische Vorgehen im vorherigen Kapitel und die Betrachtung eines Einzelunternehmers begründen, daß im Hinblick auf Risikoallokation und Investitionsvolumen die Szenarien der symmetrischen und asymmetrischen Informationsverteilung geschlossen im Anschluß an das fünfte Kapitel dargestellt werden.

[353] Zu einer Analyse über Beteiligungsfinanzierung, Risikoallokation und Investitionsvolumen vgl. Neus/Nippel (1991), S. 85 ff.

von Eigenkapital für eine verhaltene Investitionsneigung verantwortlich gemacht wird.[354] Dieser Sachverhalt wird unter dem Begriff der "Eigenkapitallücke" subsumiert und gipfelt in der Forderung, daß im Hinblick auf Investitionsförderungsmaßnahmen die Rahmenbedingungen für die Bereitstellung von Eigenkapital zu verbessern sind.[355] Der Sachverständigenrat zur Begutachtung der gesamtwirtschaftlichen Entwicklung schreibt dazu in seinem Jahresgutachten: "Hindernisse bei der Bildung und Zuführung von Eigenkapital und mangelnde Rentabilität von Investitionen zusammen haben zu einer Wachstumsschwäche beigetragen, als deren Folge ein Sachkapitalmangel zu beklagen ist."[356] In dieser Aussage kommt implizit ein positiver Zusammenhang zwischen Eigenkapitalausstattung und Investitionsvolumen zum Ausdruck.

Der hier im Vordergrund stehende besondere Aspekt der Beteiligungsfinanzierung liegt jedoch nicht in der Höhe der Eigenkapitalausstattung, sondern in der Verteilung der Einkommensrisiken, die mit der Bereitstellung von Eigenkapital verbunden sind. Es läßt sich zeigen, daß die Entscheidung über die Durchführung einer Investition allein von der Verteilung der Einkommensrisiken abhängen kann. Im Ergebnis kann eine Kapitalbereitstellung von mehreren Kapitalgebern dazu führen, daß Investitionen durchgeführt werden, die ein Einzelunternehmer unterlassen würde. Dies gilt vor allem auch dann, wenn keine Probleme der Kapitalrationierung vorliegen.

Der Hintergrund dieses Phänomens ist verblüffend einfach, wenn man bedenkt, daß der hier im Mittelpunkt stehende Einzelunternehmer risikoavers ist und damit seine Bereitschaft, Risiko zu übernehmen, begrenzt ist. Seine Risikotoleranz stellt ein knappes Gut dar, das durch die Hinzunahme von externen Beteiligungskapitalgebern in höherem Maße zur Verfügung gestellt wird. Die verbesserte Risikoallokation impliziert, daß die Kapitalgeber insgesamt eine geringere Risikoprämie fordern, was sich positiv auf die Vorteilhaftigkeit der Investition auswirkt. Bei Ausschluß von Beteiligungsgebern muß

---

[354] Zu einem Zusammenhang zwischen Finanzierungsproblemen und Unternehmensgröße vgl. Sachverständigenrat (1995), Tz. 282.

[355] Zur Eigenkapitallücke vgl. Hax (1988), S. 2., Hax (1990), S. 106., und Kaufmann (1997), S. 140. Zur Bedeutung von Eigenkapital für risikoreiche und innovative Investitionen vgl. Wirtschaftsrat (1984), S. 6. und zu allgemeinen Ausführungen zur Förderung des Kapitalangebots vgl. Gerke u. a. (1995), S. 115 ff.

[356] Vgl. Sachverständigenrat (1984), Tz. 142.

der Unternehmer einen Großteil seines Vermögens für die Finanzierung seiner Investition verwenden. Hieraus resultiert eine sehr eingeschränkte Diversifikation seines Vermögens. Dieser Sachverhalt kommt implizit in der Annahme der Risikoaversion zum Ausdruck.

Bei der Beurteilung der investitionsfördernden Wirkung der Beteiligungsfinanzierung gilt es zu beachten, daß es auch andere Möglichkeiten gibt, Risiken zu transferieren und damit eine Steigerung der Investitionsvolumina zu bewirken. Unternehmern stehen eine Reihe von risikovermeidenden und -kompensierenden Maßnahmen zur Verfügung, die das Risikoübernahmepotential insgesamt erhöhen und sich dadurch positiv auf das Investitionsvolumen auswirken können. Zu nennen sind hier beispielsweise Versicherungen oder Terminmarktprodukte wie Optionen und Futures.[357]

Während einige Autoren bereits auf die Bedeutung der Beteiligungsfinanzierung für das Investitionsvolumen hingewiesen haben, hat unter dem Aspekt einer optimalen Risikoallokation die investitionsfördernde Wirkung von Absicherungsinstrumenten bisher wenig Beachtung gefunden.[358] Vor dem Hintergrund der Risikoteilung erscheint es zweckmäßig und interessant, die Bedeutung der Versicherung für das Investitionsvolumen herauszustellen und mit der Beteiligungsfinanzierung zu vergleichen. Der Einsatz von Versicherungen und Beteiligungsfinanzierung ist dabei nicht unbedingt von substitutiver Natur, sondern es kann durchaus sinnvoll sein, daß die Investoren komplementär sowohl die Versicherung als auch die Beteiligungsfinanzierung in ihrem Entscheidungskalkül berücksichtigen.

Die Durchführung einer Investition ist mit zusätzlichen Problemen verbunden, wenn mehrere Investoren Kapital zur Verfügung stellen. Der Entscheidungsprozeß erfordert zusätzlichen Koordinations- und damit auch Zeitaufwand und wird überlagert von dem

---

[357] Zu einem Überblick über Risikoabsicherungsinstrumente vgl. Stephan (1989), S. 54.

[358] Eine Ausnahme bilden Froot, Scharfstein und Stein, die den Einsatz von Optionen unter dem Blickwinkel der Koordination von Finanzierungsmaßnahmen und Investitionen untersuchen. Vgl. Froot, Scharfstein, Stein (1993), S. 1629 ff. Zum Investitionsvolumen in Verbindung mit dem Einsatz von Forwards vgl. Bessembinder (1991). Daß die Versicherung investiven Zwecken dienen kann, wird sogar von einigen Autoren explizit verneint, vgl. bspw. Baumgürtel (1993), S. 620.

Problem der asymmetrischen Informationsverteilung zwischen dem Unternehmer und den externen Beteiligungskapitalgebern. Das Informationsproblem erstreckt sich dabei nicht nur auf den Zeitraum bis zur eigentlichen Investitionsentscheidung, sondern auch während der Durchführung müssen die externen Kapitalgeber ein Informationsdefizit hinsichtlich des Arbeitseinsatzes des Unternehmers in Kauf nehmen.[359] Folglich ist bei der Investitionsentscheidung das Zusammenwirken von Risikoallokation und Informationsproblemen zu beachten.[360]

Diese Analyse möchte einen Beitrag dazu leisten, daß bei Investitionsentscheidungen bewußt die vielfältigen Möglichkeiten der Risikoabsicherung ins Kalkül gezogen werden, um nicht vorschnell eine als zu risikoreich empfundene Investition zu verwerfen. Auch das Spektrum der wirtschaftspolitischen Schlußfolgerungen wird dahingehend erweitert, daß im Hinblick auf investitionsfördernde Maßnahmen neben einer Verbesserung der Möglichkeiten zur externen Eigenkapitalbeschaffung eine Überprüfung der Rahmenbedingungen für das Angebot von Versicherungen und anderen Risikoabsicherungsinstrumenten vorzunehmen ist.[361]

1.2   Annahmen und Vorgehensweise

Innerhalb eines Zwei-Zeitpunkt-Modells wird über eine Investition entschieden, die eine sichere Anfangsauszahlung in Höhe von A_0 erfordert und eine unsichere Einzahlung y_1 in Aussicht stellt. Der Erwartungswert $E(y_1)$ und die Varianz $Var(y_1)$ der Einzahlung werden (zunächst) als bekannt vorausgesetzt und beide Parameter lassen sich in eine versicherbare und eine unversicherbare Komponente zerlegen.[362] Es gilt:

---

[359]   Die im vorherigen Kapitel behandelte Informationsasymmetrie nach Vertragsschluß zwischen Kapitalgeber und Manager wird in diesem Szenario speziell auf Investitionsentscheidungen ausgerichtet.

[360]   Zu Finanzierungsproblemen bei asymmetrischer Information vgl. Kaufmann (1997),S. 142.

[361]   Zur Verbesserung der Eigenkapitalausstattung wird in der aktuellen Diskussion insbesondere auf den Bedarf von Risikokapital hingewiesen, vgl. Hamm (1997), S. 13.

[362]   Die Symbolik und das Zerlegen der Parameter in versicherbare und unversicherbare Komponenten entspricht dem Vorgehen innerhalb des fünften Kapitels. Weiterhin gilt, daß die versicherbare Risikokomponente stochastisch unabhängig von dem unversicherbaren Risiko ist.

$$E(y_1) = \mu - E(S),$$
(6.1)

$$Var(y_1) = \sigma_S^2 + \sigma_\theta^2.$$
(6.2)

Bei der Einzahlung y_1 handelt es sich um eine normalverteilte Zufallsvariable, deren versicherbare und unversicherbare Einzahlungskomponenten jeweils auch normalverteilt sind. Der Optimierungskalkül des Unternehmers und der Beteiligungskapitalgeber basiert auf einer exponentiellen Nutzenfunktion. In Verbindung mit der Annahme der Normalverteilung ist die Erwartungsnutzenmaximierung vereinbar mit der Maximierung des Sicherheitsäquivalentes, das analog zur vorherigen Betrachtung durch folgende Präferenzfunktion Gestalt annimmt:

$$\phi_j = E(y_1) - \frac{1}{2}\alpha_j var(y_1).$$
(6.3)

Unternehmer und Beteiligungskapitalgeber verfügen über eine exogene Anfangsausstattung W, die für Kapitalanlagemöglichkeiten zur Verfügung steht. Sie können auf dem betrachteten Markt zum sicheren Zinssatz i unbeschränkt Geld anlegen und aufnehmen. Übersteigt die Investitionsauszahlung die Anfangsausstattung eines Investors, kann in Höhe des Differenzbetrages ein Kredit aufgenommen werden. Die Tatsache, daß für die Kreditaufnahme keine Risikoprämie zu entrichten ist, findet seine Rechtfertigung darin, daß der Kredit nicht ausfallbedroht ist. Die Investoren verfügen also über ein hinreichend großes Vermögen, das die Rückzahlung sicherstellt und eine Kreditrationierung ausschließt.[363] Folglich unterbleiben Investitionen niemals aufgrund von Kapitalmangel. Ausschlaggebend für die Entscheidung über die Durchführung oder Ablehnung der Investition ist alleinig die Risikoallokation, so daß der Versicherung und der Beteiligungsfinanzierung eine besondere Bedeutung zukommt und ein Vergleich zwischen den beiden Instrumenten überhaupt erst ermöglicht wird. Hätte die Beteiligungsfinanzierung eine Finanzierungsfunktion in dem Sinne, daß der Unternehmer einen Eigenkapitalmangel damit ausgleicht, wäre ein Vergleich zwischen Beteiligungsfinanzierung und Versicherung nicht möglich, da die Versicherung nicht unmittelbar der investiven Kapitalbereitstellung dient.

---

[363] Es ist zu beachten, daß die für Investitionszwecke zur Verfügung stehende Anfangsausstattung W nicht mit dem für eine Kreditrückzahlung haftenden Gesamtvermögen identisch ist.

Zudem wird unterstellt, daß sich der Unternehmer die gesamte Quasi-Rente der Investition aneignet. Dies entspricht dem üblichen Vorgehen in der Investitionstheorie und
gründet sich darauf, daß der Unternehmer über eine monopolisierte Produktionstechno-
logie verfügt und vollständige Konkurrenz zwischen den Kapitalgebern herrscht.[364]

Die Entscheidung über Beteiligungsfinanzierung und Versicherung leitet sich aus
Nutzendifferenzen ab, d.h. eine Einbeziehung erfolgt ausschließlich dann, wenn damit
eine Nutzensteigerung verbunden ist. Investition werden durchgeführt, wenn das diskontierte Sicherheitsäquivalent (=Ertragswert) größer ist als die erforderliche Anfangsauszahlung. Ist die Differenz zwischen Ertragswert und Anfangsauszahlung negativ und
wird diese erst durch die Einbeziehung einer Versicherung oder Beteiligungsfinanzierung positiv, dann führt die Einbeziehung zur Durchführung der Investition, woraus eine
Steigerung des Investitionsvolumens resultiert. Nachfolgend werden Ertragswertsteige-
rungen stets als Steigerung des Investitionsvolumens interpretiert.

1.3   Investitionsvolumen und Risikoallokation

1.3.1   Investitionsentscheidung ohne Versicherung und Beteiligungsfinanzierung

Der Unternehmer hat im Zeitpunkt t=0 die Möglichkeit, entweder eine Realinvestition in
Verbindung mit einer sicheren Anlage/Verschuldung durchzuführen oder sein verfügbares Vermögen W_U zum sicheren Zins i anzulegen.[365] Von Problemen der asymmetrischen Informationsverteilung wird zunächst abstrahiert. Sieht der Unternehmer von
der Realinvestition ab und legt sein Vermögen zum sicheren Zins an, dann beträgt sein
Endvermögen (y_U):

$$y_U = r \ W_U.$$

(6.4)

Mit: r=1+i.

---

[364]   Vgl. Franke (1989), S. 70.

[365]   In den nachfolgenden Ausführungen wird die disponierbare Anfangsausstattung W kurz als
Vermögen bezeichnet.

Das Endvermögen des Unternehmers entspricht in diesem Szenario genau dem Nutzen des Endvermögens, so daß gilt:[366]

$$\phi_U = r \ W_U.$$

(6.5)

Entscheidet sich der Unternehmer hingegen für die Durchführung der Realinvestition, dann beträgt sein Endvermögen:

$$y_U = r(W_u - A_0) + y_1.$$

(6.6)

Der Nutzen entspricht:

$$\phi_U = r(W_U - A_0) + \mu - E(S) - \frac{1}{2}\alpha_U(\sigma_S^2 + \sigma_\theta^2).$$

(6.7)

Mit:

μ = Erwartungswert der spekulativen Einzahlungskomponente;

$E(S)$ = Erwartungswert des Schadens;

σ_S^2 = Varianz des Schadens;

σ_θ^2 = Varianz der spekulativen Einzahlungskomponente;

α_U = Maß für die Risikoversion des Unternehmers.

Der Unternehmer führt die Investition durch, wenn er dadurch ein höheres Nutzenniveau erreicht als durch die Anlage zum sicheren Zins. Es muß also gelten:

$$A_0 \leq \frac{1}{r}[\mu - E(S) - \frac{1}{2}\alpha_U(\sigma_S^2 + \sigma_\theta^2)] \ = \ EW.$$

(6.8)

Mit:

EW = Ertragswert der Investition ohne Beteiligung und ohne Versicherung.

Der subjektive Erwartungswert entspricht dem mit dem sicheren Zinssatz diskontierten Nutzen der unsicheren Einzahlung aus dem Investitionsprojekt. Er ist abhängig von den Wahrscheinlichkeitsparametern der Investitionseinzahlung und der Risikoaversion des

---

[366] Der Erwartungswert des Endvermögens entspricht dem verzinsten Anlagebetrag, und aufgrund der Sicherheit entfällt eine Risikoprämie.

176

Unternehmers. Die Investition erweist sich für den Unternehmer als vorteilhaft, wenn der Ertragswert größer ist als die Anfangsauszahlung (EW > A$_0$). Unter dieser Bedingung wird der Unternehmer die Investition der sicheren Anlage vorziehen.

1.3.2 Investitionsentscheidung unter Einbeziehung einer Versicherung

Der Unternehmer hat die Möglichkeit, das versicherbare Risiko gegen Entrichtung einer Prämie auf ein Versicherungsunternehmen zu transferieren. Für die Versicherungsprämie (VP) gilt:[367]

$$VP = (1-\beta)\frac{(1+\lambda)E(S)}{r}.$$

(6.9)

Mit:

λ = Prämienaufschlag;

β = relative Höhe der Selbstbeteiligung.

Der Nutzen beträgt unter Einbeziehung einer Versicherung:

$$\phi_{Ui} = r(W_U - A_0 - VP) + \mu - \beta E(S) - \frac{1}{2}\alpha_U(\beta^2\sigma_S^2 + \sigma_\theta^2).$$

(6.10)

Durch Substitution der Versicherungsprämie ergibt sich nach einigen Umformungen:

$$\phi_{Ui} = r(W_U - A_0) + \mu - (1 + \lambda(1-\beta))E(S) - \frac{1}{2}\alpha_U(\beta^2\sigma_S^2 + \sigma_\theta^2).$$

(6.11)

Der Unternehmer schließt nur dann eine Versicherung ab, wenn dadurch sein Nutzen - und damit auch der Ertragswert der Investition - steigt. Eine wichtige Determinante für die Vorteilhaftigkeit ist der in der Versicherungsprämie enthaltene Prämienaufschlag λ. Es erweist sich aus Gründen der Didaktik als zweckmäßig, bei der Herleitung des optimalen Versicherungsumfanges zwischen einer fairen Prämie ($\lambda=0$) und einer Prämie zuzüglich eines positiven Prämienaufschlages ($\lambda>0$) zu unterscheiden.

---

[367] Die Versicherungsleistung erfolgt erst in Zeitpunkt t=1, so daß eine Diskontierung vorzunehmen ist. Zur Berechnung von Versicherungsprämien vgl. Farny (1995), S. 44.

■ **Prämienaufschlag beträgt Null ($\lambda=0$):**

Der Abschluß einer Versicherung zu einer fairen Prämie ist möglich, wenn der Versicherung ein vollständiger Risikoausgleich im Kollektiv gelingt und vollständige Konkurrenz auf dem Versicherungsmarkt herrscht. Unter diesen Bedingungen gilt für den Nutzen des Unternehmers:

$$\phi_{Ui} = r(W_U - A_0) + \mu - E(S) - \frac{1}{2}\alpha_U(\beta^2\sigma_S^2 + \sigma_\theta^2).$$

(6.12)

Die Versicherung wirkt sich innerhalb dieses Szenarios nicht auf den Erwartungswert der Investitionseinzahlung aus, sondern verringert durch den Risikotransfer lediglich die vom Unternehmer geforderte Risikoprämie. Die Versicherung verlangt ihrerseits keine Risikoprämie für das von ihr zu tragende Risiko, so daß sich der Nutzen des Unternehmers vollständig in Höhe der Verminderung der Risikoprämie erhöht. Für den optimalen Versicherungsumfang gilt:

$$\frac{\partial\phi_{Ui}}{\partial\beta} = -\beta\alpha_U\sigma_S^2 < 0.$$

(6.13)

Eine Steigerung der Selbstbeteiligung verursacht hier stets eine Nutzenminderung, so daß bei fairer Prämie ein vollständiger Versicherungsschutz optimal ist. Das Vorteilhaftigkeitskriterium für die Durchführung der Investition lautet in diesem Fall:

$$A_0 \leq \frac{1}{r}[\mu - E(S) - \frac{1}{2}\alpha_U\sigma_\theta^2] = EW_{i(\lambda=0)}.$$

(6.14)

Mit:

EW_i = Ertragswert der Investition mit Versicherung.

Der Ertragswert der Investition mit vollständigem Versicherungsschutz ist größer als ohne Einbeziehung einer Versicherung ($EW_i > EW$). Die Ertragswertsteigerung beträgt:

$$EW_i - EW = \frac{1}{2}\alpha_U\sigma_S^2.$$

(6.15)

178

Der Unternehmer verlangt durch den Risikotransfer auf die Versicherung für das versicherbare Risiko keine Risikoprämie mehr, so daß sich um diesen Betrag der Ertragswert erhöht und die Versicherung zu einer Steigerung des Investitionsvolumens beiträgt.

- **Prämienaufschlag ist größer Null ($\lambda > 0$):**

Verlangt das Versicherungsunternehmen in Ermangelung einer hohen Wettbewerbsintensität im Hinblick auf eventuelle Überschäden einen Prämienzuschlag, dann beträgt der Nutzen des Unternehmers:

$$\phi_{Ui} = r(W_U - A_0) + \mu - (1 + \lambda(1 - \beta))E(S) - \frac{1}{2}\alpha_U(\beta^2\sigma_S^2 + \sigma_\theta^2).$$

(6.16)

Im Gegensatz zum obigen Szenario wirkt sich innerhalb dieser Betrachtung die Versicherung nicht nur auf die vom Unternehmer geforderte Risikoprämie, sondern auch auf den Erwartungswert der Investitionseinzahlung aus. Der positive Prämienaufschlag bedingt, daß sich der Erwartungswert verringert $[(\mu-(1+\lambda(1-\beta))E(S) < \mu-E(S)]$. Folglich wirkt sich die Versicherung in zweierlei Hinsicht auf den Nutzen des Unternehmers aus: Die Minderung des Erwartungswertes wirkt ceteris paribus nutzenmindernd und die Verringerung der Risikoprämie induziert eine Nutzensteigerung. Die Wirkungsweise der Versicherung läßt sich formal leicht veranschaulichen, wenn man den optimalen Versicherungsumfang des Unternehmers betrachtet. Es gilt:[368]

$$\frac{\partial\phi_{Ui}}{\partial\beta} = \lambda E(S) - \alpha_U\beta\sigma_S^2 = !0$$

$$<=> \beta^* = \frac{\lambda E(S)}{\alpha_U\sigma_S^2}.$$

(6.17)

Der Unternehmer schließt nur dann eine Versicherung ab, wenn die damit verbundene marginale Minderung seiner Risikoprämie ($\alpha_U\sigma_S^2$) größer ist als die marginale Min-

---

[368] Die Bedingung zweiter Ordnung ist erfüllt.

derung des Erwartungswertes der Investitionseinzahlung ($\lambda E(S)$).[369] In diesem Fall wirkt die Versicherung insgesamt nutzensteigernd und die Selbstbeteiligung nimmt einen Wert kleiner Eins an. Der Versicherungsumfang steigt ceteris paribus mit zunehmender Risikoaversion des Unternehmers und zunehmender Varianz des versicherbaren Schadens und sinkt mit zunehmendem Risikozuschlag und zunehmendem Erwartungswert des Schadens.[370]

Der Ertragswert der Investition beträgt in diesem Szenario:

$$A_0 \leq \frac{1}{r}[\mu - (1 + \lambda(1 - \beta^*))E(S) - \frac{1}{2}\alpha_U(\beta^{*2}\sigma_S^2 + \sigma_\theta^2)] = EW_{i(\lambda > 0)}. \tag{6.18}$$

Je größer der optimale Versicherungsschutz ist, desto größer ist die damit verbundene Steigerung des Ertragswertes der Investition. Zusammenfassend ist festzustellen, daß die Einbeziehung einer Versicherung auch bei positivem Prämienaufschlag mit einer Ertragswertsteigerung verbunden sein kann. Dieses Ergebnis gilt als ein hinreichender Beweis für die Hypothese, daß sich der Abschluß einer Versicherung positiv auf das Investitionsvolumen des Unternehmers auswirkt ($\lambda = 0$) oder auswirken kann ($\lambda < 0$).

1.3.3 Investitionsentscheidung, Beteiligungsfinanzierung und Versicherung

1.3.3.1 Einbeziehung eines risikoneutralen Beteiligungsgebers

Alternativ zur Versicherung kann auch die Aufnahme von externem Beteiligungskapital eine Verbesserung der Risikoallokation gewährleisten.[371] Die Zulässigkeit von Beteiligungsverträgen ist gegeben, wenn (a) der Beteiligungsgeber sich durch den Vertrag

---

[369]   Bei $\alpha_U \sigma_S^2$ handelt es sich um die marginale Minderung der Risikoprämie durch die Einbeziehung einer Versicherung an der Stelle ß=1 (=Versicherungsumfang beträgt Null).

[370]   Aus didaktischen Gründen ist der Fall der fairen Prämie separat dargestellt worden. Selbstverständlich läßt der obige Ausdruck für die optimale Selbstbeteiligung auch eine faire Prämie zu. In diesem Fall ist λ gleich Null und es resultiert ein vollständiger Versicherungsschutz (ß*=0).

[371]   Eine komplementäre Einbeziehung zusätzlichen Beteiligungskapitals ist selbstverständlich auch möglich und wird an späterer Stelle analysiert.

nicht verschlechtert und (b) der Unternehmer sich die gesamte Quasi-Rente aneignet. Sind diese Bedingungen nicht erfüllt, würde der Vertrag an der Zustimmung des Beteiligungsgebers (a) oder an der Zustimmung des Unternehmers (b) scheitern.[372] Da hier davon ausgegangen wird, daß dem Unternehmer die gesamte Quasi-Rente zufließt, erstreckt sich die Prüfung der Zulässigkeit darauf, daß der Nutzen des Beteiligungsgebers bei Verzicht auf die Beteiligung mit dem Nutzen bei Beteiligung an der Investition verglichen wird. Eine Beteiligung erfolgt nur bei einer Nutzensteigerung.

Ohne Beteiligung gilt für das Endvermögen des Beteiligungsgebers (B):

$$y_B = \phi_B = r \ W_B.$$

$$(6.19)$$

Mit:

y_B = Endvermögen des Beteiligungsgebers;

ϕ_B = Nutzen des Beteiligungsgebers;

W_B = Anfangsausstattung des Beteiligungsgebers.

Die entscheidenden Parameter des Beteiligungsvertrages sind die zu leistende Investitionseinlage A_B und der Beteiligungsumfang x. Das Endvermögen des Beteiligungsgebers beträgt bei einem Vertrag (A_B,x):

$$y_B = r(W_B - A_B) + xy_1.$$

$$(6.20)$$

Unter der Annahme der Risikoneutralität ergibt sich für den Nutzen des Beteiligungsgebers:

$$\phi_B = r(W_B - A_B) + x(\mu - E(S)).$$

$$(6.21)$$

---

[372] Angesichts des monopolistischen Zugangs des Unternehmers zu dem Investitionsprojekt wäre es irrational, wenn der Unternehmer auf einen Teil der Quasi-Rente zugunsten des Beteiligungsgebers verzichtet.

Die Partizipationsbedingung ist genau dann erfüllt, wenn sich der Beteiligungsgeber durch die Beteiligung an der Investition nicht schlechter stellt als durch die vollständige Anlage seines Vermögens zum sicheren Zins.[373] Diese Indifferenz zwischen Beteiligung und sicherer Anlage ist genau dann erfüllt, wenn gilt (= Partizipationsbedingung):

$$A_B = \frac{1}{r}[x(\mu - E(S))].$$

(6.22)

Der Beteiligungsgeber leistet eine Einlage in Höhe des mit dem sicheren Zins diskontierten Nutzen der ihm zustehenden Investitionseinzahlung.[374] Eine für den Beteiligungsgeber vorteilhaftere geringere Einlage würde die Zulässigkeit des Vertrages verletzen, weil in diesem Fall der Unternehmer auf einen Teil der Quasi-Rente verzichtet.

Die Endvermögensposition des Unternehmers stellt sich unter Berücksichtigung eines Beteiligungsvertrages folgendermaßen dar:

$$y_U = r(W_U - A_0 + A_B) + (1-x)y_1.$$

(6.23)

Der Nutzen beträgt:

$$\phi_U = r(W_U - A_0 + A_B) + (1-x)(\mu - E(S)) - \frac{1}{2}\alpha_U(1-x)^2(\sigma_S^2 + \sigma_\theta^2).$$

(6.24)

Die Substitution der Einlage des Beteiligungsgebers (A_B) durch die Partizipationsbedingung führt zu:

$$\phi_U = r(W_U - A_0) + \mu - E(S) - \frac{1}{2}\alpha_U(1-x)^2(\sigma_S^2 + \sigma_\theta^2).$$

(6.25)

---

[373] Die Aneignung der Quasi-Rente durch den Unternehmer impliziert, daß sich der Beteiligungsgeber durch die Beteiligung nicht besser stellen kann.

[374] Bei der hier unterstellten Risikoneutralität des Beteiligungsgebers entspricht der diskontierte Nutzen dem diskontierten Erwartungswert der zukünftigen Investitionseinzahlung.

Aus der Maximierung dieser Zielfunktion läßt sich der optimale Beteiligungsumfang ableiten:

$$x^* = 1. \tag{6.26}$$

Der Beteiligungsgeber beteiligt sich vollständig an dem Investitionsprojekt, d.h. er führt die Investition alleine durch. Dieses Ergebnis ist so zu interpretieren, daß der Unternehmer die Investition vollständig an den Beteiligungsgeber verkauft und im Gegenzug den mit dem sicheren Zins diskontierten Erwartungswert der zukünftigen Einzahlung als Kaufpreis erhält. Die maßgeblichen Determinanten für dieses Ergebnis sind die unterschiedlichen Risikoeinstellungen von Unternehmer und Beteiligungsgeber. Im Sinne einer optimalen Risikoallokation ist es rational, daß das Risiko vollständig auf den risikoneutralen Beteiligungsgeber übertragen wird, der im Gegensatz zum risikoaversen Unternehmer für die Übernahme des Risikos keine Risikoprämie verlangt.[375]

Für einen Vergleich dieses Ergebnisses mit dem Fall ohne Beteiligung und ohne/mit Versicherung ist es zweckmäßig, den Ertagswert der Investition zu betrachten, für den gilt:

$$EW_B = \frac{1}{r}[\mu - E(S)]. \tag{6.27}$$

Im Vergleich zu dem Fall ohne Beteiligung und ohne Versicherung resultiert durch die Einbeziehung eines risikoaversen Beteiligungsgebers eine Ertragswertsteigerung in Höhe von:

$$EW_B - EW = \frac{1}{r}[\frac{1}{2}\alpha_U(\sigma_S^2 + \sigma_\theta^2)]. \tag{6.28}$$

Die Ertragswertsteigerung entspricht der diskontierten Risikoprämie, die der Unternehmer ohne Beteiligung einfordert, und sie ist ein Beleg dafür, daß es aus Sicht des Unternehmers vorteilhaft ist, die Investition an den risikoneutralen Beteiligungsgeber zu

---

[375] Gemäß Jensens' Ungleichung zieht ein risikoaverser Unternehmer die sichere Realisierung des Erwartungswertes stets der Spekulation auf die Realisierung des Erwartungswertes vor.

verkaufen. Hintergrund dieses Ergebnisses ist die Tatsache, daß sich die Risikoprämie durch die Risikoneutralität des Beteiligungsgebers auf Null reduziert hat. Die vorher knappe Ressource der "Risikoübernahmebereitschaft" steht nun unbegrenzt zur Verfügung, so daß für die Übernahme kein Preis zu entrichten ist.

Ein Vergleich zwischen Einbeziehung eines risikoneutralen Beteiligungsgebers und einer Versicherung führt zu:[376]

$$EW_B - EW_i = \frac{1}{r}[\frac{1}{2}\sigma_\theta^2].$$

(6.29)

Auch im Vergleich zur Versicherung erweist sich die Einbeziehung eines risikoneutralen Beteiligungsgebers als vorteilhaft. Die Nutzensteigerung fällt in diesem Fall geringer aus und erstreckt sich lediglich auf die diskontierte Risikoprämie für das unversicherbare Risiko. Im Gegensatz zur Versicherung übernimmt der Beteiligungsgeber vollständig das gesamte Risiko, so daß die Risikoallokation bei Einbeziehung eines risikoneutralen Beteiligungsgebers dem Abschluß einer Versicherung überlegen ist.[377] Das Investitionsvolumen erreicht demzufolge ein Maximum, wenn ausschließlich der risikoneutrale Beteiligungsgeber eine Einlage leistet.

1.3.3.2   Einbeziehung eines risikoaversen Beteiligungsgebers

Bei Risikoaversion des Beteiligungsgebers fordert dieser analog zum Unternehmer für die Übernahme von Risiko eine Risikoprämie. Der Nutzen des Beteiligungsgebers beträgt:

$$\phi_B = r(W_B - A_B) + x(\mu - E(S)) - \frac{1}{2}\alpha_B x^2(\sigma_S^2 + \sigma_\theta^2).$$

(6.30)

---

[376] Für diesen Vergleich ist es ausreichend, den Fall einer fairen Prämie zu betrachten. Erweist sich die Beteiligungsfinanzierung als vorteilhaft, dann gilt das insbesondere auch dann, wenn die Versicherung einen Prämienzuschlag einfordert.

[377] Es macht insbesondere auch keinen Sinn, zusätzlich zur Beteiligung eine Versicherung abzuschließen.

Mit:

α_B = Maß für die Risikoaversion des Beteiligungsgebers.

Die Partizipationsbedingung lautet:

$$A_B = \frac{1}{r}[x(\mu - E(S)) - \frac{1}{2}\alpha_B x^2(\sigma_S^2 + \sigma_\theta^2)].$$

(6.31)

Für den Nutzen des Unternehmers gilt unter Berücksichtigung der Partizipationsbedingung:

$$\phi_U = r(W_U - A_0) + \mu - E(S) - \frac{1}{2}[\alpha_U(1-x)^2 + \alpha_B x^2](\sigma_S^2 + \sigma_\theta^2).$$

(6.32)

Die Maximierung dieser Zielfunktion führt zu dem optimalen Beteiligungsumfang:

$$x^* = \frac{\dfrac{1}{\alpha_B}}{\dfrac{1}{\alpha_U} + \dfrac{1}{\alpha_B}}$$

$$= \frac{\alpha_U}{\alpha_U + \alpha_B}.$$

(6.33)

Unternehmer und Beteiligungsgeber erhalten jeweils den Anteil an der unsicheren Einzahlung, der dem Anteil der jeweiligen Risikotoleranz an der gesamten Risikotoleranz entspricht.[378] Dies ist intuitiv sehr einsichtig, weil die Festlegung des Beteiligungsumfanges ausschließlich unter dem Gesichtspunkt der optimalen Risikoteilung erfolgt und von etwaigen Anreizproblemen abstrahiert wird. Die vom Unternehmer geforderte Risikoprämie erreicht bei dieser Aufteilung der Zahlungsströme ein Minimum.

---

[378]   Der Kehrwert der Risikoaversionsfaktoren stellt eine Meßgröße für die Risikotoleranz dar.

185

Unter Berücksichtigung des optimalen Beteiligungsumfanges gilt für den Nutzen des Unternehmers:[379]

$$\phi_U = r(W_U - A_0) + \mu - E(S) - \frac{1}{2}\alpha_U(1-x^*)(\sigma_S^2 + \sigma_\theta^2).$$

(6.34)

Der Ertragswert der Investition beträgt:

$$A_0 \leq \frac{1}{r}[\mu - E(S) - \frac{1}{2}\alpha_U(1-x^*)(\sigma_S^2 + \sigma_\theta^2)] = EW_B.$$

(6.35)

Im Vergleich zum Ertragswert ohne Beteiligung kommt nun über x^* die Risikotoleranz des Beteiligungsgebers als zusätzliche Determinante hinzu. Wegen $x^* > 0$ ist die vom Unternehmer geforderte Risikoprämie geringer als ohne Einbeziehung eines risikoaversen Beteiligungsgebers. Dies impliziert eine Ertragswertsteigerung in Höhe von:

$$EW_B - EW = \frac{1}{r}[\frac{1}{2}\alpha_U x^*(\sigma_S^2 + \sigma_\theta^2)].$$

(6.36)

Im Gegensatz zur Beteiligung eines risikoneutralen Investors steht hier die "Risikoübernahmebereitschaft" nicht unbegrenzt, sondern lediglich in höherem Maße zur Verfügung als bei Verzicht auf eine Beteiligung. Folglich ist für die Risikoübernahme weiterhin ein Preis zu entrichten, der allerdings geringer ist als im Fall ohne Beteiligung. Im Ergebnis steigt der Ertragswert, und es werden auch Investitionen durchgeführt, deren Anfangsauszahlungen zwischen EW_B und EW liegen.

Bei einem Vergleich zwischen der Einbeziehung eines risikoaversen Beteiligungsgebers und der Berücksichtigung einer Versicherung, ist es zweckmäßig, zwischen einer fairen Prämie und einer Prämie mit Zuschlag zu differenzieren.

---

[379]   Formel (6.33) wird in (6.32) eingesetzt.

Szenario 1: Prämienaufschlag ist gleich Null (λ=0):

Der Vergleich zwischen Versicherung und Beteiligungsfinanzierung erfolgt im Hinblick auf die Nutzenposition des Unternehmers. Bei einer fairen Prämie führen Versicherung und Beteiligung zu einem gleich hohen Nutzen, und damit auch zu einem gleich hohen Ertragswert der Investition, wenn gilt:[380]

$$\frac{\alpha_B}{\alpha_U + \alpha_B} = \frac{\sigma_\theta^2}{\sigma_S^2 + \sigma_\theta^2}.$$

(6.37)

Im linken Term kommt der optimale Anteil des Unternehmers an der unsicheren Investitionsauszahlung (1-x*) zum Ausdruck, der dem Anteil der Risikoaversion des Beteiligungsgebers an der gesamten Risikoaversion entspricht. Der Unternehmer ist genau dann indifferent zwischen Beteiligung und Versicherung, wenn sein optimaler Anteil am Investitionsprojekt genau so hoch ist wie der Anteil des unversicherbaren Risikos am gesamten Risiko. Das Ergebnis ist intuitiv einsichtig, wenn man bedenkt, daß in diesem Fall der Beteiligungsgeber und die Versicherung einen gleich hohen Anteil am gesamten Risiko zu einem identischen Preis übernehmen. Bei einer fairen Prämie ist es optimal, das gesamte versicherbare Risiko auf die Versicherung zu übertragen. Entspricht der Anteil des versicherbaren Risikos am Gesamtrisiko dem Anteil der Risikotoleranz des Beteiligungsgebers an der gesamten Risikotoleranz, dann gewährleisten Versicherung und Beteiligung zu identischen Kosten ein gleich hohes Potential an "Risikoübernahmebereitschaft" und folglich resultiert ein gleich hoher Nutzen für den Unternehmer.[381] Die Versicherung erweist sich innerhalb dieses Szenarios tendenziell als vorteilhaft, wenn der Beteiligungsgeber sehr risikoavers ist und/oder das Gesamtrisiko zu einem großen Teil versicherbar ist.

---

[380] Zur Berechnung von Formel (6.37) sind $EW_{i(\lambda=0)}$ gemäß Formel (6.14) und EW_B gemäß Formel (6.35) gleichzusetzen.

[381] Alternativ kann der Ausdruck (6.37) auch so interpretiert werden, daß bei Indifferenz zwischen Beteiligung und Versicherung der optimale Beteiligungsumfang x* dem Anteil des versicherbaren Risikos am Gesamtrisiko entspricht.

187

Szenario 2: Prämienaufschlag ist größer Null ($\lambda > 0$):

Bei positivem Prämienaufschlag stellt sich eine Nutzenindifferenz des Unternehmers ein, wenn gilt:[382]

$$EW_{B(\alpha_B > 0)} = EW_{i(\lambda > 0)}$$

$$\Leftrightarrow \quad x^* = \frac{(1-\beta^*)^2}{1 + \dfrac{\sigma_\theta^2}{\sigma_S^2}}.$$

(6.38)

Ist der linke Term größer als der rechte, dann ist die Beteiligungsfinanzierung gegenüber der Versicherung vorzuziehen. Ein vereinfachter Interpretationszugang dieses Ausdruckes ist möglich, wenn zunächst die Versicherbarkeit des gesamten Risikos unterstellt wird ($\sigma_\theta^2 = 0$). Ausdruck (6.38) vereinfacht sich dann zu:[383]

$$x^* = (1-\beta^*)^2$$

$$\Leftrightarrow \quad x^* = (1 - \frac{\lambda E(S)}{\alpha_U \sigma_S^2})^2.$$

(6.39)

Diese Darstellungsweise läßt einige Schlußfolgerungen für die Nachteilig- und Vorteilhaftigkeit der Versicherung im Vergleich zur Beteiligungsfinanzierung zu:

- Ist der optimale Beteiligungsumfang x^* gleich dem optimalen Versicherungsumfang $(1-\beta^*)$, dann ist die Beteiligung der Versicherung vorzuziehen.[384] Hintergrund dieses Phänomens ist die Tatsache, daß der Risikotransfer auf die Versicherung mit Kosten in Form des Prämienaufschlages verbunden ist, die die Quasi-Rente der Investition insgesamt verringern. Mit der Beteiligungsfinanzie-

---

[382] Gleichungen (6.35) und (6.18) sind gleichzusetzen und geeignet umzuformen.

[383] Für den optimalen Versicherungsumfang wird Formel (6.17) substituiert.

[384] Da $1-\beta^*$ nur für Werte zwischen Null und Eins definiert ist, gilt bei $x^* = 1-\beta^*$ stets $x^* > (1-\beta^*)^2$.

rung ist hingegen keine Einbuße in der Quasi-Rente verbunden.

- Die Vorteilhaftigkeit der Versicherung wird durch die Charakteristik der versicherbaren Schäden determiniert. Ein Schadenverlauf mit einem niedrigen Erwartungswert und einer großen Streuung spricht für die Vorteilhaftigkeit der Versicherung.[385] Die Erklärung dafür ist einfach: Ein niedriger Erwartungswert impliziert ceteris paribus eine geringe Versicherungsprämie während sich die Streuung nicht auf die Höhe der Prämie auswirkt, dafür aber die marginale Minderung der Risikoprämie durch die Versicherung erhöht, was dem Unternehmer zum Vorteil gereicht. Empirisch ist belegt, daß es sich bei Risiken mit derartigen Charakteristika um sogenannte "Katastrophenrisiken"[386] handelt: Dies sind vergleichsweise hohe Schäden, die mit einer relativ geringen Wahrscheinlichkeit eintreten.[387] Beispiele hierfür sind Naturkatastrophen oder Großbrände, wobei die genaue Abgrenzung von Katastrophenrisiken einer gewissen Willkür unterliegt. Bei Schadeneintritt können sie die Existenz einer Unternehmung gefährden, wovor man sich durch den Abschluß einer Versicherung schützen möchte. Wie diese Analyse zeigt, kann es aber auch bei einem hier angenommenen Ausschluß einer solchen Existenzgefährdung rational sein, diese Risiken auf eine Versicherung zu übertragen.[388] Dies gilt nur dann, wenn die Vorteilhaftigkeit in Form eines verhältnismäßig niedrigen Erwartungswertes des Schadens nicht durch einen hohen Prämienzuschlag überkompensiert wird.

- Der Vollständigkeit halber sei erwähnt, daß ein niedriger Prämienzuschlag und eine hohe Risikoaversion des Beteiligungsgebers für die Vorteilhaftigkeit der Versicherung sprechen.

---

[385] Der rechte Term in (6.39) vergrößert sich ceteris paribus.

[386] Diese Risiken werden teilweise auch als "Großschadenrisiken" oder "Größtschadenrisiken" bezeichnet, vgl. Farny (1995), S. 75.

[387] Zu einem empirischen Überblick über den Zusammenhang von Schadenhöhe, Erwartungswert und Streuung vgl. Doherty/Smith (1993), S. 12.

[388] Es wird innerhalb dieser Analyse durchgängig unterstellt, daß das Vermögen des Unternehmers ausreicht, um alle mit der Investition verbundenen Auszahlungen zu übernehmen.

Die Ausführungen über die Vorteilhaftigkeit der Versicherung besitzen weiterhin Gültig-
keit, wenn das Risiko nur teilweise versicherbar ist, und der Nenner im rechten Ausdruck
von (6.38) positive Werte annimmt ($\sigma_\theta^2 > 0$). Je geringer der Anteil des versicherbaren
Risikos wird, desto stärker müssen die oben aufgeführten Determinanten ausgeprägt
sein, damit die Vorteilhaftigkeit der Versicherung gewährleistet ist. In der nachfolgenden
Graphik wird für unterschiedliche Anteile des versicherbaren Risikos illustriert, bei
welchen Konstellationen von optimaler Beteiligung x^* und optimalem Versicherungsumfang 1-ß* der Unternehmer indifferent darüber ist, ob er eine Versicherung oder
Beteiligungsfinanzierung berücksichtigt. Der Nenner von Formel (6.38) wird hier durch
N ersetzt:

$$N = 1 + \frac{\sigma_\theta^2}{\sigma_S^2}.$$

(6.40)

Mit:

N=1 : Risiko ist vollständig versicherbar ($\sigma_\theta^2=0$);

N=2 : Anteil des versicherbaren Risikos ist gleich dem Anteil des unversicherbaren Risikos ($\sigma_\theta^2=\sigma_S^2$);

N=3 : Anteil des unversicherbaren Risikos ist doppelt so groß wie das versicherbare Risiko ($\sigma_\theta^2=2\sigma_S^2$).

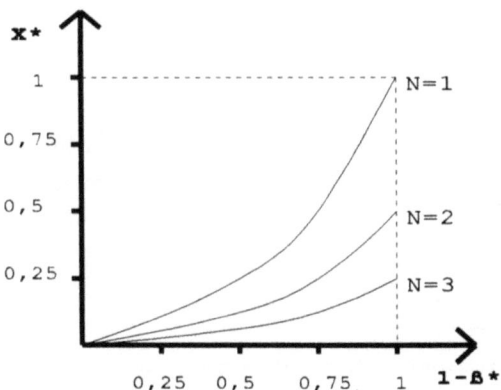

Abbildung 8:   Indifferenzkurven bezüglich optimaler Beteiligung (x*) und
optimaler Versicherung (1-ß*).

190

Für unterschiedliche Werte von N kennzeichnen die Indifferenzkurven die Kombinationen von x* und 1-ß*, bei denen Beteiligung und Versicherung dem Unternehmer einen gleich hohen Nutzen stiften. Liegt die optimale Beteiligung x* überhalb der Indifferenzkurve, dann ist die Einbeziehung eines Beteiligungskapitalgebers gegenüber der Versicherung vorzuziehen und vice versa. Je größer der Anteil des unversicherbaren Risikos ist - also mit steigendem N - , desto geringer ist die Anzahl der Konstellationen von x* und 1-ß*, in denen die Versicherung gegenüber der Beteiligung vorteilhaft ist.[389] In diesem Fall wird auch bei einer recht hohen Risikoaversion des Beteiligungsgebers die Beteiligungsfinanzierung zu einer besseren Risikoallokation führen als die Einbeziehung der Versicherung.[390] Das in den überwiegenden Konstellationen (auch graphisch) zum Ausdruck kommende schlechtere Abschneiden der Versicherung ist darin begründet, daß sie im Gegensatz zur Beteiligungsfinanzierung nur den versicherbaren Teil des Risikos übernimmt und zudem durch die Einforderung eines Prämienzuschlages die Quasi-Rente des Unternehmers mindert.

1.3.3.3 Simultane Einbeziehung von Versicherung und Beteiligungsfinanzierung

Berücksichtigt der Unternehmer simultan die Möglichkeit der Beteiligung und der Versicherung, gilt für seinen Nutzen:

$$\phi_{U(Bf)} = r(W_U - A_0) + \mu - (1 + \lambda(1-\beta))E(S) - \frac{1}{2}[\alpha_U(1-x)^2 + \alpha_B x^2](\beta^2\sigma_S^2 + \sigma_\theta^2).$$

(6.41)

Analog zur bisherigen Vorgehensweise lassen sich auf der Grundlage dieser Zielfunktion der optimale Beteiligungs- und Versicherungsumfang bestimmen.

---

[389] Die Fläche unter der Indifferenzkurve verringert sich.

[390] Je größer die Fläche oberhalb der Indifferenzkurven ist, desto größer kann auch die Risikoaversion des Beteiligungsgebers sein, die gerade noch die Vorteilhaftigkeit der Beteiligungsfinanzierung gegenüber der Versicherung sicherstellt.

Die optimale Beteiligung beträgt unverändert:

$$x^* = \frac{\alpha_U}{\alpha_U + \alpha_B}.$$

(6.42)

Für die optimale Selbstbeteiligung gilt:

$$\beta^* = \frac{\lambda E(S)}{[\alpha_U(1-x^*)^2 + \alpha_B x^{*2}]\sigma_S^2}.$$

(6.43)

Es ist festzustellen, daß der optimale Beteiligungsumfang nicht durch den Abschluß einer Versicherung beeinträchtigt wird und weiterhin ausschließlich von dem Verhältnis der Risikotoleranzen determiniert wird. Lediglich die Höhe der Einlage ändert sich durch die Einbeziehung der Versicherung. Ist im Optimum die Selbstbeteiligung kleiner als eins, dann impliziert die Versicherung nicht nur für den Unternehmer, sondern auch für den Beteiligungsgeber eine Nutzensteigerung. Bei gleichem Beteiligungsumfang muß die Kapitaleinlage des Beteiligungsgebers steigen, so daß die Nutzensteigerung kompensiert und der Beteiligungsgeber auf sein Reservationsniveau zurückgeführt wird.[391] Daß dies immer so sein muß, liegt daran, daß der optimale Versicherungsumfang aus der Sicht des Unternehmers identisch ist mit dem optimalen Versicherungsumfang aus Sicht des Beteiligungsgebers. Für einen formalen Nachweis dieses Sachverhaltes ist zunächst der Nutzen des Beteiligungsgebers zu betrachten. Es gilt:

$$\phi_{Bi} = r(W_B - A_B) + x(\mu - (1 + \lambda(1-\beta))E(S)) - \frac{1}{2}\alpha_B x^2(\beta^2\sigma_S^2 + \sigma_\theta^2).$$

(6.44)

Für den optimalen Versicherungsumfang aus Sicht des Beteiligungsgebers gilt:

$$\beta_B^* = \frac{x\lambda E(S)}{\alpha_B x^2\sigma_S^2}.$$

(6.45)

---

[391]   Eine Nutzensteigerung des Beteiligungsgebers wird stets durch eine Erhöhung seiner Einlage kompensiert.

Setzt man β_B^* mit dem optimalen Versicherungsumfang aus der Sicht des Unternehmers gleich, dann folgt nach einigen Umformungen:

$$\beta^* = \beta_B^*$$

$$<=> \quad \frac{\lambda E(S)}{(\alpha_U(1-x)^2 + \alpha_B x^2)\sigma_S^2} = \frac{x\lambda E(S)}{\alpha_B x^2 \sigma_S^2}$$

$$<=> \quad x = \frac{\alpha_U}{\alpha_U + \alpha_B}.$$

(6.46)

Durch die Beteiligung in Höhe des Verhältnisses der Risikotoleranzen wird sicher-gestellt, daß der vom Unternehmer gewählte Versicherungsumfang stets auch für den Beteiligungsgeber optimal ist.

Ein weiteres wichtiges Ergebnis der simultanen Betrachtung von Versicherung und Beteiligung ist die Tatsache, daß der optimale Versicherungsumfang von der Höhe der optimalen Beteiligung abhängt. Es kann leicht nachgewiesen werden, daß der optimale Versicherungsumfang umso größer ist, je geringer die optimale Beteiligungsquote ist. Der optimale Ver-sicherungsumfang wird determiniert durch das Verhältnis von margi-nalem Prämienzuschlag und marginaler Risikoprämie des Unternehmers. Mit zunehmen-dem optimalen Beteiligungsumfang verringert sich aufgrund der verbesserten Risikoallo-kation die Risikoprämie und ceteris paribus verringert sich der optimale Versicherungs-umfang. Stellt man auf die Risikoaversion des Beteiligungsgebers als die maßgebliche Determinante für die optimale Beteiligungshöhe ab, so ist zu erkennen, daß mit steigen-der Risikoaversion des Beteiligungsgebers der optimale Versicherungsumfang gegen den Wert ohne Berücksichtigung einer Beteiligung konvergiert.[392]

---

[392]   Vgl. hierzu Formel (6.17).

193

Als Grenzwert für ß* bei unendlich hoher Risikoaversion des Beteiligungsgebers gilt:

$$\beta^*_{(\alpha_B \to \infty)} = \frac{\lambda E(S)}{\alpha_U \sigma_S^2}.$$

(6.47)

Bei sinkender Risikoaversion hingegen sinkt der Versicherungsumfang und im Grenzfall der Risikoneutralität wird keine Versicherung abgeschlossen. Es gilt:

$$\beta^*_{(\alpha_B \to 0)} = 1.$$

(6.48)

Die optimale Beteiligungshöhe konvergiert gegen Eins, so daß das bereits hergeleitete Ergebnis bei ausschließlicher Betrachtung eines risikoneutralen Beteiligungsgebers seine Bestätigung findet.

Bei Betrachtung des Ertragswertes als maßgebliches Entscheidungskalkül für die Durchführung der Investition ist festzustellen, daß dieser bei simultaner Einbeziehung von Versicherung und Beteiligung einen maximalen Wert erreicht. Es gilt:

$$A_0 \leq \frac{1}{r}[\mu - (1+\lambda(1-\beta))E(S) - \frac{1}{2}[\alpha_U(1-x)^2 + \alpha_B x^2](\beta^2\sigma_S^2 + \sigma_\theta^2)] = EW_{Bi}.$$

(6.49)

Nimmt die Selbstbeteiligung im Optimum einen Wert kleiner als Eins an und ist der optimale Beteiligungsumfang größer als Null, so gilt zwingend, daß der Ertragswert EW_{Bi} größer ist als bei Vernachlässigung von Beteiligung und Versicherung.[393] Die etwaige Steigerung des Ertragswertes führt in Anlehnung an die obige Argumentation zu einer Steigerung des Investitionsvolumens.

---

[393] Das Szenario der Vernachlässigung von Versicherung und Beteiligungsfinanzierung ist in dieser Betrachtung enthalten, da der optimale Versicherungsumfang und die optimale Beteiligung jeweils einen Wert von Null annehmen können. Stellt sich ein Optimum bei positiven Werten für Versicherungs- und Beteiligungumfang ein, dann erhöht sich damit auch der Ertragswert.

194

2 Investitionsentscheidung bei asymmetrischer Information

2.1 Informationsasymmetrie vor Vertragsschluß

2.1.1 Vorbemerkungen

Die Annahme, daß Unternehmer und Beteiligungsgeber im Hinblick auf das Investitionsprojekt über einen identischen Kenntnisstand verfügen, ist nicht sehr realitätsnah und
läßt die Beteiligungsfinanzierung in einem zu günstigen Licht erscheinen. Der Unternehmer als Initiator der erfolgsversprechenden Investition kann die zu erwartenden Erträge
und das Risiko sicherlich besser abschätzen als ein externer Investor, und aus opportunistischen Erwägungen ist es berechtigterweise fraglich, ob er Informationen über das
Projekt offenbart, die ihm nicht zum Vorteil gereichen.

Auch im Hinblick auf die hier im Mittelpunkt stehende Investitionsentscheidung wird ein
besonderer Augenmerk darauf gerichtet, ob die Versicherung zu einer für den Unternehmer vorteilhaften Minderung dieser vorvertraglichen Informationsasymmetrien beitragen
kann. Dies wäre eine weitere Bestätigung dafür, daß der Versicherung neben der Risiko-
übernahmefunktion die Aufgabe zukommt, auf dem Markt bestehende Informationsineffizienzen zu beseitigen.[394]

In Annäherung an die Gegebenheiten eines realistischeren unternehmerischen Umfeldes
sei unterstellt, daß der Beteiligungsgeber damit rechnen muß, vom Unternehmer von den
wahren Ausprägungen über Erwartungswert und Varianz der zukünftigen Investitionseinzahlungen getäuscht zu werden. Er kann nicht ausschließen, daß sich der Unternehmer in dem Sinne opportunistisch verhält, daß er den Beteiligungsgeber durch Ankündi-
gung eines zu hohen Erwartungswertes und einer zu niedrigen Varianz der Erträge zu
einer unverhältnismäßig hohen Einlage bewegen möchte.[395] Im Grenzfall führt diese

---

[394] Vgl. Müller/Eisen (1987), S. 1343.

[395] Die Einlage des Beteiligungsgebers steigt ceteris paribus mit zunehmendem Erwartungswert und
abnehmender Varianz der zukünftigen Investitionseinzahlungen.

Situation zu einem Scheitern der Beteiligung.[396]

Das zentrale Problem für den Unternehmer besteht darin, die Weitergabe der Information mit einer hinreichenden Glaubwürdigkeit auszustatten, um von der Beteiligung in für ihn vorteilhafter, d. h. nutzensteigernder Weise Gebrauch machen zu können. Der Unternehmer kann dem Glaubwürdigkeitserfordernis gerecht werden, wenn es ihm gelingt, Signale auszusenden, auf deren Grundlage der Beteiligungsgeber unmißverständlich auf die Qualität seiner Beteiligung schließen kann. Die Qualität wird hierbei durch den Erwartungswert und die Varianz der Investitionseinzahlungen determiniert.[397] Bei der Auswahl der Signale muß bedacht werden, daß sie dem Unternehmer keinen erneuten Handlungsspielraum zum Vortäuschen falscher Informationen eröffnen, so daß der Beteiligungsgeber auf die Richtigkeit der Signale vertrauen kann. Das Problem der Glaubwürdigkeit verlagert sich von der reinen Offenbarung des Erwartungswertes und der Varianz auf die Glaubwürdigkeit der Signale. Um diese sicherzustellen, müssen Signale insbesondere folgende Eigenschaften aufweisen:

■   Als Signal sind nur solche Variablen geeignet, denen im Modell auch noch andere Funktionen zukommen;[398]

■   Signalisieren muß mit Kosten und Nutzen für den Unternehmer verbunden sein;

■   Der (Grenz-) Nutzen des Signaling muß bei "guten" Projekten höher sein als bei "schlechten" Projekten.[399]

---

[396]   Betrachtet man den gesamten Markt für Beteiligungen, kann die vorvertragliche Informationsverteilung einen Prozeß der adversen Selektion auslösen, der zu einem Marktversagen führt, vgl. Akerlof (1970), S. 490.

[397]   Zum Signaling vgl. Akerlof (1970), S. 487, Spence (1973), S. 355, und Rothschild/Stiglitz (1976), S. 629.

[398]   Vgl. Neus/Nippel (1991), S. 94.

[399]   Schlechte Projekte sind Projekte niedrigerer Qualität, d.h. sie weisen im Vergleich zu anderen Projekten einen niedrigeren Erwartungswert und/oder eine höhere Varianz versicherbarer Schäden auf. Zur negativen Korrelation von Qualität und Signaling-Kosten vgl. Miller/Rock (1985), S. 1045, und Thakor (1982), S. 723.

Diese Voraussetzungen gewährleisten, daß sich die Signale im Hinblick auf Investitionsprojekte mit unterschiedlichen Ertrags- und Risikokomponenten derart voneinander
unterscheiden, daß der Beteiligungsgeber über die wahre Qualität des Projektes nicht
mehr getäuscht werden kann.

2.1.2 Beteiligungsumfang als Signal für den Erwartungswert der Investitionseinzahlungen

Es sei zunächst die Situation betrachtet, daß der Beteiligungsgeber ausschließlich im
Hinblick auf die Investitionseinzahlungen ein Informationsdefizit hat. Die Varianz der
erwarteten Rückflüsse ist exogen gegeben und auch die Risikoeinstellungen sind Unternehmer und Beteiligungsgeber gleichermaßen bekannt.[400] In Anlehnung an die Modellierung von LELAND/PYLE[401] dient die angebotene Beteiligungshöhe (x) und damit
implizit die Bereitschaft des Unternehmers, in das eigene Projekt zu investieren (1-x), als
Signal für die zu erwartenden Investitionsrückflüsse.[402] Um eine Fokussierung auf die
Signalwirkung der Beteiligungsfinanzierung zu gewährleisten, wird bei dieser Betrachtung von einer zusätzlichen Einbeziehung einer Versicherung abgesehen.

Die Beteiligungshöhe dient dem Beteiligungsgeber als Signal, so daß der Schätzwert des
Beteiligungsgebers für den Erwartungswert der Investitionseinzahlungen $E(y_1)$ eine
Funktion der ihm angebotenen Beteiligung (x) ist:[403]

$$M = M(x). \tag{6.50}$$

---

[400] Zur Problematik der gleichermaßen bekannten Risikoaversionsfaktoren vgl. Neus/Nippel (1991), S. 95 f.

[401] Bei LELAND/PYLE dient der Eigenanteil des Unternehmers als Signal für die erwarteten Investitionsrückflüsse, vgl. Leyland/Pyle (1977), S. 371 ff.

[402] Zur empirischen Überprüfung vgl. Dowes/Heinkel (1982), S. 1 ff.

[403] Die explizite Herleitung der Schätzfunktion und die rein formale Beschreibung des Signaling-Gleichgewichtes erfolgen im Anhang, so daß in diesem Abschnitt weitgehend auf umfangreiche formale Ausführungen verzichtet wird.

Mit:

M   =   Schätzung des Beteiligungsgebers für $E(y_1)$ auf der Basis des Signals x.[404]

Im Hinblick auf die Glaubwürdigkeit ist sicherzustellen, daß der Beteiligungsumfang den an ein Signal gestellten Anforderungen gerecht wird. Für eine grundlegende Eignung der Beteiligung als Signal spricht die Tatsache, daß die Beteiligung in diesem Szenario zwei Funktionen übernimmt: Neben dem Signalisieren dient sie der Verbesserung der Risikoallokation, so daß der Unternehmer von einem rein willkürlichen Aussenden von Signalen abgehalten wird. Ausgehend von der oben hergeleiteten optimalen Beteiligungsquote bei symmetrischer Information x^* ist ein Abweichen von diesem Optimum mit Kosten für den Unternehmer verbunden, da er eine suboptimale Risikoallokation in Kauf zu nehmen hat. Folglich sinkt ceteris paribus der Nutzen des Endvermögens. Eine Abweichung von dem Optimum kann bei asymmetrischer Information aber auch nutzensteigernd wirken. Dies ist dann der Fall, wenn der Beteiligungsgeber davon ausgeht, daß der Unternehmer bei einem höheren Erwartungswert der Investitionseinzahlungen einen höheren Anteil an der Investition halten möchte und dem Beteiligungsgeber eine niedrigere Beteiligung anbietet. Ausgehend vom optimalen Beteiligungsumfang x^* führt eine Verminderung der angebotenen Beteiligung zu einer höheren Schätzung für den Erwartungswert $E(y_1)$, wodurch sich der relative Preis der Einlage des Beteiligungsgebers erhöht und ceteris paribus der Nutzen des Unternehmers steigt.[405] Um dies zu gewährleisten, muß formal als notwendige Gleichgewichtsbedingung gelten:[406]

$$\frac{dM(x)}{dx} = M'(x) < 0.$$

$$(6.51)$$

Die Schätzfunktion M(x) muß im Gleichgewicht die Eigenschaft aufweisen, daß mit

---

[404]   In Ermangelung der Einbeziehung einer Versicherung wird der Erwartungswert der Investitionseinzahlung nicht in eine versicherbare und nicht versicherbare Komponente zerlegt.

[405]   Je höher der Erwartungswert der Investitionseinzahlungen von dem Beteiligungsgeber eingeschätzt wird, desto größer ist seine Einlage für einen bestimmten Beteiligungsumfang.

[406]   Die nachfolgende Betrachtung beschränkt sich auf die Darstellung der Gleichgewichtssituation, wobei die Existenz des Gleichgewichts als gegeben unterstellt wird. Im Anhang A1 wird die Funktion M(x) hergeleitet und aufgezeigt, daß die notwendige Gleichgewichtsbedingung im relevanten Bereich erfüllt ist.

zunehmender Beteiligung (=abnehmender Eigenanteil des Unternehmers) die Schätzung seitens des Beteiligungsgebers für den Erwartungswert der Investitionseinzahlungen sinkt.[407]

Der Beteiligungsgeber stellt sein Kapital nur zur Verfügung, wenn er mit seiner Beteiligung mindestens den sicheren Zins erwirtschaften kann, so daß sich sein Nutzen durch die Beteiligung nicht mindert. Es muß gelten:

$$r\, A_B \leq x\; M(x) - \frac{1}{2}\alpha_B x^2(\sigma_S^2 + \sigma_\theta^2).$$

(6.52)

Der Nutzen des Unternehmers beträgt unter Berücksichtigung dieser Partizipationsbedingung:

$$\phi_U = r(W_U - A_0) + xM(x) + (1-x)E(y_1) - \frac{1}{2}(\alpha_B x^2 + \alpha_U(1-x)^2)(\sigma_S^2 + \sigma_\theta^2).$$

(6.53)

Damit ergibt sich für den optimalen Beteiligungsumfang, der die Differenz zwischen dem Nutzen und den Kosten des Signaling maximiert:[408]

$$x^* = \frac{M(x^*) - E(y_1) + \alpha_U(\sigma_S^2 + \sigma_\theta^2)}{(\alpha_U + \alpha_B)(\sigma_S^2 + \sigma_\theta^2) - M'(x)}.$$

(6.54)

Verfügt der Beteiligungsgeber über rationale Erwartungen, dann kennt er den Optimierungskalkül des Unternehmers.[409] Es ist ihm insbesondere möglich, aus der Beobachtung von x auf diejenige Ausprägung von $E(y_1)$ zu schließen, für die der beobachtbare Be-

---

[407]   Der Gedanke entspricht dem Theorem 1 von LEYLAND/PYLE, das besagt, daß der Unternehmer mit zunehmenden erwarteten Erträgen einen höheren Eigenanteil an dem Projekt hält. Vgl. Leyland/Pyle (1977), S. 376.

[408]   Der Nutzen des Unternehmers gemäß (6.53) ist über x zu optimieren.

[409]   "Rationale Erwartungen" ist eine übliche Annahme in Signaling-Gleichgewichten. Zum Zusammenhang zwischen Signaling-Modellen und der Theorie rationaler Erwartungen vgl. Hartmann-Wendels (1986), S. 91 ff.

teiligungsumfang optimal ist. Damit gilt im Gleichgewicht:

$$M(x) = E(y_1).$$

(6.55)

Der Beteiligungsgeber kann im Gleichgewicht von dem Signal x auf den korrekten Erwartungswert ($E(y_1)$) schließen. Unter Berücksichtigung dieser Gleichgewichtsbedingung beträgt die optimale Beteiligungsquote im Signaling-Gleichgewicht:[410]

$$x^* = \frac{\alpha_U(\sigma_S^2 + \sigma_\theta^2)}{(\alpha_U + \alpha_B)(\sigma_S^2 + \sigma_\theta^2) - M'(x)}.$$

(6.56)

Wegen M'(x)<0 ist die optimale Beteiligung x^* bei asymmetrischer Information geringer als bei symmetrischer Information. Folglich gewährleistet der Beteiligungsumfang bei asymmetrischer Information keine optimale Risikoallokation.[411] Der Hintergrund dieses Ergebnisses besteht in der Doppelfunktion der Beteiligung, die darin besteht, daß die Aufteilung der Investitionseinzahlungen nicht nur die Funktion der Risikoteilung hat, sondern auch der Informationsübertragung dient. Wenn der Beteiligungsgeber auf x als Signal für den Erwartungswert der Investitionseinzahlungen reagiert (M'(x)≠0), dann kann der Unternehmer durch die Beteiligung keine optimale Risikoallokation erreichen.

Die Schätzfunktion M(x) lautet:[412]

$$M(x) = \alpha_U(\sigma_S^2 + \sigma_\theta^2)\ln(\frac{x_0}{x}) + (\alpha_U + \alpha_B)(\sigma_S^2 + \sigma_\theta^2)(x - x_0)$$

$$+ \frac{1}{2}(\alpha_B x_0^2 + \alpha_U(1 - x_0)^2)(\sigma_S^2 + \sigma_\theta^2) + r\, A_0.$$

(6.57)

---

[410] Gleichung (6.56) erhält man durch Einsetzen von Gleichung (6.55) in den optimalen Beteiligungsumfang x^* (6.54).

[411] Bei symmetrischer Information entfällt der zweite negative Summand im Nenner von Formel (6.56), so daß x^* bei symmetrischer Information größer ist.

[412] Zur Herleitung vgl. Anhang 1.

Mit:[413]

$$x_0 = \frac{\alpha_U}{\alpha_U + \alpha_B}.$$

(6.58)

Die Schätzfunktion M(x) ist dabei so konstruiert, daß der "marginale" Unternehmer, der bei symmetrischer Information aufgrund niedriger erwarteter Einzahlungsüberschüsse indifferent zwischen sicherer Anlage und Durchführung der Investition ist, auch im Signaling-Gleichgewicht nicht von der optimalen Risikoteilung abweicht (M'(x)=0). Formal gilt für M(x$_0$) nach einigen Umformungen:[414]

$$M(x_0) - \frac{1}{2}(\alpha_U(1-x_0)^2 + \alpha_B x_0^2)(\sigma_S^2 + \sigma_\theta^2) = r \cdot A_0.$$

(6.59)

M(x$_0$) ist ceteris paribus die minimale erwartete Investitionsrückzahlung, bei der der Unternehmer - auch bei symmetrischer Information - gerade indifferent hinsichtlich der Durchführung der Investition ist.[415] Mit anderen Worten: Der marginale Unternehmer bleibt per Konstruktion indifferent, wenn er nicht signalisiert, so daß er zum Signalisieren keine Veranlassung hat. Der marginale Unternehmer erreicht damit auch im Signaling-Gleichgewicht eine first-best-Lösung.[416]

Sind die erwarteten Investitionsrückflüsse höher als M(x$_0$), dann signalisiert dies der Unternehmer, indem er von der optimalen Risikoallokation abweicht und einen vergleichsweise höheren Anteil an der Investition hält. Die Abweichung vom Optimum fällt dabei umso größer aus, je größer M'(x) ist. Die Veränderung der Schätzung für den Erwartungswert bei einer marginalen Veränderung der angebotenen Beteiligungshöhe (=M'(x)) kann als ein Gradmesser interpretiert werden, der den Grenznutzen des Abweichens von der optimalen Risikoallokation zum Zwecke des Signaling mit x mißt. Je

---

[413] x$_0$ entspricht der optimalen Risikoteilung bei symmetrischer Information.

[414] Im Gleichgewicht M(x$_0$)=E(y$_1$) entspricht dieser Ausdruck der first-best Lösung für den indifferenten Unternehmer.

[415] Wie leicht gezeigt werden kann, ist M'(x$_0$)=0.

[416] Diese Eigenschaft der Schätzfunktion hat eine große Bedeutung für das Investitionsvolumen im Signaling-Gleichgewicht, vgl. hierzu die Ausführungen am Ende dieses Abschnittes.

stärker der Unternehmer nach Maßgabe von M'(x) von der optimalen Risikoteilung abweicht, desto größer ist die Schätzung für $E(y_1)$ und desto höher ist die Einlage, die der Beteiligungsgeber zu leisten bereit ist.[417]

Um die Glaubwürdigkeit des Signalisierens mittels des Beteiligungsumfanges zu gewährleisten, ist sicherzustellen, daß für Unternehmer mit besseren Projekten (= höhere erwartete Investitionsrückzahlungen) das Signaling mit einem höheren Grenznutzen verbunden ist als für Unternehmer mit schlechteren Projekten, d. h., daß im Gleichgewicht bei guten Investitionsprojekten in höherem Maße von der optimalen Risikoteilung abgewichen wird als bei schlechteren Projekten. Bei Betrachtung der Gleichgewichtssituation gilt:

$$E(y_1) = M[x(E(y_1))];$$

und[418]

$$M^{-1}(E(y_1)) = x(E(y_1)). \tag{6.60}$$

Wegen M'(x)<0 ist auch (M⁻¹)'<0, so daß mit zunehmendem Erwartungswert der Investitionsrückflüsse der dem Beteiligungsgeber angebotene Anteil am Investitionsprojekt sinkt. Es wird deutlich, daß der Unternehmer bei einem Signalisieren eines hohen Erwartungswertes in höherem Maße von der optimalen Risikoteilung abweicht als bei dem Signalisieren eines niedrigen Erwartungswertes. Der Grenznutzen des Signaling ist für diese Unternehmer größer, so daß sie auch bereit sind, höhere Signaling-Kosten in Kauf zu nehmen als Unternehmer mit schlechteren Projekten. Der Beteiligungsumfang x und damit implizit auch der Eigenanteil des Unternehmers (1-x) werden unter den genannten Bedingungen den Anforderungen an ein glaubwürdiges Signal gerecht. Die aus der suboptimalen Risikoallokation resultierenden Signaling-Kosten kommen dabei keinem Dritten zugute und sind unwiederbringlich verloren. Sie implizieren eine Minderung der Gesamtwohlfahrt. Aufgrund dieser Eigenschaft handelt es sich hier um ein dissipatives Signaling; kämen die Signaling-Kosten in Form einer Transferzahlung den

---

[417]   Der Preis für eine bestimmte Beteiligungshöhe steigt.

[418]   M(x) ist monoton.

202

Beteiligungsgebern zugute, dann läge ein nicht-dissipatives (=kostenloses) Signaling vor.[419]

Im Hinblick auf das Investitionsvolumen ist festzustellen, daß mit der Überwindung der Informationsasymmetrie keine Verzerrung der Kapitalallokation verbunden ist. Per Konstruktion der Schätzfunktion bleibt der marginale Unternehmer auch bei asymmetrischer Information indifferent zwischen Anlage zum sicheren Zinssatz i und Beteiligung, so daß alle Investitionsprojekte, die höhere Einzahlungsüberschüsse erwarten lassen und bei symmetrischer Information durchgeführt werden, auch bei asymmetrischer Information getätigt werden. Die Signaling-Kosten schmälern zwar die Rente für den Unternehmer, aber das Investitionsvolumen bleibt hiervon unberührt.

2.1.3 Versicherungsumfang als Signal für die Varianz der versicherbaren Schäden

Der Unternehmer berücksichtigt im folgenden neben einer Beteiligung auch die Einbeziehung einer Versicherung, die unter bestimmten Umständen die Beteiligungshöhe vollständig von der Signalfunktion entlasten und zum alleinigen Informationsübermittlungsmedium für den Beteiligungsgeber werden kann.[420] Diese Betrachtung unterscheidet sich vor allem in nachfolgenden Punkten von der vorhergehenden Signaling-Analyse mittels des Beteiligungsumfanges:

- Das Risiko ist vollständig versicherbar, d.h. das gesamte unternehmerische Risiko ist auf eine Versicherung übertragbar.[421]

---

[419] Vgl. Neus (1993), S. 186, und insbesondere zum kostenlosen Signaling vgl. Franke (1987).

[420] Der Prämienaufschlag sei in dieser Betrachtung so gering, daß es in jedem Fall zu einer Einbeziehung einer Versicherung kommt. Zur Interdependenz zwischen Finanzierungs-, Investitions- und Versicherungsentscheidung bei asymmetrischer Information vgl. Rebello (1995), S. 21 ff. Zu theoretischen und empirischen Analysen über die Signalfunktion von Versicherungen vgl. Hsueh/Liu (1990), S. 691 ff., Kidwell/Sorensen/Wachowicz (1987), S. 299 ff., Puelz (1992), S. 500 ff. und Thakor (1982), S. 717.

[421] Der unterstellte Grenzfall der vollständigen Versicherbarkeit ist für die Existenz eines Signaling-Gleichgewichtes notwendig und läßt die Signalfunktion der Versicherung explizit hervortreten. Die Modellergebnisse erlauben im Hinblick auf die Versicherung als Signal eine Abschwächung dieser Annahme.

Es gilt:[422]

$$E(y_1)=y-E(S). \tag{6.61}$$

Mit:

y   =   Sichere Einzahlung, die dem Unternehmer und dem Beteiligungs-
          geber gleichermaßen bekannt ist.

■ Der Beteiligungsgeber kennt die Höhe und die Zusammensetzung der Versicherungsprämie (VP).

■ Der Beteiligungsgeber kann die Varianz der versicherbaren Schäden σ_S^2 nicht
   direkt beobachten.

Das Problem der vorvertraglichen Informationsasymmetrie wird unter den gegebenen
Umständen von den erwarteten Investitionsrückzahlungen auf die Varianz der Einzahlungen verlagert, die bisher als exogen gegeben unterstellt wurde. Für den Beteiligungsgeber ist es unproblematisch, daß er den Erwartungswert des Schadens nicht direkt
beobachten kann, da er durch die Berücksichtigung der Versicherung von der Versicherungsprämie auf den Erwartungswert des Schadens schließen kann. Aus der Kenntnis der
gesamten Prämie (VP) und des Prämienzuschlages (λ) ist es ihm möglich, den Erwartungswert des Schadens in Erfahrung zu bringen.[423] Es verbleibt dem Beteiligungsgeber
ein Informationsdefizit im Hinblick auf die Varianz versicherbarer Schäden, deren
Schätzung auf der Grundlage der Selbstbeteiligung ß erfolgt.

---

[422] Die Unsicherheit beschränkt sich auf den versicherbaren Schaden.

[423] Wenn sich das Versicherungsunternehmen gegen eine Offenbahrung der Prämienzusammenset-
zung sträubt, so ist vorstellbar, daß sich auf dem Markt ein durchschnittlicher Prämienaufschlag
herausgebildet hat, der einen Rückschluß auf den Erwartungswert des Schadens unproblematisch
werden läßt.

Es gilt:[424]

$$L = L(\beta). \tag{6.62}$$

Mit:

L   = Schätzung des Beteiligungsgebers für σ_S^2 auf Grundlage des Signals ß.

Der Versicherungsumfang hat neben der Optimierung der Risikoallokation die Aufgabe, den schlechter informierten Beteiligungsgeber über die Varianz der versicherbaren Schäden glaubhaft zu informieren. Eine geforderte "Doppelfunktion" der Versicherung und eine damit verbundene grundsätzliche Eignung als Signal ist damit gewährleistet.

Analog zum Beteiligungsumfang ist das Signal der Selbstbeteiligung mit Nutzen und Kosten für den Unternehmer verbunden. Eine Steigerung der Selbstbeteiligungshöhe ausgehend vom Optimum ß* impliziert eine suboptimale Risikoallokation und verursacht dadurch Kosten, die ceteris paribus den Nutzen des Unternehmers mindern. Andererseits ist eine Steigerung der Selbstbeteiligung mit einer geringeren Schätzung für die Varianz der Investitionseinzahlungen seitens des Beteiligungsgebers verbunden, was sich positiv auf Nutzen und Ertragswert der Investition auswirkt. Hierfür muß als notwendige Gleichgewichtsbedingung im Signaling-Gleichgewicht gelten:[425]

$$\frac{dL(\beta)}{d\beta} = L'(\beta) < 0. \tag{6.63}$$

Wählt der Unternehmer eine höhere Selbstbeteiligung, dann führt der Signal-Effekt durch eine geringere Schätzung für die Varianz versicherbarer Schäden zu einem relativ höheren Preis der Beteiligung und ceteris paribus steigt der Nutzen des Unternehmers.[426] Bereits im Szenario der symmetrischen Information ist gezeigt worden, daß der Versicherungsumfang mit zunehmender Varianz der versicherbaren Schäden steigt. Die

---

[424]   Die Funktion L(ß) wird im Anhang 2 hergeleitet und diskutiert.

[425]   Zur Herleitung der Gleichgewichtsbedingung vgl. Anhang 2.

[426]   Der höhere Preis der Beteiligung resultiert daraus, daß eine niedrigere Schätzung für die Varianz den Beteiligungsgeber veranlaßt, eine geringere Risikoprämie zu fordern. Für den gleichen Beteiligungsumfang ist er dann bereit, eine höhere Einlage zu leisten.

Gleichgewichtsbedingung (6.63) ist vor diesem Hintergrund auch intuitiv plausibel.

Die Partizipationsbedingung des Beteiligungsgebers lautet unter Berücksichtigung der Schätzfunktion L(ß):

$$r\,A_B \le x(y-(1+\lambda(1-\beta))E(S))-\frac{1}{2}\alpha_B x^2\beta^2 L(\beta).$$

(6.64)

Für den Nutzen des Unternehmers gilt damit:

$$\phi_U = r(W_U-A_0)+y-(1+\lambda(1-\beta))E(S)-\frac{1}{2}\alpha_B x^2\beta^2 L(\beta)-\frac{1}{2}\alpha_U(1-x)^2\beta^2\sigma_S^2.$$

(6.65)

Der optimale Selbstbeteiligungsumfang, der die Differenz aus Nutzen und Kosten des Signaling maximiert, beträgt:[427]

$$\beta^* = \frac{\lambda E(S)}{\alpha_U(1-x)^2\sigma_S^2+\alpha_B x^2 L(\beta)} - \frac{1}{2}\frac{\alpha_B\beta^{*2}x^2 L'(\beta)}{\alpha_U(1-x)^2\sigma_S^2+\alpha_B x^2 L(\beta)}.$$

(6.66)

Der Beteiligungsgeber verfügt über rationale Erwartungen und kennt damit den Optimierungskalkül des Unternehmers. Im hier betrachteten Gleichgewicht kann der Beteiligungsgeber von L(ß) auf die wahre Ausprägung der Varianz versicherbarer Schäden schließen, so daß als Gleichgewichtsbedingung gelten muß:

$$L(\beta) = \sigma_S^2.$$

(6.67)

Für die optimale Selbstbeteiligung folgt daraus:

$$\beta^* = \frac{\lambda E(S)}{(\alpha_U(1-x)^2+\alpha_B x^2)\sigma_S^2} - \frac{1}{2}\frac{\alpha_B\beta^{*2}x^2 L'(\beta)}{(\alpha_U(1-x)^2+\alpha_B x^2)\sigma_S^2}.$$

(6.68)

---

[427] Der Nutzen des Unternehmers (6.65) ist über ß zu optimieren. Der nutzenmaximierende Beteiligungsumfang entspricht dem Verhältnis der Risikoaversionsfaktoren, so daß die Entlastung der Beteiligungshöhe von einer Signalfunktion offensichtlich wird.

Der erste Summand entspricht der optimalen Selbstbeteiligung bei symmetrischer Information, aus der eine optimale Risikoteilung resultiert. Der zweite Summand ist wegen L'(ß) negativ, so daß die optimale Selbstbeteiligung bei asymmetrischer Information insgesamt größer ist als bei symmetrischer Information. Analog zur Interpretation des Beteiligungsumfanges im Signaling-Gleichgewicht kommt es durch die Doppelfunktion der Versicherung zu einer Abweichung von der optimalen Risikoallokation, da die Höhe der Selbstbeteiligung neben dem Aspekt der Risikoteilung als Signal für die Schätzung der Varianz der versicherbaren Schäden dient. Der Unternehmer wählt bei asymmetrischer Information einen niedrigeren Versicherungsschutz als im Hinblick auf die Risikoteilung optimal ist, weil sich dadurch die Schätzung des Beteiligungsgebers für die Varianz der Schäden verringert. Damit verbunden ist eine geringere geforderte Risikoprämie des Beteiligungsgebers, und folglich erhöht sich der Preis für die Beteiligung. Dies wirkt sich ceteris paribus positiv auf den Nutzen des Unternehmers aus. Der Term L'(x) kann hier als Maß für den Grenznutzen des Abweichens der optimalen Risikoallokation zum Zwecke des Signaling mit dem Selbstbeteiligungsumfang ß interpretiert werden.[428] Je höher die Verringerung der Schätzung der Varianz bei einer marginalen Verringerung der Versicherungshöhe ist (=L'(ß)), desto mehr weicht der Unternehmer von der optimalen Risikoteilung ab, weil auch die Preissteigerung für die Beteiligung stärker zunimmt. Die Schätzfunktion des Beteiligungsgebers L(ß) lautet:[429]

$$L(\beta) \;=\; \frac{2}{K-1}\frac{\lambda E(S)}{\alpha_B x^2}(\beta^{-1}-\beta^{-K}\beta_0^{K-1}) + 2\frac{y-(1+\lambda(1-\beta_0))E(S)-rA_0}{\alpha_U(1-x)^2+\alpha_B x^2}\beta^{-K}\beta_0^{(K-2)}.$$

$$(6.69)$$

Mit:[430]

$$\beta_0 = \frac{\lambda E(S)}{[\alpha_U(1-x)^2+\alpha_B x^2]\sigma_S^2};$$

---

[428] Vgl. die analoge Diskussion im Hinblick auf M'(x).

[429] L(ß) wird im Anhang 2 als spezielle Lösung einer inhomogenen Differentialgleichung hergeleitet.

[43] ß$_0$ entspricht dem optimalen Versicherungsumfang bei symmetrischer Information. Die Einführung von K dient ausschließlich der formalen Übersichtlichkeit und bedarf keiner ökonomischen Interpretation. Vgl. ausführlich dazu Anhang 2.

$$K = 2\frac{(\alpha_U(1-x)^2+\alpha_B x^2)}{\alpha_B x^2}.$$

$$(6.70)$$

Analog zum Beteiligungsumfang ist die Schätzfunktion L(ß) so konstruiert, daß der marginale Unternehmer bei symmetrischer Information auch im Signaling-Gleichgewicht indifferent bleibt zwischen sicherer Anlage und Durchführung der Investition. Für $L(ß_0)$ gilt nach einigen Umformungen:

$$y-(1+\lambda(1-\beta_0))E(S)-\frac{1}{2}(\alpha_U(1-x)^2+\alpha_B x^2)\beta_0^2 L(\beta_0)=r\cdot A_0.$$

$$(6.71)$$

$L(_{ßB})$ verkörpert die maximale Varianz versicherbarer Schäden, bei der der Unternehmer auch bei symmetrischer Information gerade indifferent ist. Zur Sicherung der Stabilität des Gleichgewichts sei angenommen, daß dieser Unternehmer eine Selbstbeteiligung wählt, die nur geringfügig von Null abweicht.[431] Dieser Unternehmer erreicht auch bei asymmetrischer Information eine optimale Risikoallokation, da es für ihn keine Veranlassung zum Signali-sieren mittels Versicherung gibt.

Im Hinblick auf den Versicherungsumfang ist analog zum Beteiligungsumfang sicherzustellen, daß das Signal der Selbstbeteiligung den Glaubwürdigkeitsanforderungen genügt. Im Gleichgewicht gilt:

$$\sigma_S^2=L[\beta(\sigma_S^2)]$$

und

$$L^{-1}(\sigma_S^2)=\beta(\sigma_S^2).$$

$$(6.72)$$

Wegen L'(ß)<0 ist auch (L⁻¹)'<0 und folglich wählen Unternehmer mit weniger risikoreichen Projekten auch einen geringeren Versicherungsschutz. Für diese Unternehmer ist das Abweichen von dem optimalen Versicherungsumfang mit einem höheren Grenznutzen verbunden, so daß sie auch in höherem Maße signalisieren und entsprechend höhere Signaling-Kosten in Kauf nehmen. Der Versicherungsumfang genügt damit den An-

---

[431]   Ein fast vollständiger Versicherungsschutz ist bei hoher Varianz versicherbarer Schäden plausibel.

forderungen an glaubwürdige Signale. Auch hier wird durch die Signaling-Kosten die Gesamtwohlfahrt gemindert, so daß es sich analog zum Signaling mittels des Beteiligungsumfanges um ein dissipatives Signaling handelt.

Im Hinblick auf die Kapitalallokation stellt die geeignete Wahl der Schätzfunktion L(ß) sicher, daß alle Investitionsprojekte, die bei symmetrischer Information einen positiven Ertragswert aufweisen, auch bei asymmetrischer Information lohnend sind und durchgeführt werden. Analog zum Szenario des Signaling mittels Beteiligungsfinanzierung vermindern die Signaling-Kosten lediglich die Rente für den Unternehmer, die eigentlichen Investitionsentscheidungen werden jedoch nicht beeinflußt, so daß sich das Investitionsvolumen durch die Überwindung der vorvertraglichen Informationsasymmetrie mittels Versicherung nicht verringert.

2.1.4 Exkurs: Vergleich der Modellergebnisse mit dem Modell von THAKOR

Die Ausführungen haben mit dem Modell von THAKOR gemeinsam, daß der schlechter Informierte auf Grundlage des Versicherungsumfanges des besser Informierten auf die genaue Ausprägung des wertbestimmenden Merkmals schließen kann. In beiden Modellen kommt der Versicherung die Rolle der Informationsbereitstellung zu, da dazu in der Lage ist, vollständige Informationen über den Versicherungsnehmer zu beschaffen. Die beiden Analysen kommen jedoch zu sehr unterschiedlichen Modellergebnissen: Bei THAKOR verringert sich der Versicherungsumfang mit abnehmender Qualität des Versicherungsnehmers, die sich in einer zunehmenden Ausfallwahrscheinlichkeit von Bonds dokumentiert, wohingegen in den obigen Ausführungen die "schlechten" Unternehmer, deren Investitionsprojekt ein vergleichsweise höheres Risiko aufweisen, in höherem Maße Versicherungen abschließen. Die augenscheinliche Widersprüchlichkeit bei ausschließlicher Betrachtung der Modellergebnisse basiert auf unterschiedlichen Modellkonzeptionen, die im Hinblick auf die Signalfunktion der Versicherung einer kurzen Erläuterung bedürfen.

Bei THAKOR ist die gesamte Investition in Versicherungen als Signal zu interpretieren. Die Versicherungsprämie steigt mit zunehmender Ausfallwahrscheinlichkeit und vor dem Hintergrund der Signaling-Modellierung gilt als notwendige Bedingung im Gleich-

209

gewicht, daß mit zunehmender Ausfallwahrscheinlichkeit weniger in das Signal "Versicherung" investiert wird, da für Versicherungsnehmer mit hoher Ausfallwahrscheinlichkeit die Investition in dieses Signal teurer ist. Dies impliziert anforderungsgemäß eine negative Korrelation zwischen der Qualität des besser Informierten und den Signaling-Kosten. Vor dem Hintergrund der Versicherungsnachfragetheorie erscheint dieses Ergebnis ein wenig konstruiert, da nicht einzusehen ist, daß mit abnehmendem Risiko ein höherer Versicherungsschutz gewählt wird.[432]

In dem hier vorgestellten Modell ist nicht - wie bei THAKOR - der gesamte Versicherungsumfang, sondern der Grad der Selbstbeteiligung als Signal zu interpretieren. Genaugenommen signalisiert der besser Informierte durch eine Abweichung vom optimalen Versicherungsumfang, die sich in einer erhöhten und risikotheoretisch suboptimalen Selbstbeteiligung dokumentiert. Wählt der Unternehmer einen fast vollständigen Versicherungsschutz, darf das keinesfalls als eine hohe Investition in das Signal "Versicherung" interpretiert werden. Ganz im Gegenteil, bei wahrheitsgetreuem Signalisieren verbessert der Unternehmer mit zunehmendem Versicherungsschutz seine Risikoallokation und investiert weniger in das Signal "Selbstbeteiligung".[433] Die Signaling-Kosten sinken für diesen Unternehmer, da diese aus der nutzenmindernden Abweichung vom optimalen Versicherungsumfang und nicht aus der gesamten Versicherungsprämie bestehen. Aus versicherungstheoretischen Erwägungen wird die hier gewählte Modellierung der intuitiven Einsicht gerecht, daß bei höheren Risiken auch tendenziell ein größerer Versicherungsumfang gewählt wird.[434] Insofern ist die Signaleigenschaft der Versicherung auch bei Abstraktion von den relativ engen Modellannahmen plausibel.

---

[432] Thakor weist selbst darauf hin, daß sein Ergebnis versicherungstheoretisch nicht "der Intuition" entspricht, vgl. Thakor (1982), S. 798, Fußnote 9.

[433] Im Gleichgewicht geht ein zunehmender Versicherungsschutz mit einem höheren versicherbaren Risiko und einer geringeren Abweichung vom optimalen Versicherungsschutz einher.

[434] Zum Zusammenhang zwischen Risikohöhe und Versicherungsumfang in Verbindung mit dem Problem der vorvertraglichen Informationsasymmetrie vgl. Schlesinger (1994), S. 127.

2.2   Informationsasymmetrie nach Vertragsschluß

2.2.1 Verhaltensunsicherheit des Unternehmers

Es ist naheliegend, daß der Unternehmer durch seinen dispositiven Arbeitseinsatz die Höhe der Investitionseinzahlungen beeinflussen kann. Bedingt durch eine nachvertragliche asymmetrische Informationsverteilung bei unsicheren Erwartungen ist es Unternehmensexternen nicht möglich, ex-post von den Investitionseinzahlungen auf den Arbeitseinsatz des Unternehmers zu schließen. Hohe Investitionseinzahlungen müssen demnach nicht unbedingt auf einen hohen Arbeitseinsatz beruhen, sondern können auch rein zufällig das Ergebnis von "glücklichen Umständen" sein. Eine vertragliche Festschreibung eines bestimmten Arbeitspensums für den Unternehmer macht wegen der mangelnden Kontrollierbarkeit keinen Sinn.[435]

Der Unternehmer wird den diskretionären Handlungsspielraum aus Eigeninteresse vollständig zu seinen Gunsten ausschöpfen und diejenige Arbeitsleistung wählen, die seinen Nutzen maximiert. Die Verhaltensunsicherheit des Unternehmers ist für den Beteiligungsgeber unproblematisch, wenn der Arbeitseinsatz nicht mit einem Arbeitsleid für den Unternehmer verbunden ist. In diesem Fall steht eine Nutzenmaximierung mit einem maximalen Arbeitseinsatz in Einklang. Problematisch wird es in dem hier maßgeblichen Szenario, in dem der Unternehmer den Müßiggang der Anstrengung vorzieht. Arbeit ist hier mit Kosten für den Unternehmer verbunden, so daß dieser zur Arbeit motiviert werden muß. Analog zu den Ausführungen im fünften Kapitel hat der Beteiligungsvertrag in diesem Szenario neben der Risikoteilung und der Verteilung der Investitionseinzahlungen die Aufgabe, einen bestimmten Arbeitseinsatz des Unternehmers sicherzustellen.[436] Das hier angesprochene Problem ist bereits im vorherigen Kapitel behandelt worden. Es wird hier in gebotener Kürze aus zwei Gründen erneut behandelt: Zum einen werden die Implikationen dieser nachvertraglichen Informationsasymmetrie für die Höhe des Investitionsvolumens herausgearbeitet und zum anderen erfolgt eine Modellerweiterung dahingehend, daß zusätzlich die Produktivität des

---

[435] Auch einer gerichtlichen Instanz ist es nicht möglich, die Einhaltung des Vertrages zu gewährleisten.

[436] Von vorvertraglichen Informationsasymmetrien wird hier abgesehen.

211

Unternehmers berücksichtigt wird, die auf die Beteiligungshöhe und die Auswirkung der Versicherung einen maßgeblichen Einfluß hat.

2.2.2 Investitionsvolumen, Beteiligungsfinanzierung und Verhaltensunsicherheit

Der Arbeitseinsatz des Unternehmers wird quantitativ durch Einzahlungssteigerungen (Z) erfaßt. Die mit der Arbeit verbundenen Kosten betragen $Z^2/2h$, so daß die Grenzkosten der Arbeit steigen. Der Parameter h spiegelt dabei die Produktivität des Unternehmers wider: mit zunehmendem h nehmen die Kosten und die Grenzkosten einer Einzahlungssteigerung ab. Das Endvermögen beträgt:[437]

$$y_U = r(W_U - A_0) + y_0 + Z - \frac{Z^2}{2h}. \tag{6.73}$$

Mit:

y_0 = Einzahlungsüberschuß bei minimalem Arbeitseinsatz;

Z = Steigerung von Y_0 durch zusätzlichen Arbeitseinsatz;

h = Produktivitätskoeffizient.

Bei der Berechnung des Nutzens ist zu berücksichtigen, daß der Einfluß der Arbeit auf die Investitionseinzahlung (Z) deterministisch ist. Es gilt:

$$\phi_U = r(W_U - A_0) + \mu + Z - E(S) - \frac{Z^2}{2h} - \frac{1}{2}\alpha_U(\sigma_S^2 + \sigma_\theta^2). \tag{6.74}$$

Sieht man zunächst von der Berücksichtigung der Beteiligungsfinanzierung ab, dann gilt für den optimalen Arbeitseinsatz:

$$Z^* = h. \tag{6.75}$$

---

[437] Das allgemeine Grundmodell der Prinzipal-Agenten-Beziehung aus Kapitel 5 wird hier auf das spezielle Szenario einer Investitionsentscheidung angewendet. Die formalen Ausführungen weisen viele Parallelen auf. Der Produktivitätsfaktor wurde in den obigen Ausführungen nicht explizit berücksichtigt, da implizit eine Produktivität von 1/2 unterstellt wurde.

212

Hieraus resultiert ein Nutzen von:

$$\phi_U = r(W_U - A_0) + \mu - E(S) + \frac{1}{2}h - \frac{1}{2}\alpha_U(\sigma_S^2 + \sigma_\theta^2).$$

(6.76)

Im Hinblick auf die Vorteilhaftigkeit muß für den Ertragswert der Investition gelten:

$$A_0 \leq \frac{1}{r}[\mu - E(S) + \frac{1}{2}h - \frac{1}{2}\alpha_U(\sigma_S^2 + \sigma_\theta^2)] = EW.$$

(6.77)

Bei der Berücksichtigung eines Beteiligungskapitalgebers stellt sich hier das besondere Problem, daß der Unternehmer einerseits in vollem Umfang die Kosten seines Arbeitseinsatzes trägt und andererseits die mit zusätzlicher Arbeit verbundenen Einzahlungssteigerungen teilweise an den Beteiligungsgeber abtreten muß. Der Beteiligungsgeber verfügt über rationale Erwartungen und weiß insofern die von dem Beteiligungsvertrag ausgehenden Anreizwirkungen einzuschätzen. Er akzeptiert nur Verträge, die den Leistungsanreiz Z=Z(x) berücksichtigen. Für den Nutzen des Unternehmers ergibt sich:

$$\phi_U = r(W_U - A_0 + A_B) + (1-x)(\mu + Z - E(S)) - \frac{Z^2}{2h} - \frac{1}{2}\alpha_U(1-x)^2(\sigma_S^2 + \sigma_\theta^2).$$

(6.78)

Nach Differentiation folgt für den optimalen Arbeitseinsatz:

$$Z^* = h(1-x).$$

(6.79)

Die Berücksichtigung einer Beteiligung impliziert eine Verringerung des optimalen Arbeitseinsatzes. Dies wird annahmegemäß von dem Beteiligungsgeber antizipiert und bei der Entscheidung über die Annahme des Vertrages berücksichtigt, so daß für den Nutzen des Beteiligungsgebers gilt:

$$\phi_B = r(W_B - A_B) + x(\mu + h(1-x) - E(S)) - \frac{1}{2}\alpha_B x^2(\sigma_S^2 + \sigma_\theta^2).$$

(6.80)

Der Einlagebetrag des Beteiligungsgebers beträgt:

$$A_B = \frac{1}{r}[x(\mu + h(1-x) - E(S)) - \frac{1}{2}\alpha_B x^2(\sigma_S^2 + \sigma_\theta^2)].$$

(6.81)

Das Endvermögen des Unternehmers führt unter Berücksichtigung dieser Partizipations-bedingung zu einem Nutzen in Höhe von:

$$\phi_U = r(W_U - A_0) + \mu - E(S) + \frac{1}{2}(1-x^2)h - \frac{1}{2}[\alpha_U(1-x)^2 + \alpha_B x^2](\sigma_S^2 + \sigma_\theta^2).$$

(6.82)

Für die optimale Beteiligung gilt:

$$x^* = \frac{\alpha_U(\sigma_S^2 + \sigma_\theta^2)}{h + (\alpha_U + \alpha_B)(\sigma_S^2 + \sigma_\theta^2)}.$$

(6.83)

Die Beteiligungsfinanzierung hat nicht mehr nur die Aufgabe der Risikoallokation zu erfüllen, sondern muß darüber hinaus den Unternehmer zu einem möglichst hohen Arbeitseinsatz motivieren. Die beiden Aufgaben stehen in einem Konflikt zueinander, da die Annäherung an eine optimale Risikoteilung den Arbeitsanreiz für den Unterneh-mer mindert. Der maximale Arbeitsanreiz wird bei Verzicht auf die Beteiligung erreicht ($x^*=0$) und die (bei symmetrischer Information) gewährleistete optimale Risikoteilung (6.33) ist bei einem Beteiligungsumfang gegeben, der höher ist als die optimale Be-teiligung bei Verhaltensunsicherheit (6.83). Insofern werden beide Teilziele nur unvoll-kommen erreicht. Von großer Bedeutung für das Erreichen der beiden Ziele ist der Produktivitätsfaktor h. Ist der Unternehmer vollkommen unproduktiv (h=0), dann hat es auch keinen Sinn, ihn zum Arbeiten zu motivieren. Der optimale Beteiligungsumfang erfolgt in diesem Fall alleinig nach Maßgabe der optimalen Risikoallokation.[438] Je größer die Produktivität des Unternehmers ist, desto stärker weicht die optimale Beteiligung von der optimalen Risikoteilung ab. In dem theoretisch denkbaren Grenzfall einer unendlich hohen Produktivität konvergiert die Beteiligung gegen den Wert Null. In diesem Szena-

---

[438] Formel (6.83) entspricht in diesem Fall dem optimalen Beteiligungsumfang bei symmetrischer Information.

rio wird die Zielsetzung der Risikoallokation vollständig vernachlässigt, und die Beteiligung wird ausschließlich der Zielsetzung des Arbeitsanreizes gerecht. Eine optimale Motivation wird natürlich auch immer dann erreicht, wenn das Risikoallokationsproblem bedeutungslos ist. Dies gilt bei sicheren Erwartungen ($\sigma_S^2 = \sigma_\theta^2 = 0$) oder bei Risikoindifferenz des Unternehmers ($\alpha_U = 0$).[439]

Der Nutzen des Unternehmers beträgt unter Berücksichtigung des optimalen Beteiligungsumfanges:[440]

$$\phi_U = r(W_U - A_0) + \mu - E(S) + \frac{1}{2}h - \frac{1}{2}\alpha_U(\sigma_S^2 + \sigma_\theta^2) + \frac{1}{2}\alpha_U x^*(\sigma_S^2 + \sigma_\theta^2).$$
(6.84)

Für den Ertragswert der Investition gilt:

$$A_0 \leq \frac{1}{r}[\mu - E(S) + \frac{1}{2}h - \frac{1}{2}\alpha_U(\sigma_S^2 + \sigma_\theta^2) + \frac{1}{2}\alpha_U x^*(\sigma_S^2 + \sigma_\theta^2)] = EW.$$
(6.85)

Die Einbeziehung der Beteiligung führt zu einer Ertragswertsteigerung in Höhe von:

$$EW^* - EW_B^* = \frac{1}{r}[\frac{1}{2}\alpha_U x^*(\sigma_S^2 + \sigma_\theta^2)].$$
(6.86)

Die Beteiligungsfinanzierung führt also auch bei Unsicherheit über das Verhalten des Unternehmers zu einer Steigerung des Ertragswertes der Investition. Im Vergleich zur Ertragswertsteigerung bei symmetrischer Information fällt die Ertragswertsteigerung geringer aus, weil der optimale Beteiligungsumfang (x^*) aus anreiztheoretischen Gesichtspunkten geringer ist.

---

[439]   Bei Risikoindifferenz ist eine Beteiligung ohnehin hinfällig.

[440]   Die optimale Beteiligung gem. (6.83) ist in (6.82) einzusetzen. Nach geeignetem Umformen resultiert (6.84).

2.2.3   **Einbeziehung einer Versicherung**

Es sei nun unterstellt, daß der Unternehmer zusätzlich zur Beteiligungsfinanzierung den Abschluß einer Versicherung in seinem Entscheidungskalkül berücksichtigt. Seine Zielfunktion lautet:

$$\phi_U = r(W_U - A_0) + \mu - [1 + \lambda(1-\beta)]E(S) + \frac{1}{2}(1-x^2)h$$

$$-\frac{1}{2}(\alpha_U(1-x)^2 + \alpha_B x^2)(\beta^2 \sigma_S^2 + \sigma_\theta^2).$$

(6.87)

Hieraus lassen sich die optimale Selbstbeteiligung (ß*) und der optimale Beteiligungs-umfang (x*) herleiten:

$$\beta^* = \frac{\lambda E(S)}{(\alpha_U(1-x)^2 + \alpha_B x^2)\sigma_S^2}$$

(6.88)

und

$$x^* = \frac{\alpha_U(\beta \sigma_S^2 + \sigma_\theta^2)}{h + (\alpha_U + \alpha_B)(\beta \sigma_S^2 + \sigma_\theta^2)}$$

$$= \frac{\alpha_U}{\dfrac{h}{(\beta \sigma_S^2 + \sigma_\theta^2)} + (\alpha_U + \alpha_B)}.$$

(6.89)

Ist der Einbezug einer Versicherung optimal (ß*<1), dann ist der optimale Beteiligungs-umfang x* kleiner als ohne Berücksichtigung einer Versicherung. Ein zunehmender optimaler Versicherungsumfang bedingt stets einen kleineren Beteiligungsumfang. Eine Erklärung für dieses Phänomen ist darin zu sehen, daß mit zunehmendem optimalen Versicherungsumfang die Beteiligung von der Aufgabe der Risikoallokation entlastet wird und in höherem Maße der Anreizproblematik gerecht wird. Um diesen Zusammen-hang deutlicher herauszustellen, sei angenommen, daß das Risiko vollständig versicher-bar ist.

Für den optimalen Beteiligungsumfang gilt dann:

$$x^{*} = \frac{\alpha_U}{\dfrac{h}{\beta^{*}\sigma_S^2} + (\alpha_U + \alpha_B)} \cdot$$

(6.90)

Tendiert die optimale Selbstbeteiligung gegen Null (=> maximaler Versicherungsschutz), dann ist im Grenzfall die optimale Beteiligung gleich Null. Die Aufgabe der Risikoallokation wird in diesem Szenario vollständig von der Versicherung übernommen und die Beteiligungshöhe wird ausschließlich der Zielsetzung der Arbeitsmotivation gerecht, so daß vollständig auf die Beteiligung verzichtet werden kann. In abgeschwächter Form gilt diese Wirkungsweise auch bei der zusätzlichen Existenz von nicht versicherbaren Risiken. Im Gegensatz zur vollständigen Versicherbarkeit verbleibt dabei auch bei vollständiger Versicherung ein nicht versicherbares Restrisiko, so daß es in diesem Fall aus Gründen der Risikoallokation zu einer Einbeziehung einer Beteiligung kommt. Je höher der Versicherungsumfang im Optimum ist, desto mehr weicht die Beteiligung von der optimalen Risikoteilung (= $\alpha_U / \alpha_U + \alpha_B$) ab.

Die erwähnte Milderung des Motivationsproblems bei einer Verringerung der Beteiligung kann formal einfach veranschaulicht werden. Es gilt:

$$Z^{*} = h(1 - x^{*}).$$

(6.91)

Der Arbeitseinsatz wird indirekt durch die Einbeziehung der Versicherung beeinträchtigt, weil die Versicherung eine Verminderung von x^{*} und simultan eine Steigerung des Arbeitseinsatzes Z ermöglicht. Je höher die Produktivität des Unternehmers, desto stärker ist der Einfluß der Versicherung auf den Arbeitseinsatz.

Vergleicht man den optimalen Versicherungsschutz bei symmetrischer Information mit dem Versicherungsumfang bei Verhaltensunsicherheit, so fällt auf, daß bei Unsicherheit über das Verhalten des Unternehmers ceteris paribus in höherem Maße Versicherungen abgeschlossen werden. Dadurch, daß bei asymmetrischer Information nach Vertragsschluß der Beteiligungsumfang stärker von der optimalen Risikoteilung abweicht - also kleiner ist - als bei symmetrischer Information, ist die verbleibende Risikoprämie des

Unternehmers höher. Die marginale Verringerung der Risikoprämie durch die Einbeziehung der Versicherung steigt, so daß bei gleicher Versicherungsprämie auch der Versicherungsumfang zunimmt.[441] Ein Risikotransfer auf das Versicherungsunternehmen findet nur dann statt, wenn sich der Nutzen des Unternehmers dadurch erhöht. Ist im Optimum $\beta^* < 1$, dann resultiert aus der Einbeziehung der Versicherung auch eine Steigerung des Ertragswertes der Investition und sie trägt zu einer Steigerung des Investitionsvolumens bei.

3 Zusammenfassung und Schlußfolgerungen

Untersuchungsgegenstand ist der Zusammenhang zwischen Risikoallokation und Investitionsvolumen. Unter dem Aspekt der optimalen Risikoteilung werden die Beteiligungsfinanzierung und die Versicherung analysiert und miteinander verglichen. Entscheidungskriterium des Unternehmers für die Durchführung der Investition ist der Ertragswert. Steigt der Ertragswert der Investition durch die Einbeziehung einer Versicherung und/oder einer Beteiligung, dann impliziert die damit verbundene Verbesserung der Risikoallokation eine Erhöhung des Investitionsvolumens.

Im Hinblick auf die Beteiligungsfinanzierung ist festzuhalten, daß der Ertragswert um so mehr steigt, je größer die Risikotoleranz des Beteiligungsgebers ist. Vor dem Hintergrund der Aggregation von Risikopräferenzen ist eine Beteiligung von mehreren Kapitalgebern z.B. durch eine Kapitalbeteiligungsgesellschaft vorteilhafter als die eines einzigen Anlegers.[442] Demzufolge erweist sich eine Aktienemission auf dem Kapitalmarkt als besonders vorteilhaft, weil dadurch das Risikoübernahmepotential des gesamten Marktes genutzt wird.

---

[441] Der optimale Versicherungsumfang wird determiniert durch das Verhältnis der marginalen Veränderung des Prämienzuschlags zur marginalen Veränderung der Risikoprämie durch die Versicherung.

[442] Zur wachsenden Bedeutung von Kapitalbeteiligungsgesellschaften vgl. o. V. (1997a), S. 21. Bei der Intermediation durch eine Kapitalanlagegesellschaft sind zusätzliche Agency-Probleme zu beachten, vgl. dazu Neus (1993), S. 129 und Diamond (1984), S. 393 ff. Zur Aggregation von Risikopräferenzen vgl. Bamberg/Spremann (1981), S. 211.

Gegenüber einer Versicherung hat die Beteiligungsfinanzierung dabei den Vorteil, daß sich der Risikotransfer auf das gesamte Risiko bezieht und nicht auf das versicherbare Risiko beschränkt ist. Erfolgt beispielsweise eine Emission von Aktien an einen sehr großen Anlegerkreis, dann konvergiert der Ertragswert gegen den Wert, der bei der Beteiligung eines risikoneutralen Investors erreicht wird. In diesem Fall ist die zusätzliche Einbeziehung einer Versicherung nicht sinnvoll, weil die Risikoallokation dadurch nicht mehr verbessert werden kann: Das versicherbare Risiko ist bereits auf eine Vielzahl von Anlegern verteilt worden. Dieses sehr wichtige Ergebnis der Analyse stellt deutlich die Interdependenz zwischen Versicherung und Beteiligungsfinanzierung heraus. Als praktische Implikation ergibt sich daraus, daß bei einer Veränderung der Beteiligungsverhältnisse einer Unternehmung auch der bestehende Versicherungsumfang zu überprüfen ist. Entscheidet sich beispielsweise ein Familienunternehmen mit stark konzentrierten Eigentümerverhältnissen zwecks Kapitalaufnahme zu einem Gang an die Börse und einer damit verbundenen Gesellschaftsumwandlung in eine Aktiengesellschaft, dann werden dadurch neben der Kapitalbereitstellung auch neue Risikoübernahmepotentiale erschlossen. Die hinzugekommenen Aktionäre tragen in bestimmter Höhe versicherbare Risiken, so daß eine Verlagerung der Versicherungsfunktion auf die Aktionäre stattfindet.[443] Halten die Aktionäre diversifizierte Portefeuilles, dann profitieren sie von einem Risikoausgleich und damit sinkt die Notwendigkeit, diese Risiken auf ein Versicherungsunternehmen zu übertragen. Hieraus folgt in Einklang mit den Modellergebnissen, daß sich bei Verbesserung der Risikoteilung durch die Beteiligungsfinanzierung der optimale Versicherungsumfang verringert.

Dieses Ergebnis steht im Widerspruch zu der Beobachtung, daß auch Unternehmen mit einer sehr diversifizierten Eigentümerstruktur in hohem Maße Versicherungen abschließen.[444] Der bei vielen Unternehmen zu beobachtende Hang zur Überversicherung wird in empirischen Studien bestätigt und mündet in den Vorwurf, daß viele Unternehmen über ein unterentwickeltes oder auch gar kein Risikomanagement verfügen.[445] Bei Bestrebungen hinsichtlich einer Verbesserung des Risikomanagements muß vor dem

---

[443]   Zur Versicherungsfunktion der Aktionäre vgl. Franke (1996), S. 113.

[444]   Vgl. Davidson/Cross/Thornton (1992), S. 61.

[445]   "Risikomanagement ist kein Thema", vgl. o.V. (1996a), S. 39. Zur Unterentwicklung des Risikomanagements und zur Vollversicherungsmentalität vieler Unternehmen vgl. o. V. (1996b), S. 23.

219

Hintergrund dieser Modellergebnisse die Interdependenz zwischen Versicherung und Beteiligungsverhältnissen Beachtung finden.

Bei Einbeziehung eines risikoaversen Beteiligungsgebers richtet sich die Aufteilung der Zahlungsströme allein nach dem Verhältnis der Risikotoleranzen von Unternehmer und Beteiligungsgeber. Die zusätzliche Einbeziehung einer Versicherung ist von Vorteil, wenn die damit verbundene Minderung der geforderten Risikoprämien größer ist als der von der Versicherung in Rechnung gestellte Prämienaufschlag. Die Vorteilhaftigkeit ist besonders groß, wenn bei moderatem Prämienaufschlag die versicherbaren Schäden einen geringen Erwartungswert und eine große Streuung aufweisen.[446] Diese Schadencharakteristik ist typisch für Katastrophen- oder Großschäden.

Bei asymmetrischer Information ist das Erfordernis der vorvertraglichen Informationsübermittlung und des nachvertraglichen Arbeitsanreizes bei der Einbeziehung eines externen Beteiligungsgebers zu beachten. Bei der vorvertraglichen Informationsasymmetrie kann die Versicherung als Signal für die Varianz des erwarteten Schadens dienen und damit dem Beteiligungsgeber eine Verringerung seines Informationsdefizits gewähren. Je höher dabei der Versicherungsumfang seitens des Unternehmers gewählt wird, desto größer ist das signalisierte Risiko der Investition. Hier wird eine Beteiligung erst durch die zusätzliche Berücksichtigung einer Versicherung möglich, die ein Marktversagen durch vorvertragliche Informationsasymmetrie verhindert. Im Hinblick auf das Investitionsvolumen ist herauszustellen, daß im Signaling-Gleichgewicht die vorvertragliche Informationsasymmetrie keinen Einfluß auf die Investitionsentscheidungen hat. Die Signalkosten mindern lediglich die dem Unternehmer zustehende Rente aus dem Investitionsprojekt. Die Signalfunktion der Versicherung ist aus versicherungstheoretischer Sicht plausibel, da die Einbeziehung der Versicherung für den Unternehmer um so vorteilhafter ist, je größer das versicherbare Risiko - ausgedrückt durch die Varianz der Schadenverteilung - ist. Bei der nachvertraglichen Informationsasymmetrie wirkt die Versicherung nicht direkt auf den Arbeitseinsatz des Unternehmers ein. Analog zur Wirkungsweise der Versicherung im fünften Kapitel, entlastet der Einsatz der Versicherung die Beteiligungsfinanzierung von der Aufgabe der Risikoallokation und durch eine

---

[446] Der optimale Versicherungsumfang nimmt bei Verringerung des erwarteten Schadens und Erhöhung der Varianz der Schäden zu.

versicherungsbedingte Verringerung der Beteiligungsquote wird ein höherer Arbeitseinsatz erreicht als bei Verzicht auf die Versicherung. Hierdurch erfährt das Investitionsvolumen (versicherungsbedingt) eine Steigerung.

Aus wirtschaftspolitischer Sicht ist hervorzuheben, daß es im Hinblick auf Investitionsförderungsmaßnahmen nicht ausreichend ist, für eine genügend hohe Eigenkapitalausstattung der Unternehmen zu sorgen, sondern daß dem Investor durch Beteiligungen und
Versicherungen auch Möglichkeiten zur Verbesserung der Risikoteilung zu eröffnen
sind. Trotz einer genügend hohen Eigenkapitalausstattung können Investitionen deswegen unterbleiben, weil die Risikoprämie so hoch ist, daß der Kapitalwert negativ wird.
Vor dem Hintergrund dieser Analyse wird die Bedeutung von Rahmenbedingungen
deutlich, die vielfältige Möglichkeiten der externen Kapitalbeschaffung und ein um-
fangreiches Angebot an Versicherungen oder auch anderen Risikoabsicherungsinstrumenten zulassen. Ein vereinfachter Zugang zum Kapitalmarkt im Sinne einer Deregulierung des Aktienrechts ist eine Forderung, die sich im Hinblick auf das Investitionsvolumen aus obigen Modellergebnissen ableiten läßt. Beispielsweise dokumentiert die
Einführung des Neuen Marktes als neues Börsenmarktsegment für junge und innovative
Unternehmen, daß man gewillt ist, diesem Erfordernis in der Praxis Rechnung zu
tragen.[447]

Von einer geringen Investitionsneigung sind insbesondere kleine und mittlere Unternehmen betroffen. Vor dem Hintergrund dieser Analyse kann eine Begründung dafür darin
liegen, daß Unternehmen in dieser Größenordnung meist nicht in der Rechtsform der
Aktiengesellschaft firmieren und einen erschwerten Zugang zum Kapitalmarkt haben.[448]
Die Anzahl der Individuen, die sich die Einkommensrisiken teilen, ist bei diesem Unter-
nehmenstypus sehr gering.[449] Die Organisation von kleineren Unternehmen als Publi-
kumsgesellschaften ist mit beachtlichen Kosten verbunden, die gegen die Vorteile der

---

[447] Gemäß des Bundesverbandes deutscher Banken und der Deutschen Börse AG sind noch Markt-
segmente unterhalb des Neuen Marktes notwendig, um die Eigenkapitalknappheit zu beheben, vgl.
o. V. (1997b), S. 17. Zur Deregulierung des Aktienrechts vgl. Albach (1988) und Albach u. a.
(1988).

[448] Zu den Problemen kleinerer und mittelständischer Unternehmen bei dem Zugang zum Kapitalmarkt vgl. Gerke u. a. (1997).

[449] Zur Risikoallokation kleinerer Unternehmen vgl. Neus (1993), S. 4.

Risikoteilung abzuwiegen sind.[450] Die Suboptimalität der Risikoallokation bei kleineren Unternehmen resultiert aber auch daraus, daß ein großer Teil des Vermögens der Gesellschafter in der betreffenden Unternehmung gebunden ist, so daß sie in Ermangelung einer nachhaltigen Diversifikation ein beträchtliches unsystematisches Risiko zu tragen haben.[451] Hier ist zu prüfen, ob nicht durch den Risikotransfer auf eine Versicherung und durch eine Ausweitung des Angebots von Versicherungen eine investitionsfördernde Verbesserung der Risikoallokation erreicht werden kann. Der Risikotransfer auf eine Versicherung ist auch vereinbar mit der unternehmerischen Präferenz für Unabhängigkeit und fehlender Publizität, da sich der Einfluß der Versicherung auf die Vorgabe und die Einhaltung von Sicherheitsstandards beschränkt.[452]

Vor allem im Hinblick auf Unternehmen mit konzentrierter Eigentümerstruktur ist hinsichtlich des Angebots von Versicherungen zu fordern, daß es sich in ihren Leistungen auf die sich ständig wandelnden Risikoprofile und der zunehmenden Internationalisierung der Unternehmen einstellt.[453] Das Risiko der Unternehmen folgt immer stärker globalen Trends. Ein einschlägiges Beispiel dafür ist eine stärkere Vernetzung von Produktionsabläufen, die zu völlig neuen Dimensionen von Unterbrechungsschäden führt. Es ist ferner über eine Vervollständigung des Versicherungsangebots nachzudenken, die zu einer Erhöhung des Anteils des versicherbaren Risikos am gesamten Risiko beiträgt. Exemplarisch sei hier auf die Versicherbarkeit von Haftungsrisiken von Vorständen, Geschäftsführern, Aufsichtsräten und Beiräten hingewiesen, die in den USA durch sogenannte "Directors und Officers" Policen seit vielen Jahren gegeben ist.[454] Das Versicherungsangebot darf auch vor nationalen Grenzen nicht halt machen, da die Unternehmen in ihrer betrieblichen Risikovorsorge die gesamte weltweite unternehmerische Tätigkeit einbeziehen. Je stärker sich die Versicherungsunternehmen auf die unternehmerischen Erfordernisse und Entwicklungen einstellen, desto größer ist der

---

[450]   Vgl. DeAngelo/DeAngelo/Rice (1984), S. 367 ff.

[451]   Vgl. Neus (1993), S. 4.

[452]   Eine "Herr-im-Hause-Mentalität" kann verhindern, daß eine aus rein ökonomischen Erwägungen vorteilhafte Finanzierungsform unterbleibt, vgl. Gerke u. a. (1995), S. 16.

[453]   Zu den Herausforderungen der Industrieversicherung vgl. Haller/Petin (1994), 156 ff. und Fink (1992), S. 190 ff.

[454]   Vgl. Hucke (1996), S. 2267, und Thümmel/Sparberg (1995), S. 1013 ff.

Anteil des versicherbaren Risikos am Gesamtrisiko der Unternehmung. Dies impliziert eine höhere Relevanz der Versicherung für die optimale Risikoallokation und für eine Steigerung des Investitionsvolumens der Unternehmung.

Anhang 1:   Herleitung und Eigenschaften der Funktion M(x) für die Schätzung des Erwartungswertes der Investitionseinzahlungen E(y₁)

Im Gleichgewicht gelten als notwendige Bedingungen, daß der Unternehmer seinen Nutzen maximiert und den Erwartungswert der Investitionseinzahlungen wahrheitsgemäß signalisiert. Die optimale Beteiligungsquote und die Signalfunktion M(x) muß die folgenden Bedingungen erfüllen:[455]

$$\frac{\partial \phi_U}{\partial x} = M(x) + xM'(x) - E(y_1) - x(\alpha_B + \alpha_U)(\sigma_S^2 + \sigma_\theta^2) + \alpha_U(\sigma_S^2 + \sigma_\theta^2) = 0; \tag{6.92}$$

$$\frac{\partial^2 \phi_U}{\partial^2 x} = 2M'(x) + xM''(x) - (\alpha_B + \alpha_U)(\sigma_S^2 + \sigma_\theta^2) < 0; \tag{6.93}$$

$$M(x) = E(y_1); \tag{6.94}$$

$$M'(x) < 0. \tag{6.95}$$

Einsetzen der dritten Bedingung in die erste und Auflösen nach M'(x) führt zu:

$$M'(x) = (\alpha_U + \alpha_B)(\sigma_S^2 + \sigma_\theta^2) - \alpha_U(\sigma_S^2 + \sigma_\theta^2)x^{-1}. \tag{6.96}$$

Durch einfache Integration der Funktion M'(x) läßt sich die Funktion M(x) ermitteln:

$$M(x) = (\alpha_U + \alpha_B)(\sigma_S^2 + \sigma_\theta^2)x - \ln(x)(\alpha_U(\sigma_S^2 + \sigma_\theta^2)) + C. \tag{6.97}$$

Aus der Schar der Funktionen muß durch Konkretisierung der Integrationskonstanten C eine bestimmte Funktion herausgegriffen werden. Die Spezifizierung von C erfolgt durch

---

[455]   Zum Nutzen des Unternehmers vgl. Formel (6.53).

das Formulieren einer Randbedingung, die gewährleistet, daß der marginale Unterneh-
mer, der bei symmetrischer Information indifferent ist zwischen sicherer Anlage und
Durchführung der Investition, auch im Signaling-Gleichgewicht bei asymmetrischer
Information indifferent bleibt.[456] Bei einer höheren Integrationskonstante würden inferio-
re Projekte angezogen, und bei einer kleineren Konstanten gäbe es Funktionen, die
Unternehmer und Beteiligungsgeber besser stellen. Es sei unterstellt, daß im Signaling-
Gleichgewicht die Schätzung für den Erwartungswert der Investitionsrückflüsse einen
minimalen Wert in Höhe von $E_0(y_1)$ annehmen kann, für den gilt:[457]

$$E_0(y_1) = rA_0 + \frac{1}{2}(\alpha_B x_0^2 + \alpha_U(1-x_0)^2)(\sigma_S^2 + \sigma_\theta^2)$$

$$<=> \quad rA_0 = E_0(y_1) - \frac{1}{2}(\alpha_B x_0^2 + \alpha_U(1-x_0)^2)(\sigma_S^2 + \sigma_\theta^2).$$

$$(6.98)$$

Mit:

$$x_0 = \frac{\alpha_U}{\alpha_U + \alpha_B}.$$

Die minimalen erwarteten Investitionseinzahlungen $E_0(y_1)$ werden durch eine Beteiligung signalisiert, die dem Verhältnis der Risikotoleranzen entspricht. Bei x_0 handelt es
sich zugleich um die optimale Beteiligung bei symmetrischer Information, so daß bei
$M(x_0)$ keine Signaling-Kosten anfallen.[458]

Die Signaling-Funktion ist im Bereich $x \leq x_0$ monoton und die Bedingung zweiter Ordnung (6.93) ist für diesen Bereich erfüllt. Als hinreichende Bedingung für ein Gleichgewicht sei angenommen, daß die Anleger bei einer Beteiligung von $x > x_0$ auf einen Erwar-

---

[456]   Es wird implizit unterstellt, daß es Unternehmer gibt, für die auch bei symmetrischer Information
das Projekt nicht lohnend ist. Diese Annahme ist zur Sicherung der Stabilität eines einfachen
Nash-Signaling-Gleichgewichts erforderlich, um nicht auf verfeinerte Gleichgewichtskonzepte
zurückgreifen zu müssen.

[457]   Der minimale Erwartungswert der Investitionseinzahlungen ist so gewählt, daß der Unternehmer
gerade indifferent ist zwischen sicherer Anlage und Durchführung der Investition.

[458]   Signaling-Kosten entstehen durch ein Abweichen von der optimalen Risikoteilung. Zu x_0 vgl.
Formel (6.42).

tungswert in Höhe von $E_0(y_1)$ schließen, d.h. $M(x_0)=E_0(y_1)$ für $x>x_0$. Der Unternehmer hat dann keinen Anreiz mehr, einen Beteiligungsumfang von $x>x_0$ zu wählen.[459]

Aus $E_0(y_1)=M(x_0)$ folgt für die Integrationskonstante C:

$$C = \ln(x_0)\alpha_U(\sigma_S^2+\sigma_\theta^2)-(\alpha_U+\alpha_B)(\sigma_S^2+\sigma_\theta^2)x_0$$

$$+\frac{1}{2}(\alpha_B x_0^2+\alpha_U(1-x_0)^2)(\sigma_S^2+\sigma_\theta^2)+rA_0.$$

(6.99)

Eingesetzt in $M(x)$ (6.97) ergibt:

$$M(x) = \alpha_U(\sigma_S^2+\sigma_\theta^2)\ln(\frac{x_0}{x})+(\alpha_U+\alpha_B)(\sigma_S^2+\sigma_\theta^2)(x-x_0)$$

$$+\frac{1}{2}(\alpha_B x_0^2+\alpha_U(1-x_0)^2)(\sigma_S^2+\sigma_\theta^2)+r\,A_0.$$

(6.100)

Im Gleichgewicht muß gelten, daß mit steigendem Anteil des Unternehmers (1-x) die Schätzung für den Erwartungswert der Investitionseinzahlungen zunimmt. Als notwendige Bedingung muß gelten:[460]

$$M'(x) = -\alpha_U(\sigma_S^2+\sigma_\theta^2)x^{-1}+(\alpha_U+\alpha_B)(\sigma_S^2+\sigma_\theta^2) < 0.$$

(6.101)

Die notwendige Bedingung für ein Signaling-Gleichgewicht ist genau dann erfüllt, wenn gilt:

$$x < \frac{\alpha_U}{\alpha_U+\alpha_B}.$$

(6.102)

Der Unternehmer wählt im Signaling-Gleichgewicht einen Beteiligungsumfang von $x \leq x_0 = (\alpha_U/(\alpha_U+\alpha_B))$, so daß eine Erhöhung der Beteiligung mit einer Verringerung der

---

[459]   Vgl. analog dazu Neus/Nippel (1992), S. 411.

[460]   Bei der Ableitung ist zu berücksichtigen, daß es sich bei x_0 um eine Konstante handelt.

Schätzung für die erwarteten Investitionseinzahlungen verbunden ist; die notwendige Gleichgewichtsbedingung ist erfüllt.

Der Unternehmer signalisiert im Gleichgewicht den wahren Wert von $E(y_1)$, so daß sich der Zusammenhang zwischen Beteiligungsquote und Erwartungswert folgendermaßen beschreiben läßt:

$$E(y_1) = M[x(E(y_1))]$$

und

$$M^{-1}(E(y_1)) = x(E(y_1)). \qquad (6.103)$$

Wegen $M'(x) < 0$ gilt $(M^{-1})' < 0$ und folglich steigt mit zunehmendem Erwartungswert der Investitionseinzahlungen der Anteil des Unternehmers am Investitionsprojekt. Damit ist die Glaubwürdigkeit des Beteiligungsumfanges als Signal sichergestellt.

Anhang 2: **Herleitung und Eigenschaften der Funktion L(ß) für die Schätzung der Varianz versicherbarer Schäden**

Im Gleichgewicht müssen folgende notwendige und hinreichende Bedingungen erfüllt sein:

$$\frac{\partial \phi_U}{\partial \beta} = \lambda E(S) - \alpha_U (1-x)^2 \beta \sigma_S^2 - \alpha_B x^2 \beta L(\beta) - \frac{1}{2}\alpha_B x^2 \beta^2 L'(\beta) = 0; \tag{6.104}$$

$$\frac{\partial^2 \phi_U}{\partial^2 \beta} = -\alpha_U (1-x)^2 \sigma_S^2 - \alpha_B x^2 L(\beta) - 2\alpha_B x^2 \beta L'(\beta) - \frac{1}{2}\alpha_B x^2 \beta^2 L''(\beta) < 0; \tag{6.105}$$

$$L(\beta) = \sigma_S^2; \tag{6.106}$$

$$L'(\beta) < 0. \tag{6.107}$$

Einsetzen von (6.106) in (6.104) ergibt:

$$\frac{1}{2}\alpha_B x^2 \beta^2 L'(\beta) + (\alpha_U (1-x)^2 + \alpha_B x^2)\beta L(\beta) = \lambda E(S). \tag{6.108}$$

Hierbei handelt es sich um eine inhomogene Differentialgleichung erster Ordnung. Nach einigen Umformungen erhält man die für die Lösung dieser Differentialgleichung hilfreiche Darstellungsweise:[461]

$$L'(\beta) + 2\frac{(\alpha_U (1-x)^2 + \alpha_B x^2)}{\alpha_B x^2 \beta} L(\beta) = 2\frac{\lambda E(S)}{\alpha_B x^2 \beta^2}. \tag{6.109}$$

---

[461] Zur Lösung von inhomogenen Differentialgleichungen erster Ordnung vgl. Körth u.a. (1973), S. 566 ff. und Chiang (1984), S. 470 ff.

Die Lösung erfolgt in zwei Schritten nach der Methode der Variation der Konstanten nach Lagrange. Zunächst wird die homogene Differentialgleichung

$$L'(\beta) + 2\frac{(\alpha_U(1-x)^2 + \alpha_B x^2)}{\alpha_B x^2 \beta}L(\beta) = 0.$$

(6.110)

gelöst und anschließend wird die Lösung so abgeändert, daß sie die inhomogene Differentialgleichung (6.109) erfüllt. Die Lösung der homogenen Differentialgleichung lautet:

$$\frac{dL(\beta)}{d\beta} = -2\frac{(\alpha_U(1-x)^2 + \alpha_B x^2)}{\alpha_B x^2 \beta}L(\beta)$$

$$<=> \quad \frac{dL(\beta)}{L(\beta)} = -2\frac{(\alpha_U(1-x)^2 + \alpha_B x^2)}{\alpha_B x^2 \beta}d\beta$$

$$<=> \quad \ln(L(\beta)) = \ln(\beta)(-2\frac{\alpha_U(1-x)^2 + \alpha_B x^2}{\alpha_B x^2}) + \ln(C).$$

(6.111)

Setze für

$$2\frac{(\alpha_U(1-x)^2 + \alpha_B x^2)}{\alpha_B x^2} = K,$$

dann folgt als Lösung der homogenen Differentialgleichung:

$$<=> \quad L(\beta)_h = \beta^{-K}C.$$

(6.112)

Die Konstante C wird durch eine Funktion C(ß) ersetzt, so daß man den Ansatz für die allgemeine Lösung der inhomogenen Differentialgleichung erhält:

$$L(\beta) = C(\beta)\beta^{-K}$$

(6.113)

und

$$L'(\beta) = C'(\beta)\beta^{-K} + C(\beta)(-K)\beta^{-K-1}.$$

(6.114)

Das Einsetzen von (6.113) und (6.110) in die Differentialgleichung (6.109) ergibt als Lösung für C(ß):

$$C(\beta) = \frac{2}{K-1} \frac{\lambda E(S)}{\alpha_B x^2} \beta^{(K-1)} + C_1.$$

(6.115)

Für die allgemeine Lösung der Differentialgleichung L(ß) folgt durch Einsetzen von (6.115) in (6.113):

$$L(\beta) = \frac{2}{K-1} \frac{\lambda E(S)}{\alpha_B x^2} \beta^{-1} + \beta^{-K} C_1.$$

(6.116)

Die Spezifizierung der Konstanten C_1 erfolgt durch das Formulieren einer Randbedingung, die - analog zum Signaling mit dem Beteiligungsumfang - gewährleisten soll, daß der bei symmetrischer Information marginale Unternehmer auch bei asymmetrischer Information indifferent bleibt. Es wird eine (maximale) Varianz versicherbarer Schäden in Höhe von σ_{s0}^2 festgelegt, bei der der Unternehmer indifferent ist zwischen der sicheren Anlage und Durchführung der Investition. Es gilt:

$$y - (1 + \lambda(1 - \beta_0)) E(S) - \frac{1}{2} (\alpha_U (1-x)^2 + \alpha_B x^2) \beta_0^2 \sigma_{S0}^2 = r A_0$$

$$<=> \quad \sigma_{S0}^2 = 2 \frac{y - (1 + \lambda(1 - \beta_0)) E(S) - r A_0}{(\alpha_U (1-x)^2 + \alpha_B x^2) \beta_0^2}.$$

(6.117)

Mit:[462]

$$\beta_0 = \frac{\lambda E(S)}{[\alpha_U (1-x)^2 + \alpha_B x^2] \sigma_{S0}^2}$$

(6.118)

Die maximale Varianz versicherbarer Schäden σ_{s0}^2 wird im Signaling-Gleichgewicht

---

[462] Bei β_0 handelt es sich um den optimalen Beteiligungsumfang bei symmetrischer Information, vgl. Formel (6.43).

durch eine Selbstbeteiligung signalisiert, die der optimalen Selbstbeteiligung bei symmetrischer Information entspricht, so daß bei $L(\text{ß}_0)$ keine Signaling-Kosten für den Unternehmer anfallen. Für $\text{ß}>\text{ß}_0$ ist $L(\text{ß})$ monoton und die hinreichende Bedingung für ein Optimum ist erfüllt. Es sei unterstellt, daß für eine Selbstbeteiligung in Höhe von $\text{ß} < \text{ß}_0$ die Schätzung für die Varianz versicherbarer Schäden σ_{s0}^2 beträgt, also $L(\text{ß})=\sigma_{s0}^2$ für $\text{ß}<\text{ß}_0$. Der Unternehmer hat dann aus Gründen des Signaling keinen Anreiz, eine Selbstbeteiligung in Höhe von $\text{ß} < \text{ß}_0$ zu wählen.[463]

Aus $\sigma_{s0}^2=L(\text{ß}_0)$ folgt für die Integrationskonstante C_1:

$$C_1 = -\frac{2}{K-1}\frac{\lambda E(S)}{\alpha_B x^2}\beta_0^{(K-1)} + 2\frac{y-(1+\lambda(1-\beta_0))E(S)-rA_0}{\alpha_U(1-x)^2+\alpha_B x^2}\beta_0^{(K-2)}.$$

(6.119)

Eingesetzt in $L(\text{ß})$ (6.116) ergibt für die Schätzfunktion:

$$L(\beta)=\frac{2}{K-1}\frac{\lambda E(S)}{\alpha_B x^2}(\beta^{-1}-\beta^{-K}\beta_0^{(K-1)}) + 2\frac{y-(1+\lambda(1-\beta_0))E(S)-rA_0}{\alpha_U(1-x)^2+\alpha_B x^2}\beta^{-K}\beta_0^{(K-2)}.$$

(6.120)

Für die Bedingung erster Ordnung gilt:

$$L'(\beta) = -\frac{2}{K-1}\frac{\lambda E(S)}{\alpha_B x^2}\beta^{-2} + \frac{2}{K-1}\frac{\lambda E(S)}{\alpha_B x^2}K\beta^{-(K+1)}\beta_0^{K-1}$$

$$-2\frac{y-(1+\lambda(1-\beta_0))E(S)-rA_0}{\alpha_U(1-x)^2+\alpha_B x^2}K\beta^{-(K+1)}\beta_0^{K-2} < 0.$$

(6.121)

Unter Berücksichtigung, daß der marginale Unternehmer bei σ_{s0}^2 einen fast vollständigen Versicherungsschutz wählt, gilt für den Grenzfall $(\text{ß}_0=0)$:

---

[463] Der marginale Unternehmer wählt einen fast vollständigen Versicherungsschutz, so daß der Bereich $\text{ß}<\text{ß}_0$ ohnehin nur von geringer Relevanz ist.

231

$$L'(\beta) = -\frac{2}{K-1}\frac{\lambda E(S)}{\alpha_B x^2}\beta^{-2} < 0.$$

(6.122)

Aufgrund der Monotonie von L(ß) ist die Bedingung erster Ordnung auch für Werte erfüllt, die in einer kleinen positiven Umgebung von ß=0 liegen. Damit ist gewährleistet, daß mit zunehmender Selbstbeteiligung die Schätzung für die Varianz versicherbarer Schäden sinkt.

Ein Zusammenhang zwischen der Selbstbeteiligungshöhe und der Varianz der Schäden läßt sich bei Betrachtung der Umkehrfunktion L^{-1} herstellen. Es gilt:[464]

$$\sigma_S^2 = L[\beta(\sigma_S^2)]$$

und

$$L^{-1}(\sigma_S^2) = \beta(\sigma_S^2).$$

(6.123)

Wegen L'<0 ist auch $(L^{-1})'<0$, so daß mit zunehmender Varianz versicherbarer Schäden der Versicherungsumfang steigt (= der Selbstbeteiligungsumfang sinkt) und die Glaubwürdigkeit des Signals ist sichergestellt.

---

[464]   Hierbei ist die Monotonie von L( ) zu beachten.

Kapitel 7: Ergebnisse und Ausblick

Diese Untersuchung verfolgte die Zielsetzung, den Einfluß von Versicherungen auf den Marktwert der Unternehmung und auf die Vermögenspositionen der Anteilseigner im kapitalmarkttheoretischen Zusammenhang zu analysieren. Ein besonderer Schwerpunkt wurde dabei auf die Lösung von Informationsproblemen durch die Einbeziehung von Versicherungen gelegt. Mit Verweis auf die ausführlichen Zusammenfassungen und Schlußfolgerungen am Ende der vorherigen Kapitel seien hier anhand des Untersuchungsherganges nur die wichtigsten Ergebnisse skizziert.

Einführend ist im zweiten Kapitel ein grundlegender Zusammenhang zwischen Versicherung und Information aufgezeigt worden. Aus einer Synthese aus Versicherungs- und Entscheidungstheorie läßt sich ableiten, daß der Versicherungsnehmer durch den Versicherungsabschluß seinen Informationsstand im Hinblick auf seine zukünftigen Handlungsergebnisse verbessern kann. Dies wird dadurch möglich, daß der Versicherer dem Versicherungsnehmer eine Zustandsgarantie gibt, durch die der Versicherte vollständige Informationen über das Resultat seiner Handlungen erhält. Der Risikotransfer geht aber im entscheidungstheoretischen Sinne nur dann mit einer Verbesserung des Informationsstandes einher, wenn der Versicherungsnehmer in der Ausgangssituation über unvollständige Informationen verfügt. Dies kann nicht generell vorausgesetzt werden, so daß nicht mit jedem Versicherungsabschluß zugleich auch eine Verbesserung des Informationsstandes verbunden sein muß. Ergänzend zu diesem Informationskonzept der Versicherung stellte sich weiterführend die Frage, ob der Versicherungsabschluß auch dritten Vertragspartnern des Versicherungsnehmers eine Verbesserung ihres Informationsstandes gewähren und damit zu einer Beseitigung von vor- und nachvertraglichen Informationsasymmetrien beitragen kann. Am Beispiel einer Ausfallversicherung für festverzinste Bonds wurde anhand des Signaling-Modells von THAKOR demonstriert, daß die schlechter informierten Käufer der Bonds durch den vom Emittenten festgelegten Versicherungsumfang vollständige Informationen über die Ausfallwahrscheinlichkeit der Bonds erlangen können. Die Eignung der Versicherung für die Minderung von vorvertraglichen Informationsasymmetrien wurde innerhalb dieses speziellen Szenarios offensichtlich.

234

Im dritten Kapitel ist die Analyse in einen kapitalmarkttheoretischen Zusammenhang gestellt worden. In der Ausgangsbetrachtung ist für eine repräsentative Unternehmung die Irrelevanz des unternehmerischen Versicherungsabschlusses für den Marktwert der Unternehmung auf vollkommenen und vollständigen Märkten explizit nachgewiesen worden. Bei derartigen Marktverhältnissen verfügt das Versicherungsunternehmen gegenüber den individuellen Marktteilnehmern über keinerlei Diversifikationsvorteile, so daß Versicherungsverträge und damit auch Versicherungsunternehmen keine Existenzberechtigung auf diesem Markt besitzen.

Tragen ausschließlich die Aktionäre die Kosten der Versicherungen, dann können bei positiver Insolvenzwahrscheinlichkeit mit dem Versicherungsabschluß Vermögensverschiebungen von den Aktionären zu Fremdkapitalgebern und/oder weiteren Stakeholdern der Unternehmung einhergehen. In diesem Fall mindert sich der Marktwert des Eigenkapitals. Der Versicherungsabschluß bewirkt eine Ausweitung der Haftung der Aktionäre, ohne daß diese von den Begünstigten der "erweiterten Haftung" einen monetären Ausgleich erhalten. Ist hingegen die Insolvenz der Unternehmung mit zusätzlichen Insolvenzkosten verbunden, dann kann sich für die Aktionäre eine Vorteilhaftigkeit des Versicherungsabschlusses daraus ergeben, daß versicherungsbedingt erwartete Insolvenzkosten eingespart werden. Dies setzt voraus, daß die Einbeziehung der Versicherung zu einer Verringerung der Insolvenzwahrscheinlichkeit führt, und sich damit der Erwartungswert der direkten und indirekten Insolvenzkosten verringert.

Eine Informationsfunktion erlangt der Versicherungsabschluß bei der Berücksichtigung von Informationsasymmetrien zwischen Eigen- und Fremdkapitalgebern, die im Mittelpunkt des vierten Kapitels standen. Durch die im Grenzfall gewährleistete Eliminierung der Insolvenzwahrscheinlichkeit trägt die Versicherung dazu bei, daß Fremdkapitalgeber kein schädigendes Verhalten seitens der im Sinne der Eigenkapitalgeber handelnden Manager einer Unternehmung zu befürchten haben. Probleme der Über- und Unterinvestition können versicherungsbedingt vermieden werden. Als wichtige Konsequenz ergibt sich für die Fremdkapitalgeber, daß sie bei der Bereitstellung von Kapital keine Informationen mehr über zukünftige Investitionsprojekte und -entscheidungen der Unternehmung einholen müssen: Durch den Abschluß von Versicherungen haben sie die Information, daß ausschließlich marktwertmaximale Projekte durchgeführt werden, die ihre Vermögensposition nicht negativ beeinflussen. Sehr ausführlich ist dabei herausgearbeitet worden, daß die Aktionäre durch die Einsparung von Agency-Kosten von dem Versicherungsabschluß profitieren und damit ein grundsätzlicher Anreiz für einen Versicherungsabschluß besteht.

Im fünften Kapitel wurde die Prinzipal-Agenten-Betrachtung von den Fremd- und Eigenkapitalgebern auf den Manager und die Kapitalgeber einer Unternehmung verlagert. Dabei ist schwerpunktmäßig die Versicherungsrelevanz im Hinblick auf die Entlohnung des Managers vor dem Hintergrund des Konfliktes zwischen Arbeitseinsatz und Risikoallokation behandelt worden. Als ein wichtiges Ergebnis konnte gezeigt werden, daß der Versicherungsumfang der Unternehmung die Entlohnung des Managers determiniert: Die Einbeziehung einer Versicherung bedingt, daß sich die Entlohnung weniger an der optimalen Risikoallokation zu orientieren hat und eine höhere Beteiligung des Managers am Residuum ermöglicht. Damit geht ein höherer Arbeitseinsatz einher, wovon der Prinzipal insgesamt profitiert. Für dieses Ergebnis ist maßgeblich, daß das Versicherungsunternehmen ein Portefeuille unabhängiger Einzelrisiken hält und damit das versicherbare Risiko günstiger übernehmen kann als der Manager. Die in einem mangelnden Vermögen begründete eingeschränkte Diversifikationsfähigkeit des Managers wird durch den Risikotransfer auf das Versicherungsunternehmen behoben, ohne daß damit eine Beteiligung des Versicherungsunternehmens verbunden ist. Vor diesem Hintergrund kann es auch für Kapitalgeber mit einem diversifizierten Portefeuille rational sein, auf Unternehmensebene (unsystematische) Risiken an ein Versicherungsunternehmen zu transferieren. Eine Delegation der Versicherungsentscheidung an den Manager darf jedoch nur dann erfolgen, wenn sich die versicherungsbedingten Konsequenzen in seiner Entlohnung widerspiegeln, also rational von den Kapitalgebern antizipiert werden.

Neben der Minderung nachvertraglicher Informationsasymmetrien durch das Formulieren einer optimalen Entlohnungsform ist in diesem Szenario die Relevanz der Versicherung für die Minderung vorvertraglicher Informationsasymmetrien aufgezeigt worden. Im Rahmen eines Self-Selection-Modells konnte der schlechter informierte Kapitalgeber durch die Einbeziehung einer Versicherung effiziente Verträge konstruieren, die ihm Informationen über die Risikoeinstellungen der Agenten offenbaren. Der informationstheoretische Wert der Versicherung spiegelt sich innerhalb dieser Betrachtungen in einer

Reduzierung von Agency-Kosten wider, die (partiell) durch die Kosten einer Versicherung substituiert werden.

Im sechsten Kapitel ist der Einfluß der Versicherung auf das Investitionsvolumen eines Unternehmers analysiert worden. Die versicherungsbedingte Verminderung der vom Unternehmer geforderten Risikoprämie bewirkt eine Ertragswerterhöhung des Investitionsprojektes, die als Steigerung des Investitionsvolumens interpretiert werden kann. Die Risikoprämie des Unternehmers läßt sich aber auch dadurch mindern, daß zusätzliche Beteiligungsgeber für die Durchführung der Investition gewonnen werden, die sich das mit der Investition verbundene Risiko teilen. Die zusätzliche Aufnahme von Beteiligungsgebern weist gegenüber dem Versicherungsabschluß den Vorteil auf, daß sich die Risikoübernahme der Beteiligungsgeber nicht auf versicherbare Risiken beschränkt und daß sie für den Unternehmer keine Einbuße der Quasi-Rente aus dem Investitionsprojekt verursacht. Die Versicherung impliziert in Form des Prämienaufschlages eine Reduzierung der Quasi-Rente. Bei der komplementären Einbeziehung von Beteiligungsgebern und Versicherung wird eine Interdependenz zwischen Versicherungsvolumen und Beteiligung deutlich: Je besser die Risikoteilung durch die Aufnahme von Beteiligungsgebern ist, desto geringer ist das Erfordernis eines zusätzlichen Versicherungsabschlusses. Der optimale Versicherungsumfang ist von der Beteiligungsstruktur einer Unternehmung abhängig. Tendenziell sinkt die Relevanz einer Versicherung mit abnehmender Konzentration des Eigentümerkreises einer Unternehmung. Dieses Szenario führt zu gleichen Ergebnissen wie die Ausführungen zur Versicherungsrelevanz auf vollkommenen und vollständigen Märkten im dritten Kapitel, wenn sich ausschließlich diversifizierte Beteiligungsgeber an der Investition beteiligen. In diesem Fall ist der zusätzliche Abschluß von Versicherungen überflüssig, weil das Erschließen eines zusätzlichen Diversifikationspotentials nicht notwendig ist.

Auch im Hinblick auf Investitionsentscheidungen sind Probleme der asymmetrischen Informationsverteilung untersucht worden. Innerhalb eines Signaling-Modells fungierte das Versicherungsvolumen als Signal für die Höhe der Varianz der versicherbaren Schäden. Ein höherer Selbstbehalt des Unternehmers ging dabei mit einer geringeren Varianz der Schäden einher. Dieses Ergebnis ist auch bei Abstraktion von den relativ engen Prämissen dieser Signaling-Modellierung sehr eingängig, weil die Vorteilhaftigkeit einer Selbstbeteiligung mit abnehmender Varianz versicherbarer Schäden steigt.

Allgemein folgt daraus, daß Unternehmer die Existenz von größeren Risiken durch ein höheres Versicherungsvolumen signalisieren. Im Gegensatz zum Modell von THAKOR entspricht dieses Ergebnis auch dem versicherungstheoretischen Verständnis.

Die Analyse macht deutlich, daß die Vorteilhaftigkeit eines unternehmerischen Versicherungsabschlusses sehr stark von den kapitalmarkttheoretischen Gegebenheiten und dem Informationsstand der Marktteilnehmer abhängt. Vereinfachend läßt sich die These ableiten, daß die Notwendigkeit eines Versicherungsabschlusses seitens der Unternehmung umso geringer ist, je besser der Zugang der Anteilseigner zu einem funktionsfähigen Kapitalmarkt ist. Dabei ist zu beachten, daß dem Versicherungsabschluß eine Informationsfunktion innewohnen kann, die neben dem reinen Risikotransfer für die Anteilseigner bedeutsam ist. Mit Blick auf die Gegebenheiten der unternehmerischen Praxis erscheint es aus der Sicht der Aktionäre bedenklich, daß Entscheidungsträger innerhalb der Unternehmung ohne Auswirkungen auf ihre Entlohnung dazu legitimiert sind, Versicherungsentscheidungen zu treffen. Die Untersuchungsergebnisse geben Anlaß zu der Vermutung, daß die häufig kritisierte Übersicherung vieler Unternehmen teilweise auf ein eigennütziges Verhalten der Manager zurückgeführt werden kann, wodurch die Aktionäre bei unveränderter Managementvergütung eine Vermögensminderung erleiden.

Begreift man den Abschluß von Versicherungen als integralen Bestandteil des Risikomanagements einer Unternehmung, dann ist hervorzuheben, daß sich viele Ergebnisse auf den Einsatz von anderen Risikoabsicherungsinstrumenten wie Optionen oder Futures übertragen lassen. Erfolgt beispielsweise die Verminderung der Insolvenzwahrscheinlichkeit durch den Abschluß von Optionsgeschäften, dann ergeben sich im Hinblick auf Über- und Unterinvestition ähnliche Ergebnisse wie bei der Berücksichtigung von Versicherungen. Das Verhältnis von Versicherung zu anderen Möglichkeiten der Risikoabsicherung bleibt innerhalb dieser Untersuchung ungeklärt. Diese Fragestellung gibt im Rahmen eines integrierten Konzeptes des Risikomanagements einen Anstoß zu weiteren Forschungen auf dem Gebiet von Versicherung, Kapitalmarkt und Information.

Literaturverzeichnis

Akerlof, G. A. (1970): The Market for "Lemons": Qualitative Uncertainty and the Market Mechanism, in: Quaterly Journal of Economics, Vol. 84, S. 488-500.

Albach, H. (1988): Die rechtstatsächlichen Grundlagen des Drei-Stufen-Modells, in: Die Private Aktiengesellschaft. Materialien zur Deregulierung des Aktienrechts, Schriften zur Mittelstandsforschung Nr. 25, S. 3-29.

Albach, H. u. a. (1988): Deregulierung des Aktienrechts: Das Drei-Stufen-Modell.

Albrecht, P. (1982): Gesetze der großen Zahlen und Ausgleich im Kollektiv - Bemerkungen zu Grundlagen der Versicherungsproduktion, in: Zeitschrift für die gesamte Versicherungswissenschaft, Vol. 71, S. 501-538.

Albrecht, P. (1984a): Ausgleich im Kollektiv und Prämienprinzipien, in: Zeitschrift für die gesamte Versicherungswissenschaft, Vol. 73, S. 167-180.

Albrecht, P. (1984b): Welche Faktoren begünstigen den Ausgleich im Kollektiv, in: Zeitschrift für die gesamte Versicherungswissenschaft, Vol. 73, S. 181-201.

Albrecht, P. (1991): Kapitalmarkttheoretische Fundierung der Versicherung?, in: Zeitschrift für die gesamte Versicherungswissenschaft, 80. Jg., S. 499-530.

Albrecht, P. (1994): Gewinn und Sicherheit als Ziele der Versicherungsunternehmung: Bernoulli-Prinzip versus Safety-First-Prinzip, in: Dieter Farny und die Versicherungswissenschaft, hrsg. von Schwebler, R. u. a., Karlsruhe, S. 1-18.

Arrow, K. (1964): The Role of Securities in the Optimal Allokation of Risk-Bearing, in: Review of Economic Studies, Vol. 31, S. 91-96.

Arrow, K. (1976): Insurance, Risk and Resource Allocation, in: Essays in the Theory of Risk-Bearing, hrsg. von Arrow, K., 3. Auflage, Amsterdam u. a., S. 134-143.

Arrow, K. (1985): The Economics of Agency, in: Principals and Agents: The Structure of Business, hrsg. von Pratt, J. W., Zeckhauser, R. J., Boston.

Badrinath, S. G., Kale, J. R., Ryan, H. E. (1996): Characteristics of Common Stock Holdings of Insurance Companies, in: Journal of Risk and Insurance, Vol. 63, No. 1, S. 49-76.

Balzereit, B., Kassebohm, K., Kettler, R. (1996): Umwelthaftung und Versicherungs-schutz, in: Betriebsberater, 51. Jg., Heft 3, S. 117-125.

Bamberg, G., Spremann, K. (1981): Implications of Constant Risk Aversion, in: Zeitschrift für Operations Research, 25. Jg., S. 205-224.

Barton, S. L., Hill, N. C., Sundaram, S. (1989): An Empirical Test of Stakeholder Theory Predictions of Capital Structure, in: Financial Management, Vol. 18, S. 36-44.

Bauer, H. (1992): Maß- und Integrationstheorie, 2. Auflage, Berlin u. a.

Baumguertel, C. (1993): Bewältigung von Großrisiken - Auf dem Weg zu einer neuen Strategie; in: Zeitschrift für das gesamte Kreditwesen, 46. Jg., Heft 13, S. 620-626.

Berlin, M., Loeys, J. (1988): Bond Covenants and Delegated Monitoring, in: Journal of Finance, Vol. 43, No. 2, S. 397-412.

Bessembinder, H. (1991): Forward Contracts and Firm Value: Investment Incentives and Contracting Effects, in: Journal of Financial and Quantitative Analysis, Vol. 26, Nr. 4, S. 519-532.

Bhattacharya, S. (1977): Imperfect Information, Dividend Policy, and Bird in the Hand Fallacy, in: Bell Journal of Economics, Vol. 10, S. 259-270.

Bhattacharya, S. (1980): Non-Dissipative Signaling Structures and Dividend Policy, in: Quarterly Journal of Economics, Vol. 95, S. 1-24.

Billingsley, P. (1995): Probability and Measure, 3. Auflage, New York u. a.

Blazenko, G., (1986): The Economics of Reinsurance, in: Journal of Risk and Insurance, Vol. 53, No.2, S. 258-277.

Braswell, R. C., Nosari, E., Browning, M. A. (1982): The Effect of Private Municipal Bond Insurance, in: Financial Review, Vol. 17, S. 240-251.

Breuer, W. (1992): Kapitalmarkttheorie und Versicherungswissenschaft, in: Zeitschrift für die gesamte Versicherungswissenschaft, Jg. 81, S. 617-629.

Breuer, W. (1993): Finanzintermediation im Kapitalmarktgleichgewicht, in: Beiträge zur betriebswirtschaftlichen Forschung, hrsg. v. Albach, H. u. a., Bd. 70, Wiesbaden.

Breuer, W. (1994): Marktgängigkeit von Versicherungsverträgen in kapitalmarkttheoretischen Modellen, in: Zeitschrift für die gesamte Versicherungswissenschaft, Vol. 83, S. 261-270.

Breuer, W. (1997): Die Marktwertmaximierung als finanzwirtschaftliche Entscheidungsregel, in: Wirtschaftswissenschaftliches Studium (WiSt), Heft 5, S. 222-226.

Brockett, P. L., Cox, S. H., Witt, R. C. (1986): Insurance versus Self-Insurance: A Risk Management Perspective, in: Journal of Risk and Insurance, Vol. 53, No. 2, S. 242-257.

Campbell, T. S., Kracaw, W. A. (1990): Corporate Risk Management and the Incentive Effect of Debt, in: Journal of Finance, Vol. 45, S.1673-1686.

Campbell, T. S., Kracaw, W. A. (1987): Optimal Managerial Incentive Contracts and the Value of Corporate Insurance, in: Journal of Financial and Quantitative Analysis, Vol. 22, Nr. 3, S. 315-328.

Chiang, A. C. (1984): Fundamental Methods of Mathematical Economics, 3. Auflage, Singapore u. a.

Chiang, A. C. (1992): Elements of Dynamic Optimization, New York u. a.

Cole, C. W., Officer, D. T. (1981): The Interest Cost Effect of Private Municipal Bond Insurance, in: Journal of Risk and Insurance, Vol. 48, No. 3, S. 435-449.

Copeland, T. E., Weston, J. F. (1988): Financial Theory and Corporate Policy, 3. Auflage, Reading u.a.

Cornell, B., Shapiro, A. C. (1987): Corporate Stakeholders and Corporate Finance, in: Financial Management, Vol. 16, S. 5-14.

Corsten, H. (1994): Versicherungsproduktion - Vergleichende Analyse des Versicherungsschutzkonzeptes und des Informationskonzeptes der Versicherung, in: Dieter Farny und die Versicherungswissenschaft, hrsg. von Schwebler, R. u. a., S. 63-87.

Davidson, W. N., Cross, M. L., Thornton, J. H. (1992): Corporate Demand for Insurance: Some Empirical and Theoretical Results, in: Journal of Financial Services Research, Vol. 6, S. 61-72.

DeAngelo, H. (1981): Competition and Unanimity, in: American Economic Review, Vol. 71, S. 18-27.

DeAngelo, H., DeAngelo, L., Rice, E. M. (1984): Going Private: Minority Freezeouts and Stockholder Wealth, in: Journal of Law and Economics, Vol. 27, S. 367-401.

Debreu, G. (1959): Theory of Value, New Haven.

Diamond, D. W. (1984): Financial Intermediation and Delegated Monitoring, Review of Economic Studies, Vol. 51, S. 393-414.

Doherty, N. A, (1985): Corporate Risk Management - A Financial Exposition, New York.

Doherty, N. A., Schlesinger, H. (1983): Optimal Insurance in Incomplete Markets, in: Journal of Political Economy, Vol. 91, No. 1, S. 1045-1054.

Doherty, N. A., Smith, C. W. (1993): Corporate Insurance Strategies, in: Journal of Applied Corporate Finance, Vol. 6, No. 3, S. 4-15.

Doherty, N. A., Schlesinger, H. (1995): Severity Risk and the Adverse Selection of Frequency Risk, in: Journal of Risk and Insurance, Vol. 62, No. 4, S. 649-665.

Dowes, D. H., Heinkel, R. (1982): Signaling and the Valuation of Unseasoned New Issues, in: Journal of Finance, Vol. 37, S. 1-10.

Duffy, D. (1989): Futures Markets, Englewood Cliffs.

Easterbrook, F. H., Fischel, D. R. (1985): Limited Liability and the Corporation, in: The University of Chicago Law Review, Vol. 52, S. 89-117.

Easterbrook, F. H., Fischel, D. R. (1991): The Economic Structure of Corporate Law, Cambridge.

Eisen, R. (1979): Theorie des Versicherungsgleichgewichts, Veröffentlichung des Deutschen Vereins für Versicherungswissenschaft, Heft 77, Berlin.

Eisenführ, F., Weber, M. (1994): Rationales Entscheiden, 2. Auflage, Berlin u. a.

Eszler, E. (1997): Zu einer allgemeinen Theorie der Versicherungsproduktion, in: Zeitschrift für die gesamte Versicherungswissenschaft, Vol. 86, Heft 1/2, S. 1-36.

Farny, D. (1995): Versicherungsbetriebslehre, 2. Auflage, Karlsruhe.

Feess, E. (1995): Haftungsregeln für multikausale Umweltschäden: Eine ökonomische Analyse des Umwelthaftungsgesetztes unter besonderer Berücksichtigung multikausaler Schadensverursachung, Marburg.

Feiger, G., Jaquillat, B. (1982): International Finance: Text and Cases, Boston u.a.

Fink, Bernhard (1992): Die europäische Herausforderung aus der Sicht des Industrieversicherers, in: Zeitschrift für Versicherungswesen, Vol. 43, S. 190-195.

Fisher, I. (1932): Die Zinstheorie, deutsche Übersetzung, Jena.

Franke, G. (1987): Costless Signaling, in: Journal of Finance, Vol. 42, S. 802-822.

Franke, G. (1989): Betriebliche Investitionstheorie bei Risiko, in: OR Spektrum, No. 11, S. 67-82.

Franke, G. (1996): Shareholders as Insurers of the Firm, in: Journal of Institutional and Theoretical Economics, Vol. 152, S. 113-122.

Franke, G., Hax, H. (1994): Finanzwirtschaft des Unternehmens und Kapitalmarkt, 3. Auflage, Berlin u. a.

Froot, K. A., Scharfstein, D. S., Stein, J. C. (1993): Risk Management: Coordinating Corporate Investment and Financing Policies, in: Journal of Finance, Vol. 47, Nr. 5, S. 1629-1658.

Garven, J. R. (1987): On the Application of Finance Theory to the Insurance Firm, in: Journal of Financial Services Research, Vol. 1, No. 1, S. 77-111.

Garven, J. R., MacMinn, R. D. (1993): The Underinvestment Problem, Bond Covenants, and Insurance, in: Journal of Risk and Insurance, Vol. 60, Nr. 4, S. 635-646.

Garven, J. R., Pottier, S. W. (1995): Incentive Contracting and the Role of Participation Rights in Stock Insurers, in: Journal of Risk and Insurance, Vol. 62, No. 2, S. 253-270.

Gavish, B., Kalay, A. (1983): On the Asset Substitution Problem, in: Journal of Financial and Quantitative Analysis, Vol. 18, S. 21-30.

Gerke, W. u. a. (1995): Probleme deutscher mittelständischer Unternehmen beim Zugang zum Kapitalmarkt - Analyse und wirtschaftspolitische Schlußfolgerungen, in: Schriftenreihe des ZEW, Band 7, 1. Auflage, Baden-Baden.

Gibbons, R., Murphy, K. J. (1992): Relative Performance Evaluation for Chief Executive Officers, in: Industrial and Labor Relations Review, Vol. 43, S. 30-51.

Gillenkirch, R., Velthuis, L. J. (1997): Lineare Anreizverträge für Manager bei systematischen und unsystematischen Risiken, in: Zeitschrift für betriebswirtschaftliche Forschung, Vol. 49, Nr. 2, S. 121-140.

Green, R. C. (1984): Investment Incentives, Debt, and Warrants, in: Journal of Financial Economics, Vol. 13, S. 115-136.

Green, R. C., Talmor, E. (1986): Asset Substitution and the Agency Costs of Debt Financing, in: Journal of Banking and Finance, Vol. 10, S. 391-399.

Grillet, L. (1992a): Corporate Insurance and Corporate Stakeholders: I. Transaction Costs Theory, in: Journal of Insurance Regulation, Vol. 11, No. 2, S. 233-251.

Grillet, L. (1992b): Organisational Capital and Corporate Insurance Hedging, in: Journal of Risk and Insurance, Vol. 59, No. 3, S. 462-469.

Grillet, L. (1993a): Corporate Insurance and Corporate Stakeholders: II. Limits of Insurability and Public Policy, in: Journal of Insurance Regulation, Vol. 11, No. 3, S. 291-313.

Grillet, L. (1993b): The Public Corporation, Insurance, and Public Policy, Konstanz.

Gründel, H. (1993): Versicherung und Kapitalmarkt, in: Zeitschrift für die gesamte Versicherungswissenschaft, 82. Jg., Nr. 3, S.363-387.

Hakansson, N. H. (1978): Welfare Aspects of Options and Supershares, in: Journal of Finance, Vol. 33, No. 3, S. 759-776.

Haller, M., Petin, J. (1994): Geschäft mit dem Risiko - Brüche und Umbrüche in der Industrieversicherung, in: Dieter Farny und die Versicherungswissenschaft, hrsg. von Schwebler, R. u. a., Karlsruhe, S. 153-177.

Hamm, W. (1997): Risikokapital für Innovationen, in: Frankfurter Allgemeine Zeitung, 09.06.1997, S. 13.

Han, L.-M. (1996): Managerial Compensation and Corporate Demand for Insurance, in: Journal of Risk and Insurance, Vol. 63, No. 3, S. 381-404.

Hansmann, H., Kraakman, R. (1991): Toward Unlimited Shareholder Liability for Corporate Torts, in: Yale Law Journal, Vol. 100, No. 8, S. 1879-1934.

Harris, M., Raviv, A. (1979): Optimal Incentive Contracts with Imperfect Information, in: Journal of Economic Theory, Vol. 20, S. 231-259.

Hartmann-Wendels, T. (1986): Dividendenpolitik bei asymmetrischer Information, Wiesbaden.

Hartmann-Wendels, T. (1989): Principal-Agent-Theorie und asymmetrische Informationsverteilung, in: Zeitschrift für Betriebswirtschaft, 59 Jg., Heft 7, S. 714-734.

Hartmann-Wendels, T. (1990): Zur Integration von Moral Hazard und Signalling in finanzierungstheoretischen Ansätzen, in: Kredit und Kapital, 16. Jg., Heft 2, S. 228-250.

Hartung, J. (1993): Statistik, Lehr- und Handbuch der angewandten Statistik, von Hartung, J., Elpelt, B., Klösener, K.-H., 9. Auflage, München u. a.

Haugen, R. A., Senbet, L. W. (1988): Bankruptcy and Agency Costs: Their Significance to the Theory of Optimal Capital Structure, in: Journal of Financial and Quantitative Analysis, Vol. 23, No. 1, S. 27-38.

Haugen, R. A., Senbet, L. W. (1979): New Perspectives on Informational Asymmetry and Agency Relationships, in: Journal of Financial and Quantitative Analysis, Vol. 14, S. 671-694.

Hax, H. (1988): Die Bedeutung von Beteiligungs- und Kreditfinanzierung für deutsche Unternehmungen; Vortrag, gehalten im Rahmen des Deutschen Betriebswirtschaftler-Tages 1988 am 20.10.1988 in Berlin, ifm-Materialien Nr. 67, Bonn.

Hax, H. (1990): Debt and Investment Policy in German Firms: The Issue of Capital Shortage, in: Zeitschrift für die gesamte Staatswissenschaft, 146. Jg., S. 106-123.

Hax, K. (1964): Grundlagen des Versicherungswesens, Wiesbaden.

Hayek, F. A. (1945): The Use of Knowledge in Society, in: American Economic Review, Vol. 35, S. 519-530.

Head, G. L., Horn, S. (1991): Essentials of Risk Management, 2. Auflage, Pennsylvania.

Heilmann, W.-R. (1991): Risk Management, Versicherung und Schadenverhütung, in: Versicherungen in Europa heute und morgen: Geburtstags-Schrift für Georg Büchner, hrsg. v. Hopp, F. W., Mehl, G., Karlsruhe, S. 501-511.

Herbst, C. (1996): Risikoregulierung durch Umwelthaftung und Versicherung, Berlin.

Hill, W. (1996): Der Shareholder Value und die Stakeholder, in: Die Unternehmung, Nr. 6, S. 411-420.

Hirt, H. (1994): Kursbeeinflussung und fällige Optionen, Wiesbaden.

Holstrom, B. (1982): Managerial Incentive Schemes - A Dynamic Perspective, in: Essays in Economics and Management in Honor of Lars Whlbeck, Helsinki.

Hsueh, L. P., Liu, Y. A. (1990): The Effectiveness of Debt Insurance As a Valid Signal of Bond Quality, in: Journal of Risk and Insurance, Vol. 57, No. 4, S. 691-700.

Hucke, A. (1996): Managerversicherungen: Ein Ausweg aus den Haftungsrisiken?, in: Der Betrieb, Heft 45, 8.11.1996, S. 2267-2270.

Jensen, M. C., Meckling, W. H. (1976): Theory of the Firm: Managerial Behavior, Agency Costs, and Ownership Structure, in: Journal of Financial Economics, Vol. 3, Nr. 4, S. 305-360.

Jensen, M. C., Smith, C. W. (1985): Stockholder, Manager, and Creditor Interests: Applications of Agency Theory, in: Recent Advances in Corporate Finance, hrsg. von Altman, E. I., Subrahmanyam, M. G., Homewood, S. 93-131.

Karten, W. (1972): Die Unsicherheit des Risikobegiffs, in: Praxis und Theorie der Versicherungsbetriebslehre, hrsg. von Braeß, P. u. a., Karlsruhe, S. 279-299.

Karten, W. (1993): Risk Management, in: Handwörterbuch der Betriebswirtschaftslehre, hrsg. von Wittmann, W. u. a., Stuttgart, S. 3825-3836.

Kaufmann, F. (1997): Besonderheiten der Finanzierung kleiner und mittlerer Unternehmen - Ein Überblick über die Problemlage, in: Kredit und Kapital, Heft 1, Vol. 29, S. 140-155.

Kidwell, D. S., Sorensen, E. H., Wachowicz, J. M. Jr. (1987): Estimating the Signalling Benefits of Debt Insurance: The Case of Municipal Bonds, in: Journal of Financial and Quantitative Analysis, Vol. 22, No. 3, S. 299-313.

Klingmüller, E. (1990): Liability Insurance in the Federal Republic of Germany, in: Geneva Papers on Risk and Insurance, Vol. 15, No. 56, S. 330-336.

Koopmanns, T. (1974): Is the Theory of Competitive Equilibrium With It?, in: American Economic Value, Vol. 44, S. 325-329.

Körth, H. u. a. (1973): Lehrbuch der Mathematik für Wirtschaftswissenschaften, hrsg. von Körth, H. u. a., Opladen.

Kotsch, H. (1993): Risikoausgleich im Kollektiv auf der Grundlage des CAPM: Eine kapitalmarkttheoretische Fundierung der Versicherung, in: Zeitschrift für die gesamte Versicherungswissenschaft, 82. Jg., S. 193-224.

Kreps, D. (1990): A Course in Microeconomic Theory.

Kromschröder, B. (1987): Der Einfluß der Versicherung auf die Kapitalstruktur der Unternehmung, in: Kapitalmarkt und Finanzierung, hrsg. von Schneider, D., Berlin 1987, S. 265-277.

Kruschwitz, L. (1995): Finanzierung und Investition, Berlin und New York.

Kürsten, W. (1994): Finanzkontrakte und Risikoanreizproblem - Mißverständnisse im informationsökonomischen Ansatz der Finanzierungstheorie, Wiesbaden.

Laffont, J.-J., Tirole, J. (1986): Using Cost Observations to Regulate Firms, in: Journal of Political Economy, Vol. 94, S. 614-641.

Landes, W. M., Posner, R. A. (1987): The Economic Structure of Tort Law, Cambridge.

Laux, H. (1990): Risiko, Anreiz und Kontrolle, Berlin u. a.

Laux, H. (1995): Entscheidungstheorie, 3. Auflage, Berlin u. a.

Levi, M.D. (1990): International Finance: The Markets and Financial Management of Multinational Business, New York u.a.

Leyland, H. E., Pyle, D. H. (1977): Informational Asymmetries, Financial Structure, and Financial Intermediation, in: Journal of Finance, Vol. 32, S. 372-387.

Ligon, J. A., Cather, D. A. (1997): The informational value of insurance purchases: Evidence from the property-liability insurance market, in: Journal of Banking and Finance, Vol. 21, S. 989-1016.

Luffman, G. A., Witt, S. F., Lister, S. (1982): A Quantitative Approach to Stakeholder Interests, in: Managerial and Decision Economics, Vol. 3, No. 2, S. 70-78.

Lypny, G. J. (1993): An Experimental Study of Managerial Pay and Firm Hedging Decisions, in: Journal of Risk and Insurance, Vol. 60, Nr. 2, S. 208-229.

MacMinn, R. D. (1987): Insurance and Corporate Risk Management, in: Journal of Risk and Insurance, Vol. 54, Nr. 4, S. 658-677.

MacMinn, R. D. (1994): On Corporate Risk Management and Insurance, Working Paper 94/95-2-1, Departement of Finance, University of Texas.

MacMinn, R. D., Martin, J. D. (1988): Uncertainty, the Fisher Model, and Corporate Financial Theory, in: Research in Finance, Vol. 7, S. 227-264.

MacMinn, R. D., Han, L. M. (1990): Limited Liability, Corporate Value, and the Demand for Liability Insurance, in: Journal of Risk and Insurance, Vol. 57, Nr. 4, S. 581-607.

Main, B. G. (1983): Why Large Corporations Purchase Property/Liability Insurance, in: California Management Review, Vol. XXV, No.2, S. 84-95.

Mayers, D., Smith, C. W. (1982a): Toward a Positive Theory of Insurance, in: Monograph Series in Finance and Economics, Monograph 1982-1, hrsg. v. Bloch, E., Wachtel, P.; Salomon Brothers Center for the Study of Financial Institutions, Graduate School of Business Administration, New York University.

Mayers, D., Smith, C. W. (1982b): On the Corporate Demand for Insurance, in: Journal of Business, Vol. 55, Nr. 2, S. 281-296.

Mayers, D., Smith, C. W. (1987): Corporate Insurance and the Underinvestment Problem, in: Journal of Risk and Insurance, Vol. 54, Nr. 1, S. 45-54.

Mayers, D., Smith, C. W. (1990): On the Corporate Demand for Insurance: Evidence from the Reinsurance Market, in: Journal of Business, Vol. 63, No. 1, S. 19-40.

Mayers, D., Smith, C. (1992): The Corporate Insurance Decision, in: The Revolution in Corporate Finance, hrsg. von Stern, J. M., Chew, D. H., 2. Auflage, New York, S. 230-238.

Mehran, H. (1995): Executive compensation structure, ownership, and firm performance, in: Journal of Financial Economics, Vol. 38, S. 163-184.

Meiners, R. E., Yandle, B. (1991): The Economic Consequences of Liability Rules, New York.

Merton, R. C. (1973): The Theory of Rational Option Pricing, in: Bell Journal of Economics and Management Science, Vol. 4, S. 141-183.

Meyer, D. (1989): Die volkswirtschaftliche Bedeutung des Versicherungswesens mit besonderem Bezug zur Risikoallokation, in: Zeitschrift für die gesamte Versicherungswissenschaft, Vol. 78, S. 191-206.

Miller, M. H., Rock, K. (1985): Dividend Policy and Asymmetric Information, in: Journal of Finance, Vol. 40, No. 4, S. 1031-1051.

Modigliani, F., Miller, M. H. (1958): The Cost of Capital, Corporation Finance and the Theory of Investment, in: American Economic Review, Vol. 48, Nr. 3, S. 261-297.

Möllers, T. M. J. (1996): Qualitätsmanagement, Umweltmanagement und Haftung, in: Der Betrieb, Heft 29, 19.7.1997, S. 1455-1461.

Mossin, J. (1966): Equilibrium in a Capital Asset Market, in: Econometrica, Vol. 34, S. 768-783.

Mossin, J. (1968): Aspects of Rational Insurance Pricing, in: Journal of Political Economy, S. 553-568.

Müller, W. (1981): Das Produkt Versicherung, in: Geld und Versicherung, Festgabe für Wilhelm Seuß, hrsg. von Jung, M. u. a., Karlsruhe, S. 155-171.

Müller, W. (1983): Finanzierungstheoretische Analyse der Versicherungsunternehmen und Versicherungsmärkte, in: Zeitschrift für die gesamte Versicherungswissenschaft, Vol. 72, S. 535-574.

Müller, W. (1987): Zur informationstheoretischen Erweiterung der Betriebswirtschaftslehre - Ein Modell der Informationsproduktion, in: Neuere Entwicklungen in der Produktions- und Investitionspolitik, hrsg. von Adam, D., Wiesbaden, S. 119 ff.

Müller, W. (1994): Informationsökonomische Grundlagen und empirische Überprüfung eines Beschreibungsmodells für Versicherungsprodukte, in: Dieter Farny und die Versicherungswissenschaft, hrsg. von Schwebler, R. u. a., Karlsruhe, S. 363-379.

Müller, W., Eisen, R. (1987): Informationsineffizienzen und die Marktfunktion von Versicherung, in: Geld, Banken und Versicherungen, 1987/Band II, Beiträge zum 4. Symposium Geld, Banken und Versicherungen an der Universität Karlsruhe vom 9-12.Dezember 1987, hrsg. von Heilmann, W.-R., S. 1343-1353.

Myers, S. C. (1977): Determinants of Corporate Borrowing, in: Journal of Financial Economics, Vol. 5, Nr. 2, S. 147-175.

Neus, W. (1989a): Ökonomische Agency-Theorie und Kapitalmarktgleichgewicht, Wiesbaden.

Neus, W. (1989b): Die Aussagekraft von Agency Costs, Eine Untersuchung anhand von Finanzierungsbeziehungen im Kapitalmarktzusammenhang, in: Zeitschrift für betriebswirtschaftliche Forschung, 41. Jg., S. 472-490.

Neus, W. (1993): Zur Theorie der Finanzierung kleinerer Unternehmungen, Köln.

Neus, W., Nippel, P. (1991): Investitionsvolumen und Risikoallokation, in: Kredit und Kapital, Vol. 23, Heft 1, S. 85-106.

Neus, W., Nippel, P. (1992): Investitionsvolumen und Risikoallokation: Einige Anmerkungen, in: Kredit und Kapital, Heft 1, Vol. 24, S. 406-415.

Nickel, A. (1995): Unvollkommenheit und Unvollständigkeit der Versicherungsmärkte, in: Zeitschrift für die gesamte Versicherungswissenschaft, Vol. 84, S. 205-228.

Niehaus, G., Mann, S. V. (1992): The Trading of Underwriting Risk: An Analysis of Insurance Futures Contracts and Reinsurance, in: Journal of Risk and Insurance, Vol. 59, S. 601-644.

Nippel, P. (1992): Reputation auf Kreditmärkten. Ein spieltheoretischer Ansatz, in: Zeitschrift für betriebswirtschaftliche Forschung, 44. Jg., S. 990-1011.

o. V. (1996a): Risikomanagement ist kein Thema, in: Handelsblatt, 13./14.9.1996, S. 39.

o. V. (1996b): Unterentwickeltes Risikomanagement, Frankfurter Allgemeine Zeitung, 24.9.1996, S. 23.

o. V. (1997a): Gut 6 Milliarden DM Risikokapital sind in Deutschland investiert, in: Frankfurter Allgemeine Zeitung, 6.6.1997, S. 21.

o. V. (1997b): Bankenverband: An der Börse ist weiteres Marktsegment notwendig, in: Frankfurter Allgemeine Zeitung, 12. 6.1997, S. 17.

o. V. (1997c): Versicherungsunternehmen erhöhen Aktienbestand, in: Frankfurter Allgemeine Zeitung, 19.6.1997, S. 26.

Pfennigstorf, W. (1990): Liability Procedures and Alternatives in the Federal Republic of Germany, in: Geneva Papers on Risk and Insurance, Vol. 15, No. 56, S. 292-329.

Pratt, J. W. (1964): Risk Aversion in the Small and in the Large, in: Econometrica, Volume 32, S. 122-136.

Pratt, J. W., Zeckhauser, R. J. (1985): Principals and Agents: An Overview, in: Principals and Agents: The Structure of Business, hrsg. von Pratt, J. W., Zeckhauser, R. J., Massachusetts, S. 1-35.

Puelz, R. (1992): The Effectiveness of Debt Insurance as a Valid Signal of Bond Quality: Comment, in: Journal of Risk and Insurance, Vol. 59, No. 3, S. 499-503.

Rajan, R., Winton, A. (1995): Covenants and Collateral as Incentives to Monitor, in: Journal of Finance, Vol. 50, No. 4, S. 1113-1146.

Rasmusen, E. (1989): Games and Information - An Introduction to Game Theory, Oxford.

Rebello, M. J. (1995): Adverse Selection Costs and the Firm's Financing and Insurance Decisions, in: Journal of Financial Intermediation, Vol. 4, S. 21-47.

Ross, S. (1976): Options and Efficiency, in: Quaterly Journal of Economics, Vol. 90, S. 75-89.

Ross, S. (1977): The Determination of Financial Structure: The Incentive Signalling Aproach, in: Bell Journal of Economics, Vol. 8, S. 23-40.

Rothschild, M., Stiglitz, J. E. (1976): Equilibrium in Competitive Insurance Markets: An Essay on the Economics of Imperfect Information, in: Quaterly Journal of Economics, Vol. 90, S. 639-649.

Sachverständigenrat (1984): Chancen für einen langen Aufschwung, Jahresgutachten 1984/85, Sachverständigenrat zur Begutachtung der gesamtwirtschaftlichen Entwicklung, Stuttgart.

Sachverständigenrat (1995): Im Standortwettbewerb, Jahresgutachten 1995/96, Sachverständigenrat zur Begutachtung der gesamtwirtschaftlichen Entwicklung, Stuttgart.

Schirmer, H. (1996): Die wirtschaftlichen und finanziellen Folgen der Haftungssysteme und der gerichtlichen Entscheidungen, in: Zeitschrift für die gesamte Versicherungswissenschaft, Vol. 85, S. 3-39.

Schlesinger, H. (1994): Zur Theorie der Versicherungsnachfrage, in: Zeitschrift für die gesamte Versicherungswissenschaft, Vol. 83, S. 113-127.

Schnabel, J. A., Roumi, E. (1989): Corporate Insurance and the Underinvestment Problem: An Extension, in: Journal of Risk and Insurance, Vol. 56, No. 1, S. 155-159.

Schneeweiß, H. (1967): Entscheidungskriterien bei Risiko, in: Ökonometrie und Unternehmensforschung, hrsg. v. Beckmann, M. u. a., Band VI, Berlin.

Schulz, P. M. (1996): Umweltrechtliche Haftung von Vorständen und Geschäftsführern, in: Der Betrieb, Heft 33, 16.8.1996, S. 1663-1665.

Schumpeter, J. A. (1952): Theorie der wirtschaftlichen Entwicklung - Eine Untersuchung über Unternehmergewinn, Kapital, Kredit, Zins, und den Konjunkturzyklus, 5. Auflage, Berlin 1961.

Seng, P. (1989): Informationen und Versicherung - Produktionstheoretische Grundlagen, in: Neue betriebswirtschaftliche Forschung, Bd. 60, Wiesbaden.

Shavell, S. (1979): On Moral Hazard and Insurance, in: Foundations of Insurance Economics, hrsg. von Dionne, G., Harrington, S. E., Boston u. a., S. 280-301.

Sieben, G., Schildbach, T. (1990): Betriebswirtschaftliche Entscheidungstheorie, 3. Auflage, Düsseldorf.

Skogh, G. (1989): The Transactions Cost Theory of Insurance: Contracting Impediments and Costs, in: Journal of Risk and Insurance, Vol. 56, No. 4, S. 726-732.

Skogh, G. (1991): Insurance and the Institutional Economics of Financial Intermediation, in: Geneva Papers on Risk and Insurance, Vol. 16, No. 58, S. 59-72.

Smith, C. W. (1986): On the Convergence of Insurance and Finance Research, in: Journal of Risk and Insurance, Vol. 53, No.4, S. 693-717.

Smith, C. W., Warner, J. B. (1979): On Financial Contracting: An Analysis of Bond Covenants, in: Journal of Financial Economics, Vol. 7, S. 117-161.

Smith, C. W., Stulz, R. M. (1985): The Determinants of Firms's Hedging Policies, in: Journal of Financial and Quantitative Analysis, Vol. 20, Nr. 4, S. 391-405.

Spahr, R. W., Sunderman, M. A., Amalu, C. D. (1991): Corporate Bond Insurance: Feasibility and Insurer Risk Assessment, in: Journal of Risk and Insurance, Vol. 58, No. 3, S. 418-437.

Spence, M. (1973): Job Market Signaling, in: Quaterly Journal of Economics, Vol. 87, S. 355-374.

Spremann, K. (1987a): Zur Reduktion von Agency-Kosten, in: Kapitalmarkt und Finanzierung, hrsg. von Schneider, Berlin, S. 341-350.

Spremann, K. (1987b): Agent and Principal, in: Agency Theory, Information, and Incentives, hrsg. von Bamberg, G., Spremann, K., Berlin u. a., S. 3-37.

Spremann, K. (1990): Asymmetrische Information, in: Zeitschrift für Betriebswirtschaft, 60. Jg, Heft 5/6, S. 561-586.

Stephan, J. (1989): Entscheidungsorientierte Wechselkurssicherung, Bergisch Gladbach.

Stiglitz, J. E., Weiss, A. (1981): Credit Rationing in Markets with Imperfect Information, in: American Economic Review, Vol. 71, S. 393-410.

Swoboda, P. (1994): Betriebliche Finanzierung, 3. überarbeitete Auflage, Würzburg u.a.

Takao, A. (1982): Über die Normalität des moralischen Risikos - eine Kritik der Theorie der Gefahrengemeinschaft, in: Zeitschrift für die gesamte Versicherungswissenschaft, Vol. 71, S. 5-25.

Thakor, A. V. (1982): An Exploration of Competitive Signalling Equilibria with "Third Party" Information Production: The Case of Debt Insurance, in: Journal of Finance, Vol. 37, No. 3, S. 717-739.

Thümmel, R. C., Sparberg, M. (1995): Haftungsrisiken der Vorstände, Geschäftsführer, Aufsichtsräte und Beiräte sowie deren Versicherbarkeit, in: Der Betrieb, Heft 20, S. 1013-1019.

Varian, H. R. (1985): Divergence of Opinion in Complete Markets: A Note, in: Journal of Finance, Vol. 40, No. 1, S. 309-317.

Vaughan, E.J. (1992): Fundamentals of Risk and Insurance, New York u. a.

Wagner, F. (1996): Risk Management im Erstversicherungsunternehmen - Modell, Strategien, Ziele und Mittel -, Köln.

Wein, T. (1997): Versicherungsmarkt, asymmetrische Information und asymmetrische Regulierung, in: Zeitschrift für die gesamte Versicherungswissenschaft, Vol. 86, Heft 1/2, S. 103-130.

Wilhelm, J. (1983): Marktwertmaximierung - Ein didaktisch einfacher Zugang zu einem Grundlagenproblem der Investitions- und Finanzierungstheorie, in: Zeitschrift für Betriebswirtschaft, 53. Jg., S. 516-534.

Wilhelm, J. (1985): Arbitrage Theory - Introductiory Lectures on Arbitrage-Based Financial Asset Pricing, in: Lecture Notes in Economics and Mathematical Systems, hrsg. von Beckmann, M. und Krelle, W., Berlin u. a.

Williams, C. A., Heins, R. M. (1985): Risk Management and Insurance, New York.

Wirtschaftsrat (1984): Risikokapital als Fundament des Fortschritts, Bonn.

Woodward, S. E. (1985): Limited Liability in the Theory of the Firm, in: Journal of Institutional and Theoretical Economics, Vol. 141, S. 601-611.

Wosnitza, M. (1995a): Der State-Preference-Ansatz in der Finanzierungstheorie: Gleichgewichtstheoretische Grundlagen, in: Das Wirtschaftsstudium, 7/95, S. 593-597.

Wosnitza, M. (1995b): Der State-Preference-Ansatz in der Finanzierungstheorie: Zur Praxisrelevanz des SPM, in: Das Wirtschaftsstudium, 9/95, S. 690-702.

Zwirner, T. (1989): Devisenkursrisiko, Unternehmen und Kapitalmarkt: Ein arbitrage-theoretischer Beitrag zur Theorie des Hedgings, Wiesbaden.

MIX
Papier aus verantwortungsvollen Quellen
Paper from responsible sources
FSC® C105338

If you have any concerns about our products,
you can contact us on
ProductSafety@springernature.com

In case Publisher is established outside the EU,
the EU authorized representative is:
Springer Nature Customer Service Center GmbH
Europaplatz 3, 69115 Heidelberg, Germany

Printed by Libri Plureos GmbH
in Hamburg, Germany